# पांडेय बेचन शर्मा 'उग्र'
# की
# लोकप्रिय कहानियाँ

# पांडेय बेचन शर्मा ‘उग्र’
# की
# लोकप्रिय कहानियाँ

सं. राजशेखर व्यास

*प्रकाशक*

**प्रभात पेपरबैक्स**

**प्रभात प्रकाशन प्रा. लि.** का उपक्रम

4/19 आसफ अली रोड, नई दिल्ली–110002

फोन : 23289777 • हेल्पलाइन नं. : 7827007777

इ–मेल : prabhatbooks@gmail.com ❖ वेब ठिकाना : www.prabhatbooks.com

*संस्करण*

प्रथम, 2022



*मूल्य*

दो सौ पचास रुपए

*मुद्रक*

आर–टेक ऑफसेट प्रिंटर्स, दिल्ली

★

**PANDEY BECHAN SHARMA 'UGRA' KI LOKPRIYA KAHANIYAN**

*Ed.* Shri Rajshekhar Vyas

Published by **PRABHAT PAPERBACKS**

An imprint of Prabhat Prakashan Pvt. Ltd.

4/19 Asaf Ali Road, New Delhi-110002

ISBN 978-93-90900-50-3

₹ 250.00

# क्रांतिकारी कथाकार 'उग्र'

पांडेय बेचन शर्मा 'उग्र' सचमुच एक अद्वितीय, विलक्षण, बहुमुखी, बहुरंगी व्यक्तित्व थे। स्वतंत्रता से वर्षों पूर्व जब मदाम कामा ने राष्ट्रध्वज का निर्माण किया था, तब 'उग्र' सही और सच्चे अर्थों में उसके प्रथम एवं अद्‌भुत प्रचारक थे। वे उस तिरंगे ध्वज के कपड़े को अपने शरीर पर इस प्रकार लपेट लेते, मानो वह कोई शॉल हो। बाद में तो उन्होंने तिरंगे कपड़े ही बनवा लिये थे, जिन्हें पहनकर वे गाँव-गाँव में गांधीजी, खादी और कांग्रेस का प्रचार करते-फिरते थे। तिरंगे वस्त्रों को अपने तन पर युवावस्था में ही लपेटने वाले 'उग्र' अपने आप में भी कम रंगीन-व्यक्तित्व नहीं थे।

जीवन में कई रंगों को एक साथ जीनेवाले 'उग्र' के अनेक रंगों का मूल्यांकन एक ऊर्ध्व रेखा में आज भी नहीं किया जा सकता। अनेक रंगों को अपने आप में सँजोए उग्रजी महाराज विस्मय-विमुग्ध कर देनेवाले शैलीकार पत्रकार, उपन्यासकार, कवि, नाटककार और संपादक थे। उग्र क्रांतिकारी और चिंतक मनुष्य थे, इसलिए उनके जीवन के विभिन्न आयामों का, रंगों का एक साथ आकलन करना हो तो एक व्यापक फैलाव से गुजरना होगा। उग्र का जन्म पौष शुक्ल अष्टमी वि.सं. 1957 की रात्रि 8.30 बजे, चुनार, जिला मिर्जापुर के सद्‌दूपुर मोहल्ले में, एक निर्धन ब्राह्मण पं. वैद्यनाथ पांडेय के यहाँ हुआ था। माँ का नाम जयकली देवी था। पं. वैद्यनाथ के यद्यपि एक दर्जन से अधिक पुत्र-पुत्रियाँ हुईं, मगर उनमें से अधिकांश पैदा होते ही काल के ग्रास बन गए थे, अत: उग्र के जन्म पर कोई हर्षोल्लास नहीं मनाया गया, न ही जन्मपत्री बनवाई गई, बल्कि गाँव की एक मजेदार प्रथा के अनुसार उनकी माता ने उन्हें एक टके में अपनी पड़ोसन को बेच दिया तथा उस टके का गुड़ मँगवाकर खा गई, जिससे बालक 'बेचन' बचा रहे। पैदा होते ही उन्हें बेचा गया, अत: 'उग्रजी' महाराज का नामकरण हुआ—'बेचन' बेचन पांडेय।

घर में दाने-दाने की मुहताजी और कर्जदारी में 'उग्र' की शिक्षा-दीक्षा कब, कहाँ और कैसे हो पाती। घर की तंगहाली दूर करने के लिए बालक बेचन और उनके बड़े भाई रामलीला में अभिनय करने लगे।

सन् 1921 में सत्याग्रह आंदोलन में युवक 'उग्र' भी जेल गए। जेल से आने के बाद, अत्यधिक गरीबी में कम रेट पर 'आज' में लगभग चार बरस व्यंग्य, नाटक, कविता, कहानी लिखते रहे। सन् '23 में 'महात्मा ईसा' नाटक लिखा और '24 में 'भूत' नामक पत्र को जन्म दिया, सन् '24 के जाते-जाते 'उग्र' हिंदी में चर्चित और उत्तर भारत में लोकप्रिय हो चले थे।

'उग्र' ने अपना विख्यात नाम 'उग्र', जिससे वे हिंदी जगत् में जाने लाते हैं, राष्ट्रीय जागरण द्वंद्व में शामिल होने से पूर्व ही चुन लिया था, 'अपनी खबर' में उन्होंने अपने इस नामकरण पर लिखा है—"आज मुझे अपने लिए उपनाम चुनना हो तो संभव है बुरा न होने पर भी 'उग्र' मैं न चुनूँ, लेकिन आज से चालीस वर्ष पूर्व, राष्ट्रभक्त लेखक ऐसे कर्कश नाम चुना करते थे। इसलिए कि बलवान ब्रिटिश राज्य के नृशंस शासक नाम से ही दहल जाएँ, शायद शक्तिहीनता छुपाने को लोग प्रचंड नामोपनाम चुना करने थे, जैसे—त्रिशूल, बज्रपाणि, धूमकेतु, भीष्म, भीम, भयंकर, प्रलयंकर या अपना ढाई अक्षर का 'उग्र'।"

भीड़ से अलग रहकर भी उग्र जहाँ अपनी सबलता और सद्गुणों की सीमा से अपरिचित नहीं थे, वहीं अपने दुर्गुणों और दुर्बलताओं से भी अपरिचित नहीं रहे। निश्छल, निर्मल हृदय से निर्भीक-निश्चिंत, विचारों की धुंध से मुक्त, वाणी को मनोभावा देने में समर्थ मन, वचन और कर्म से एक, 'उग्र' आत्मा से 'महात्मा' थे—'उग्र' तुलसी की 'विनय पत्रिका' और गालिब के दीवान के अनन्य प्रशंसक रहे। यह दोनों उनके धर्मग्रंथ हो गए थे। गालिब पर तो उन्होंने अपने अंतिम दिनों में विलक्षण व्याख्या लिखी थी—'गालिब और उग्र'। तुलसी के हजारों उद्धरण उनकी समस्त रचनाओं में यहाँ-वहाँ मिल जाते हैं।

जिन दिनों हिंदी में रोमांटिक, भावपूर्ण कथा-लेखन का दौर चल रहा था, उस समय राष्ट्रीय चेतना से ओत-प्रोत क्रांतिकारी भावों से भरपूर 'उग्र' के सारे कहानी-संग्रह, विस्फोटक, विद्रोहजन्य होने के कारण जब्त कर लिये गए थे।

'उग्र' हिंदी के युगप्रवर्तक कहानीकार थे। उनकी कहानियों ने दमनकारी ब्रिटिश साम्राज्य के छक्के छुड़ा दिए। निवेदित पुस्तक में चिंगारियाँ (जब्त) और क्रांतिकारी कहानियाँ (जब्त) कहानी-संग्रहों से ली गई दो कहानियाँ 'उसकी माँ' और सृष्टि सम्मिलित की गई हैं।

मैक्सिम गोर्की की 'मदर' अगर उन्हें विश्व-साहित्य में अमर बनाने के लिए पर्याप्त है तो 'उग्र' की यह नन्ही-सी कहानी 'उसकी माँ'।

दूसरी कहानी 'सृष्टि' भी श्रेष्ठ कहानी है। सच्चे देशभक्त की परिभाषा देते हुए 'उग्र' ने दिखाया कि सच्चा देशभक्त स्वाधीनता के लिए प्रसन्नता से प्राण न्यौछावर कर देता है। ब्रिटिश हुकूमत ने इसे जब्त कर लिया था।

अनेक पुस्तकें उन्होंने लिखीं— कहानी-संग्रह : 'दोजख क आग', 'निर्लज्ज', 'चॉकलेट', 'क्रांतिकारी कहानियाँ', 'रेशमी', 'जब सारा आलम सोता है', 'पंजाब की महारानी (जब्त)', 'सनकी अमीर', 'कला का पुरस्कार', 'पोली इमारत', 'मुक्ता' आदि। उपन्यास : 'चंद हसीनों के खुतूत', 'दिल्ली का दलाल', 'बुधवा की बेटी', 'शराबी', 'घंटा', 'जीजाजी', 'फागुन के दिन चार'। नाटक : 'आवारा', 'चुंबन', 'महात्मा ईसा', 'गंगा की बेटी', 'अन्नदाता माधव महाराज महान'। आत्मकथा : 'अपनी खबर'। व्याख्या : 'व्यक्तिगत', 'गालिब उग्र'। पत्र : 'फाइल एंड प्रोफाइल'। अनेक अखबारों के संपादक रहे—'स्वदेश', 'विक्रम', 'मतवाला', 'उग्र', 'भूत', 'पंच', 'संग्राम'। उनकी चर्चित और प्रख्यात कृतियों में विवादास्पद रचना—'चॉकलेट', 'चंद हसीनों के खुतूत', 'दिल्ली का दलाल', 'बुधवा की बेटी', 'चिंगारियाँ' (जब्त), 'पंजाब की महारानी' (जब्त), 'अपनी खबर', 'करारे व्यंग्य' और 'यथार्थ चित्रण' के कारण लोकप्रिय रहीं।

'चंद हसीनों के खुतूत' तो लड़के-लड़कियाँ कॉलेज की पुस्तकों के साथ रख ले जाते थे। कुछ लोग 'गीता', 'रामायण' में छुपाकर पढ़ते थे। उग्र शैलीकार थे, उन्होंने अपनी स्वयं की शैली का निर्माण किया। उन्होंने पुस्तकों को पुस्तकालयों, विश्वविद्यालय के परकोटों से बाहर निकाल, अपना एक खास पाठक वर्ग तैयार किया था।

विनोद शंकर व्यास ने कहानी के उग्र स्कूल के बारे में लिखा है—

"और तीसरा स्कूल है—'उग्र स्कूल', किंतु इस स्कूल के नायक हैं अकेले 'उग्र'। भाषा, शैली, कहानियाँ तो सिवा उनके हिंदी में किसी ने लिखी ही नहीं हैं। चिंगारियाँ इसका ज्वलंत उदाहरण है। एक-एक कहानी पढ़कर तबीयत फड़क उठती है। लिखने का ढंग उनका बड़ा मनमोहक होता है।"

वे हिंदी के अति यथार्थवादी उपन्यासकार थे। उन्होंने समाज के घृणित जीवन और वीभत्स प्रवृत्तियों को बेबाकी से उद्‌घाटित किया। उन्होंने संपूर्ण मानवता के करुण आर्तनाद, पुरुषों के छल-कपट, स्त्रियों के सतीत्व, कामलोलुपता, मर्यादा का

सही-सही विस्मयकारी चित्रण प्रस्तुत किया है। उन्होंने कहानियाँ भी सबसे ज्यादा लिखी हैं।

उनकी अभिव्यक्ति, शिल्प क्षमता उन्हें हिंदी के तमाम लेखकों से अलग करती है। उनके पात्र कभी भी रूमानी सपने नहीं देखते। ख्याली पुलाव नहीं पकाते। वे छल से पलायन भी नहीं करते, अपितु संपूर्ण मावता की शक्ति से जीवन जीने योग्य शक्ति का निर्माण करते हैं, यथार्थ का सामना करते हैं।

हिंदी नाटकों के आरंभिक काल में 'उग्र' का पहला नाटक 'महात्मा ईसा' आया। आलोचकों ने इसे एकमत से सफल और गंभीर नाटक माना। 'आवारा' नाटक 'उग्र' ने प्रो. रमाशंकर शुक्ल 'हृदय' के अवसान पर इनके निराश्रित परिवार के लिए पं. सूर्यनारायण व्यास द्वारा स्थापित सत्साहित्यिक सेवक समाज' को लिखकर दिया था। इस नाटक से 'उग्र' ने एक भी पैसा रॉयल्टी नहीं ली। इसे पं. व्यास ने अपने खर्च से छपवाया और इससे होनेवाली समस्त आय स्व. रमाशंकर शुक्ल के परिवार को प्रदान कर दी गई थी।

यों तो छुटपुट प्रहसन भी लिखे 'उग्र' ने और एकांकी भी।

जब भी हिंदी के संपादकीय पर ही शोध होगा 'उग्र' का नाम बाबूराव विष्णु पराडकर, गणेश शंकर विद्यार्थी, सिद्धनाथ माधव आगरकर, सूर्यनारायण व्यास, माखनलाल चतुर्वेदी के साथ सम्मानपूर्वक लिया जाएगा।

विक्रम में लिखी 'बिंदु-बिंदु विचार' शीर्षक से उनकी संपादकीय टिप्पणी भी अब मेरे संपादन में 'उग्र के अग्रलेख' शीर्षक से प्रकाशन के लिए तैयार है। उग्र पत्र-व्यवहार में बड़े दक्ष थे, वे एक अच्छे पत्र-लेखक थे। पत्र-साहित्य पर उनकी अंतरंगता, व्यंग्य-विनोदप्रियता, उग्रता, खुशमिजाजी खुलकर आई है। मेरे पिता स्व. पं. सूर्यनारायण व्यास से उनकी असीम अभिन्न आत्मीयता थी। वे झगड़ते भी, साथ ही रहते। दोनों के मध्य हुआ मनोरंजक पत्र-व्यवहार तो 'फाइल ऐंड प्रोफाइल' में प्रकाशित हुआ है, किंतु उसमें केवल 'उग्र' के नाम लिखे पत्र हैं। मेरे पास आज 'उग्र' के 300 से भी अधिक पत्र सुरक्षित हैं। 'उग्र के पत्र' शीर्षक से शीघ्र ही इसे भी प्रकाश में लाने का प्रयास है। गरीब परवर, हुजूर आला, श्रीयुत-श्रीमंत जैसे मजेदार संबोधनों से लिखे इन पत्रों में व्यास-उग्र हृदय सहस्त्र कमलदलवत प्रस्फुटित है।

अपने जीवन के अंतिम क्षणों में लिखे पत्रों में उन्होंने लिखा था कि वे दिल्ली से उकता गए थे और मालवा में मिल्कियत चाहते थे।

'उग्र' ने काव्य-सृजन कम ही किया, मगर जो भी किया, उसका भी स्थायी महत्त्व है। उनकी अनेक कविताएँ विक्रम-वीणा में प्रकाशित भी हुई हैं। 'युगाभ' शीर्षक से 'परिजातों का बलिदान' कविता पुस्तक भी प्रकाशित हुई, जिसे उन्होंने स्नेहवश मेरे पूज्य पिता को समर्पित किया है। कलकत्ता से काशी लौटते समय पहली बार उनकी लोकप्रिय पुस्तकों पर कई हजार नगद पुरस्कार मिला। उनके अभिन्न मित्र विनोद शंकरजी ने उन रुपयों को बैंक में जमा कर दिया और उग्र को प्रेरित किया कि रुपयों को व्यर्थ खर्च न कर एक मकान बनवा लें।

कलम के धनी 'उग्र' का 23 मार्च, 1967 को लंबी बीमारी के बाद कृष्णा नगर, दिल्ली में देहावसान हुआ।

उनकी मौज-मस्ती की यादों ने, औघड़ता ने, अक्खड़ता-फक्कड़ता ने, उनकी अद्‌भुत शैली ने, उन्हें हिंदी में अजर अमर बना दिया है।

साहित्य में भी, समाज में भी, जो लोग उपेक्षित-से रहे, लीक तोड़कर चले, भीड़ से अलग अकेले, उनसे सहज ही जुड़ गया। मुझे लगा बस ये ही मेरे अपने हैं, मैं भी उनमें से एक हूँ।

निश्चय कर लिया कि इन पर कुछ काम करूँगा और उसी का प्रतिफल है यह सब। 'उग्र' का मेरे द्वारा लिखी भूमिका, अग्रलेख समीक्षायुक्त उपन्यास 'घंटा' पुनः प्रकाशित हो चुका है। 'उग्र' संचयन भारतीय ज्ञान से प्रख्यात है। उग्र के अग्रलेख, उग्र के पत्र, उग्र लिखित नाटक 'आवारा', कहानी-संग्रह 'रेशमी' प्रकाशित हो रहे हैं।

सरदार भगतसिंह द्वारा जेल में लिखी पुस्तक 'मेरी कहानी' भी, उसके असली इतिहास के साथ, भूमिका लिखकर जिनके लिए मन्मथनाथ गुप्त, शिववर्मा भी प्रमाणित कर चुके हैं, वह भी अब प्रकाशित हो चुकी है। इस 'मेरी कहानी' के बाद ही पं. नेहरू की 'मेरी कहानी' प्रकाशित हुई थी। इस पुस्तक को भगतसिंह ने आजाद को समर्पित किया था। यह पुस्तक आजादी से पूर्व लाहौर कांग्रेस के समय भारती-भवन से प्रकाशित होकर जब्त हो गई थी। इसे फिर से प्रकाश में लाने से मेरा विश्वास है कि भगतसिंह का विचारक-चिंतक पक्ष भी सामने आएगा।

पैसा कमारा मेरा उद्‌देश्य नहीं, व्यवसाय मैं करता नहीं, इन पुस्तकों के संपादन से होनेवाली संपूर्ण आय अगले संकलनों की तैयारी में लगा देता हूँ। नियचय ही 'उग्र' के संपूर्ण रूप को, उनकी 66 वर्षों की विशाल-विराट् साधना को, इस क्षीणकाय पुस्तक में समेटा ही नहीं जा सकता, यह संभव भी नहीं है।

इस पुस्तक में न उनकी तमाम श्रेष्ठ कहानियाँ हैं, न प्रतिनिधि। हाँ, इन कहानियों में आपको केवल 'उग्र' के क्रांतिकारी तेवरों, आयामों, विविध रंगों की झलक भर मिलेगी। अगर उनके जीवन की, लेखन की, अंदाज की बानगी भर भी इससे आपको मिल सकी तो मैं अपना प्रयास और परिश्रम को सफल-सार्थक समझूँगा।

यह जो हिंदी में परिपाटी है न, अंत में आभार प्रदर्शन की, उससे मुक्त होकर आपके आगे विनीत-भाव से क्षमा-याचना करते हुए दो पंक्तियाँ और लिखकर, जो बार-बार मेरे हृदय में उमड़ रही हैं, विराम लेता हूँ—

*"हमने तमाम उम्र अकेले सफर तय किया।*
*हम पर किसी खुदा की इनायत नहीं रही॥"*

बस, यही उग्र का संक्षिप्त जीवन परिचय है और यही मेरी भूमिका या अग्रलेख। बस जिसके जो समझ में आ जाए, वही बस अर्थ है और सब व्यर्थ है।

**—राजशेखर व्यास**
'विजयिनी' 118, सेक्टर-4, प्लाट नं. 7
दिन एपार्टमेंट्स, द्वारका-I
नई दिल्ली-110075

# आमुख

पांडेय बेचन शर्मा 'उग्र' एक साधारण नाम नहीं है, संपूर्ण हिंदी जगत् एक अरसे तक 'उग्र' की उग्रता से काँपता रहा, उनसे लोहा बजाने में डरता रहा। मगर 'उग्र', जिनका बाह्य व्यक्तित्व देख हिंदी जगत् ने उन्हें जीते-जी उपेक्षा के गर्त में और विरोध की खाइयों में ढकेल दिया, के जीवन की यही सबसे बड़ी त्रासदी एवं विडंबना रही थी; उनके अंतरंग कोमल पक्ष को, जो नारियल की तरह बाहर से कठोर और अंदर से मृदु व कोमल था, को कोई जान नहीं पाया।

'उग्र' के संपूर्ण व्यक्तित्व पर विगत 42 वर्षों से अनथक-अनवरत परिश्रम करते हुए उनके कृतित्व के अनछुए पहलुओं पर भी कार्य किया है। अब तक 'उग्र' पर, उग्र के साहित्य पर मेरी 24 से अधिक कृतियाँ प्रकाशित हो चुकी हैं, जिनमें 'प्रभात' से ही 'उग्र के सात रंग' और भारतीय ज्ञानपीठ से 'उग्र समग्र' बेहद चर्चित हैं, जिनका हिंदी जगत् ने सम्यक् स्वागत किया है। हाँ, समीक्षकों से अवश्य हमेशा की तरह जैसा 'उग्र' के साथ हुआ, 'उग्र' के साहित्य को भी उपेक्षा और अवमूल्यन ही मिला है। खैर—

*मेरे लबों पे दुआ, उसके लबों पे गाली,*
*जिसके अंदर जो था, वही तो बाहर निकला।*

इस क्रम में निवेदित है, उग्र की कलम से निःसृत मार्मिक और हृदयस्पर्शी उनकी लोकप्रिय कहानियों का यह संग्रह 'पांडेय बेचन शर्मा 'उग्र' की लोकप्रिय कहानियाँ'।

आदर सहित।

**—राजशेखर व्यास**
26 मीना बाग,
118 सेक्टर-4, प्लॉट नं. 7
'विजयिनी दिन अपार्टमेंट

# अनुक्रम

# उसकी माँ

*(मैक्सिम गोर्की की 'माँ' अगर उसे अमर बनाने को पर्याप्त है तो 'उग्र' की 'उसकी माँ' भी उन्हें अमर बनाने के लिए पर्याप्त है। स्वाधीनता-संग्राम के वातावरण में एक माँ के पुत्र-प्रेम की इस कहानी को असंख्य कहानी-संग्रहों में संकलित किया गया है।—संपा.)*

दोपहर को जरा आराम करके उठा था। अपने पढ़ने-लिखने के कमरे में खड़ा-खड़ा धीरे-धीरे सिगार पी रहा था और बड़ी-बड़ी अलमारियों में सजे पुस्तकालय की ओर निहार रहा था। किसी महान् लेखक की कोई महान् कृति उनमें से निकालकर देखने की बात सोच रहा था। मगर पुस्तकालय के एक सिरे से लेकर दूसरे तक मुझे महान्-ही-महान् नजर आए। कहीं गेटे, कहीं रूसो, कहीं मैजिनी, कहीं नीत्शे, कहीं शेक्सपियर, कहीं टाल्सटॉय, कहीं ह्यूगो, कहीं मोपासां, कहीं डिकिन्स, स्पेंसर, मेकाले, मिल्टन, मोलियर···उफ। इधर-से-उधर तक एक-से-एक महान् ही तो थे। आखिर मैं किसके साथ चंद मिनट मन-बहलाव करूँ, यह निश्चय ही न हो सका, महानों के नाम ही पढ़ते-पढ़ते परेशान सा हो गया।

इतने में मोटर की पों-पों सुनाई पड़ी। खिड़की से झाँका तो सुरमई रंग की कोई 'फिएट' गाड़ी दिखाई पड़ी। मैं सोचने लगा—'शायद कोई मित्र पधारे हैं, अच्छा ही है। महानों से जान बची।'

जब नौकर ने सलाम कर आनेवाले का कार्ड दिया, तब मैं कुछ घबराया, उस पर शहर के पुलिस सुपरिंटेंडेंट का नाम छपा था। ऐसे बेवक्त ये कैसे आए?

पुलिसपति भीतर आए। मैंने हाथ मिलाकर एक चक्कर खानेवाली गद्दीदार कुरसी पर उन्हें आसन दिया। वह व्यापारिक मुसकराहट से लैस होकर बोले, "इस अचानक आगमन के लिए आप मुझे क्षमा करें।"

"आज्ञा हो।" मैंने भी नम्रता से कहा।

उन्होंने पॉकेट से डायरी निकाली, डायरी से एक तसवीर…"देखिए इसे, जरा बताइए तो, आप पहचानते हैं इसको?"

"हाँ, पहचानता तो हूँ।" जरा सहमते हुए मैंने बताया।

"इसके बारे में मुझे आपसे कुछ पूछना है।…इसका नाम क्या है?"

"लाल। मैं इसी नाम से बचपन ही से पुकारता आ रहा हूँ, मगर यह पुकारने का नाम है। एक नाम कोई और है, सो मुझे स्मरण नहीं।"

"कहाँ रहता है यह?" सुपरिंटेंडेंट ने पुलिस की धूर्त-दृष्टि से मेरी ओर देखकर पूछा।

"मेरे बँगले के ठीक सामने एक दो मंजिला कच्चा, कच्चा-पक्का घर है, उसी में वह रहता है। वह है और उसकी बूढ़ी माँ।"

"बूढ़ी का नाम क्या है?"

"जानकी।"

"और कोई नहीं है क्या इसके परिवार में? दोनों का पालन-पोषण कौन करता है?"

"सात-आठ वर्ष हुए लाल के पिता का देहांत हो गया। अब उस परिवार में वह और उसकी माता ही बचे हैं। उसका पिता जब जीवित रहा, बराबर मेरी जमींदारी का मुख्य मैनेजर रहा। उसका नाम रामनाथ था। वही मेरे पास कुछ हजार रुपए जमा कर गया था, जिससे अब तक उनका खर्चा चल रहा है। लड़का कॉलेज में पढ़ रहा है। जानकी को आशा है कि वह साल-दो साल बाद कमाने और परिवार को सँभालने लगेगा। मगर क्षमा कीजिए। क्या मैं यह पूछ सकता हूँ कि आप उसके बारे में क्यों इतनी पूछताछ कर रहे हैं?"

"यह तो मैं आपको नहीं बता सकता, मगर इतना आप समझ लें, यह सरकारी काम है, इसीलिए आज मैंने आपको इतनी तकलीफ दी है।"

"अजी, इसमें तकलीफ की क्या बात है। हम तो सात पुश्त से सरकार के फरमाबरदार हैं। और कुछ आज्ञा…"

"एक बात और…" पुलिसपति ने गंभीरतापूर्वक धीरे से कहा, "मैं मित्रतापूर्वक आपसे निवेदन करता हूँ कि आप इस परिवार से जरा सावधान और दूर रहें। फिलहाल इससे अधिक मुझे कुछ कहना नहीं है।"

"लाल की माँ!" एक दिन जानकी को बुलाकर मैंने समझाया, "तुम्हारा

लाल आजकल क्या पाजीपन करता है ? तुम उसे केवल प्यार ही करती हो न! हूँ! भोगोगी।"

"क्या है, बाबू ?" उसने कहा।

"लाल क्या करता है ?"

"मैं तो उसे कोई भी बुरा काम करते नहीं देखती।"

"बिना किए ही तो सरकार किसी के पीछे पड़ती नहीं। हाँ, लाल की माँ! बड़ी धर्मात्मा, विवेकी और न्यायी सरकार है यह। जरूर तुम्हारा लाल कुछ करता होगा!"

"माँ!" उसने मुझे नमस्कार कर जानकी से कहा, "तू यहाँ भाग आई है। चल तो! मेरे कई सहपाठी वहाँ खड़े हैं, उन्हें चटपट कुछ जलपान करा दे, फिर हम घूमने जाएँगे!"

"अरे!" उसे देखकर जानकी के चेहरे की झुर्रियाँ चमकने लगीं, काँपने लगीं। बोली, "तू आ गया, लाल! चलती हूँ, भैया! पर देख तो तेरे चाचा क्या शिकायत कर रहे हैं ? तू क्या पाजीपना करता है, बेटा ?"

"क्या है, चाचाजी ?" उसने सविनय, सुमधुर स्वर से मुझसे पूछा, "मैंने क्या अपराध किया है ?"

"मैं तुमसे नाराज हूँ लाल!" मैंने गंभीर स्वर में कहा।

"क्यों, चाचाजी ?"

"तुम बहुत बुरे होते जा रहे हो, जो सरकार के विरुद्ध षड्यंत्र करनेवालों के साथी हो! हाँ, तुम हो! देखो लाल की माँ, इसके चेहरे का रंग उड़ गया, यह सोचकर कि यह खबर मुझे कैसे मिली ?"

सचमुच एक बार उसका खिला हुआ रंग जरा मुरझा गया मेरी बातों से! पर तुरंत ही वह सँभला।

"आपने गलत सुना, चाचाजी। मैं किसी षड्यंत्र में नहीं। हाँ, मेरे विचार स्वतंत्र अवश्य हैं, मैं जरूरत-बेजरूरत जिस-तिस के आगे उबल अवश्य उठता हूँ। देश की दुरावस्था पर उबल उठता हूँ, इस पशु-हृदय परतंत्रता पर।"

"तुम्हारी ही बात सही, तुम षड्यंत्र में नहीं, विद्रोही नहीं, पर यह बक-बक क्यों ? इससे फायदा ? तुम्हारी इस बक-बक से न तो देश की दुर्दशा दूर होगी और न उसकी पराधीनता। तुम्हारा काम पढ़ना है, पढ़ो। इसके बाद कर्म करना होगा, परिवार और देश की मर्यादा बचानी होगी। तुम पहले अपने घर का उद्धार तो कर

लो, तब सरकार के सुधार का विचार करना।"

उसने नम्रता से कहा, "चाचाजी, क्षमा कीजिए! इस विषय में मैं आपसे विवाद करना नहीं चाहता।"

"चाहना होगा, विवाद करना होगा। मैं केवल चाचाजी नहीं, तुम्हारा बहुत कुछ हूँ। तुम्हें देखते ही मेरी आँखों के सामने रामनाथ नाचने लगते हैं, तुम्हारी बूढ़ी माँ घूमने लगती है। भला मैं तुम्हें बेहाल होने दे सकता हूँ? इस भरोसे न रहना।"

"इस पराधीनता के विवाद में चाचाजी, मैं और आप दो भिन्न सिरों पर हैं। आप कट्टर राजभक्त, मैं कट्टर राजविद्रोही। आप पहली बात को उचित समझते हैं—गुप्त कारणों से, मैं दूसरी को—दूसरे कारणों से। आप अपना पथ छोड़ नहीं सकते—अपनी प्यारी कल्पनाओं के लिए और मैं अपना भी नहीं छोड़ सकता।"

"सुनिए क्या है, सुनो तो! जरा मैं भी जान लूँ कि अब के लड़के कॉलेज की गरदन तक पहुँचते-पहुँचते कैसे-कैसे हवाई किले उठाने के सपने देखने लगते हैं। जरा मैं भी तो सुनूँ, बेटा!"

"मेरी कल्पना यह है कि जो व्यक्ति, समाज या राष्ट्र के नाश पर जीता हो, उसका सर्वनाश हो जाए!"

जानकी उठकर बाहर जाने लगी, "अरे! तू तो जमकर चाचा से जूझने लगा। वहाँ चार बच्चे बेचारे दरवाजे पर खड़े होंगे। लड़ तू, मैं जाती हूँ।" उसने मुझसे कहा, "समझा दो बाबू, मैं तो आप ही कुछ नहीं समझती, फिर इसे क्या समझाऊँगी?" उसने फिर लाल की ओर देखा, "चाचा जो कहें, मान जा, बेटा। यह तेरे भले ही की कहेंगे।"

वह बेचारी कमर झुकाए उस साठ बरस की आयु में भी घूँघट सँभाले चली गई। उस दिन उसने मेरी और लाल की बातों की गंभीरता नहीं समझी।

"मेरी कल्पना यह है कि···" उत्तेजित स्वर से लाल ने कहा, "ऐसे दुष्ट, राष्ट्र नाशक व्यक्ति, राष्ट्र के सर्वनाश में मेरा भी हाथ हो?"

"तुम्हारे हाथ दुर्बल हैं उनसे, जिससे तुम पंगा लेने जा रहे हो, चर्र-मर्र हो उठेंगे, नष्ट हो जाएँगे।"

"चाचाजी, नष्ट हो जाना तो यहाँ का नियम है। जो सँवारा गया है, वह बिगड़ेगा ही। हमें दुर्बलता के डर से अपना काम नहीं रोकना चाहिए। कर्म के समय हमारी भुजाएँ दुर्बल नहीं, भगवान् की सहस्त्र भुजाओं की सखियाँ हैं।"

"तो क्या करना चाहते हो?"

"जो भी मुझसे हो सकेगा, करूँगा।"

"षड्यंत्र?"

"जरूरत पड़ी तो जरूर!"

"विद्रोह?"

"हाँ, अवश्य!"

"हत्या?"

"हाँ, हाँ, हाँ!"

"बेटा, तुम्हारा माथा न जाने कौन सी किताब पढ़ते-पढ़ते बिगड़ रहा है। सावधान!"

मेरी धर्मपत्नी और लाल की माँ एक दिन बैठी हुई बातें कर रही थीं कि मैं पहुँच गया। कुछ पूछने के लिए कई दिनों से मैं उसकी तलाश में था।

"क्यों लाल की माँ, लाल के साथ किसके लड़के आते हैं तुम्हारे घर में?"

"मैं क्या जानूँ, बाबू?" उसने सरलता से कहा, "मगर वे सभी मेरे लाल ही की तरह मुझे प्यारे दिखते हैं। सब लापरवाह। वे इतना हँसते, गाते और हो-हल्ला मचाते हैं कि मैं मुग्ध हो जाती हूँ।"

मैंने एक ठंडी साँस ली, "हूँ···ठीक कहती हो। वे बातें कैसी करते हैं, कुछ समझ पाती हो?"

"बाबू, वे लाल की बैठक में बैठते हैं। कभी-कभी जब मैं उन्हें कुछ खिलाने-पिलाने जाती हूँ, तब वे बड़े प्रेम से मुझे 'माँ' कहते हैं। मेरी छाती फूल उठती है, मानो वे मेरे ही बच्चे हैं।"

"हूँ···" मैंने फिर साँस ली।

"एक लड़का उनमें बहुत ही हँसोड़ है। खूब तगड़ा और बली दिखता है। लाल कहता है कि वह डंडा लड़ने में, दौड़ने में, घूँसेबाजी में, खाने में, छेड़खानी करने और हो-हो, हा-हा कर हँसने में समूचे कॉलेज में फर्स्ट है। उसी लड़के ने एक दिन, जब मैं उन्हें हलवा परोस रही थी, मेरे मुँह की ओर देखकर कहा, "माँ! तू तो ठीक भारतमाता सी लगती है। तू बूढ़ी, वह बूढ़ी। उसका उजला हिमालय, माथे की दोनों गहरी बड़ी रेखाएँ गंगा और यमुना, यह नाक विंध्याचल, दाढ़ी कन्याकुमारी तथा छोटी-बड़ी झुर्रियाँ-रेखाएँ भिन्न-भिन्न पहाड़ और नदियाँ हैं। जरा पास आ मेरे! तेरे केशों को पीछे से आगे बाएँ कंधे पर लहरा दूँ, वह बर्मा बन जाएगा। बिना उसके भारतमाता का शृंगार शुद्ध न होगा।"

जानकी उस लड़के की बातें सोच गद्‌गद हो उठी, "बाबू ऐसा ढीठ लड़का! सारे बच्चे हँसते रहे और उसने मुझे पकड़, मेरे बालों को बाहर कर, अपना बर्मा तैयार कर लिया। कहने लगा, 'देख, तेरा यह दाहिना कान 'कच्छ' की खाड़ी है—बंबई (अब मुंबई) के आगेवाली और यह बायाँ बंगाल की खाड़ी। माँ तू जरा सीधा मुँह करके खड़ी हो। मैं तेरी ठुड्डी के नीचे, उससे दो अंगुल के फासले पर हाथ जोड़कर घुटनों पर बैठता हूँ। दाढ़ी तेरी कन्याकुमारी! हा-हा-हा—और मेरे जुड़े, तिरछे हाथ सीलोन का! हा-हा-हा-हा! बोलो, 'भारतमाता की जय!'

"सब लड़के ठहाका लगाकर हँसने लगे। वह घुटने टेककर, हाथ जोड़कर मेरे पाँव के पास बैठ गया। मैं हक्की-बक्की सी हँसनेवालों का मुँह निहारने लगी। बाबू, वे सभी बच्चे मेरे 'लाल' हैं, सभी मुझे 'माँ' कहते हैं।"

उसकी सरलता मेरी आँखों में आँसू बनकर छा गई। मैंने पूछा, "लाल की माँ! वे कुछ और बातें भी करते हैं? लड़ने की, झगड़ने की, गोली-मोली या बंदूक की?"

"अरे, बाबू!" उसने मुसकराकर कहा, "देख, सभी बातें करते हैं। उनकी बातों का कोई मतलब थोड़े ही होता है। सब जवान हैं, लापरवाह हैं। जो मुँह में आता है, बकते हैं। कभी-कभी तो पागलों सी बातें करते हैं। महीना भर पहले एक दिन लड़के बहुत उत्तेजित थे। वे जब बैठक में बैठकर गलचौर करने लगते हैं, तब कभी-कभी उनका पागलपन सुनने के लोभ से मैं दरवाजे से सट-छिपकर खड़ी हो जाती हूँ।

"न जाने कहाँ, लड़कों को सरकार पकड़ रही है। मालूम नहीं, पकड़ती थी या वे यों ही गप हाँकते थे। मगर उस दिन वे यही बक रहे थे। कहते थे, 'पुलिसवाले केवल संदेह पर भले आदमियों के बच्चों को त्रास देते हैं, मारते हैं, सताते हैं। यह अत्याचारी पुलिस की नीचता है। ऐसी नीच शासन-प्रणाली को स्वीकार करना अपने धर्म को, कर्म को, आत्मा को, परमात्मा को भुलाना है। धीरे-धीरे धुलाना-मिटाना है।'

"एक ने उत्तेजित भाव से कहा, 'अजी, ये परदेसी कौन लगते हैं हमारे, जो बरबस राजभक्त बनाए रखने के लिए हमारी छाती पर तो कान-मुँह लगाए अड़े और खड़े हैं। उफ! इस देश के लोगों के हिये की आँखें मुँद गई हैं। तभी तो इतने जुल्मों पर भी आदमी आदमी से डरता है। ये लोग शरीर की रक्षा के लिए अपनी-अपनी आत्मा की चिता सँवारते फिरते हैं। नाश हो इस परतंत्रतावाद का!'

"दूसरे ने कहा, 'लोग ज्ञानी न हो सकें, इसलिए इस सरकार ने हमारे पढ़ने-

लिखने के साधनों को अज्ञान से भर रखा है। लोग वीर और स्वाधीन न हो सकें, इसलिए अपमानजनक और मनुष्यता-नीतिमर्दक कानून गढ़े हैं। गरीबों को चूसकर, सेना के नाम पर पाले हुए पशुओं को शराब, कबाब से मोटा-ताजा रखती है यह सरकार, धीरे-धीरे जोंक की तरह हमारे देश का धर्म, प्राण और धन चूसती चली जा रही है यह लूटक शासन-प्रणाली! नाश हो इस प्रणाली का! प्रणाली की तसवीर सरकार का!'

"तीसरा वही बंगड़ बोला, 'सबसे बुरी बात यह है, जो सरकार रोब से, 'सत्ताबनी' रोब से, धाक से, धाँधली से, धुएँ से हम पर शासन करती है, वह आँखें खोलते ही कुचल-कुचलकर हमें दब्बू, कायर, हतवीर्य बनाती है और किसलिए? जरा सोचें तो? मुट्ठी भर मनुष्यों को अरुण-वरुण और कुबेर बनाए रखने के लिए। मुट्ठी भर मनचले सारे संसार की मनुष्यता की मिट्टी पलीत करें, परमात्मा प्रदत्त स्वाधीनता का संहार करें—छिह! नाश हो ऐसे मनचलों का!'

"ऐसे ही अंट-शंट ये बातूनी बका करते हैं, बाबू। कभी चार छोकरे जुड़े, तभी यही चर्चा। लाल के साथियों का मिजाज भी उसी सा अल्हड़-बिल्हड़ मुझे मालूम पड़ता है। ये लड़के ज्यों-ज्यों पढ़ते जा रहे हैं, त्यों-त्यों बक-बक में बढ़ते भी जा रहे हैं।"

"यह बुरा है, लाल की माँ!" मैंने गहरी साँस ली।

जमींदारी के कुछ जरूरी काम से चार-पाँच दिनों के लिए बाहर गया था। लौटने पर बँगले में घुसने के पूर्व दरवाजे पर जो नजर पड़ी, तो वहाँ एक भयानक सन्नाटा सा नजर आया—जैसे घर उदास हो, रोता हो।

भीतर आने पर मेरी धर्मपत्नी मेरे सामने उदास मुख खड़ी हो गई।

"तुमने सुनी?"

"नहीं तो, कौन सी बात?"

"लाल की माँ पर भयानक विपत्ति टूट गड़ी है।"

मैं कुछ-कुछ समझ गया, फिर भी विस्तृत विवरण जानने को उत्सुक हो उठा। "क्या हुआ? जरा साफ-साफ बताओ।"

"वही हुआ, जिसका भय था। कल पुलिस की एक पल्टन ने लाल का घर घेर लिया था। बारह घंटे तक तलाशी हुई। लाल, उसके बारह-पंद्रह साथी पकड़ लिये गए हैं। सभी लड़कों के घरों की तलाशी हुई है। सबके घर से भयानक-भयानक चीजें निकली हैं।"

"लाल के यहाँ..."

"उसके यहाँ भी दो पिस्तौल, बहुत से कारतूस और पत्र पाए गए हैं। सुना है, उस पर हत्या, षड्यंत्र, सरकारी राज उलटने की चेष्टा आदि आरोप लगाए गए हैं।"

"हूँ!" मैंने ठंडी साँस ली, "मैं तो महीनों से चिल्ला रहा था कि वह लौंडा धोखा देगा। अब वह बूढ़ी बेचारी मरी। वह कहाँ है? तलाशी के बाद तुम्हारे पास आई थी?"

"जानकी मेरे पास कहाँ आई। बुलवाने पर भी कल नकार गई। नौकर से कहलाया—पराँठे बना रही हूँ। हलवा, तरकारी अभी बनाना है, नहीं तो वे बिल्हड़ बच्चे हवालात में मुरझा न जाएँगे। जेलवाले और उत्साही बच्चों की दुश्मन यह सरकार उन्हें भूखों मार डालेगी। मगर मेरे जीते-जी यह नहीं होने का।"

"वह पागल है, भोगेगी।" मैं दु:ख से टूटकर चारपाई पर गिर पड़ा। मुझे लाल के कर्मों पर घोर खेद हुआ।

इसके बाद प्राय: एक वर्ष तक वह मुकदमा चला। कोई भी अदालत के कागज उलटकर देख सकता है। सी.आई.डी. ने और उसके प्रमुख सरकारी वकील ने उन लड़कों पर बड़े-बड़े दोषारोपण किए। उन्होंने चारों ओर गुप्त समितियाँ कायम की थीं, खर्चे और प्रचार के लिए डाके डाले थे, सरकारी अधिकारियों के यहाँ रात में छापा मारकर शस्त्र एकत्र किए थे, पल्टन में उन्होंने बगावत फैलाने का प्रयत्न किया था। उन्होंने न जाने किस पुलिस के दारोगा को मारा था और न जाने कहाँ, न जाने किस पुलिस सुपरिंटेंडेंट को? ये सभी बातें सरकार की ओर से प्रमाणित की गईं।

उधर उस लड़के की पीठ पर कौन था? प्राय: कोई नहीं। सरकार के डर के मारे पहले तो कोई वकील ही उन्हें नहीं मिल रहा था, फिर एक बेचारा मिला भी तो 'नहीं' का भाई। हाँ, उनकी पैरवी में सबसे अधिक परेशान वह बूढ़ी रहा करती। वह सुबह-शाम उन बच्चों को लोटा, थाली, जेवर आदि बेच-बेचकर भोजन पहुँचाती। फिर वकीलों के यहाँ जाकर दाँत निपोरती, गिड़गिड़ाती हुई कहती, "सब झूठ है। न जाने कहाँ से पुलिसवालों ने ऐसी-ऐसी चीजें हमारे घरों से पैदा कर दी हैं। वे लड़के केवल बातूनी हैं। हाँ, मैं भगवान् के चरण छूकर कह सकती हूँ, तुम जेल में जाकर देख आओ, वकील बाबू! भला, ये फूल से बच्चे हत्या कर सकते हैं?"

उसका तन सूखकर काँटा हो गया, कमर झुककर धनुष सी हो गई, आँखें निस्तेज; मगर उन बच्चों के लिए दौड़ना, 'हाय-हाय' करना, उसने बंद न किया। कभी-कभी सरकारी नौकर, पुलिस या वार्डन झुँझलाकर उसे झिड़क देते, धकिया

देते। तब वह खड़ी हो जाती, छड़ी के सहारे कमर सीधी कर और, "अरे! तुम कैसे जवान हो! कैसे आदमी हो! मैं तो उन भोले बच्चों के लिए दौड़ती-फिरती हूँ और तुम मुझे धक्के दे रहे हो! मैंने तुम्हारा क्या बिगाड़ा है, भैया?"

उसको अंत तक यह विश्वास रहा कि यह सब पुलिस की चालबाजी है। अदालत में जब दूध-का-दूध और पानी-का-पानी किया जाएगा, तब वे बच्चे जरूर बेदाग छूट जाएँगे। वे फिर उसके घर में लाल के साथ आएँगे। हा-हा, हो-हो करेंगे। उसे 'माँ' कहकर पुकारेंगे।

मगर उस दिन उसकी कमर टूट गई, जिस दिन ऊँची अदालत ने भी लाल को उस बंगड़ लठैत को तथा दो और लड़कों को फाँसी तथा दस वर्ष से सात वर्ष तक की कड़ी सजाएँ सुना दीं।

वह अदालत के बाहर झुकी खड़ी थी। बच्चे बेड़ियाँ बजाते मस्ती से झूमते बाहर आए। सबसे पहले बंगड़ की नजर उस पर पड़ी।

"माँ!" वह मुसकराया, "अरे, हमें तो हलवा खिला-खिलाकर तूने गधे-सा तगड़ा कर दिया है, ऐसा कि फाँसी की रस्सी टूट जाए और हम अमर-के-अमर बने रहें, मगर तू स्वयं सूखकर काँटा हो गई है। क्यों पगली, तेरे लिए घर में खाना नहीं है क्या?"

"माँ!" उसके लाल ने कहा, "तू भी जल्दी वहीं आना, जहाँ हम लोग जा रहे हैं। यहाँ से थोड़ी देर का रास्ता है, माँ! एक साँस में पहुँचेगी। वहीं हम स्वतंत्रता से मिलेंगे। तेरी गोद में खेलेंगे। तुझे कंधे पर उठाकर इधर-से-उधर दौड़ते फिरेंगे। समझती है? वहाँ बड़ा आनंद है।"

"आएगी न, माँ?" बंगड़ ने भी पूछा।

"आएगी न, माँ?" लाल ने पूछा।

"आएगी न, माँ?" फाँसी-दंड प्राप्त दो और लड़कों ने भी पूछा।

और वह टुकुर-टुकुर उनका मुँह ताकती रही। "तुम कहाँ जाओगे, पागलो?"

□

जब से लाल और उसके साथी पकड़े गए, तब से शहर या मुहल्ले का कोई भी आदमी लाल की माँ से मिलने से डरता था। उसे रास्ते में देखकर जाने-पहचाने लोग झाँकने लगते। मेरा स्वयं अपार प्रेम था उस बेचारी बूढ़ी से, मगर मैं भी बराबर दूर ही रहा। कौन अपनी गरदन मुसीबत में डालता विद्रोही की माँ से संबंध रखकर!

उस दिन ब्यालू करने के बाद कुछ देर के लिए पुस्तकालय वाले कमरे में

वहाँ किसी महान् लेखक की कोई महान् कृति देखने के लालच से गया। मैंने मैजिनी की एक जिल्द निकालकर उसे खोला। पहले ही पन्ने पर पेंसिल की लिखावट देखकर चौंका। ध्यान देने पर पता चला, वह लाल का हस्ताक्षर था। मुझे याद पड़ गई। तीन वर्ष पूर्व उस पुस्तक को मुझसे माँगकर उस लड़के ने पढ़ा था।

एक बार मेरे मन में उस लड़के के लिए बड़ा मोह उत्पन्न हुआ। उसके पिता रामनाथ की दिव्य और स्वर्गीय तसवीर मेरी आँखों के आगे नाच गई। लाल की माँ पर उस पाजी के सिद्धांतों, विचारों या आचरणों के कारण जो वज्रपात हुआ था, उसकी एक ठेस मुझे भी उसके हस्ताक्षर को देखते ही लगी। मेरे मुँह से एक गंभीर-लाचार-दुर्बल साँस निकलकर रह गई।

पर दूसरे ही क्षण पुलिस सुपरिंटेंडेंट का ध्यान आया। उसकी भूरी, डरावनी, अमानवी आँखें मेरी 'आप सुखी तो जग सुखी' आँखों में वैसे ही चमक गई, जैसे उजड़ गाँव के सिवान में कभी-कभी भुतही चिनगारी चमक जाया करती है। उसके रूखे फौलादी हाथ, जिसमें लाल की तसवीर थी, मानो मेरी गरदन चापने लगे। मैं मेज पर से 'इरेजर' (रबर) उठाकर उस पुस्तक पर से उसका नाम उधेड़ने लगा।

उसी समय मेरी पत्नी के साथ लाल की माँ वहाँ आई। उसके हाथ में एक पत्र था।

"अरे!" मैं अपने को रोक न सका, "लाल की माँ! तुम तो बिल्कुल पीली पड़ गई हो! तुम इस तरह मेरी ओर निहारती हो, मानो कुछ देखती ही नहीं हो। यह हाथ में क्या है ?"

उसने चुपचाप पत्र मेरे हाथ में दे दिया। मैंने देखा, उस पर ''जेल की मुहर थी। सजा सुनाने के बाद वह वहीं भेज दिया गया था, वह मुझे मालूम था।

मैं पत्र निकालकर पढ़ने लगा। वह उसकी अंतिम चिट्ठी थी। मैंने कलेजा रूखा कर उसे जोर से पढ़ दिया—

"माँ!

जिस दिन तुम्हें यह पत्र मिलेगा, उसके ठीक सवेरे मैं बाल-अरुण के किरण-रथ पर चढ़कर उस ओर चला जाऊँगा। मैं चाहता तो अंत समय तुमसे मिल सकता था, मगर इससे क्या फायदा? मुझे विश्वास है, तुम मेरी जन्म-जन्मांतर की जननी ही रहोगी। मैं तुमसे दूर कहाँ जा सकता हूँ, माँ! जब तक पवन साँस लेती है, सूर्य चमकता है, समुद्र लहराता है, तब तक कौन मुझे तुम्हारी करुणामयी गोद से दूर खींच सकता है ?

दिवाकर थमा रहेगा, अरुण रथ लिये जमा रहेगा। मैं, बंगड़, यह सभी वहाँ तेरे इंतजार में रहेंगे।

हम मिले थे, मिले हैं, मिलेंगे। हाँ माँ।—तेरा लाल।''

काँपते हाथ से पढ़ने के बाद पत्र को मैंने उस भयानक लिफाफे में रख दिया। मेरी पत्नी की विकलता हिचकियों पर चढ़कर कमरे को करुणा से कँपाने लगी। मगर वह जानकी ज्यों-की-त्यों लकड़ी पर झुकी, पूरी खुली और भावहीन आँखों से मेरी ओर देखती रही, मानो वह उस कमरे में थी ही नहीं।

क्षण भर के बाद हाथ बढ़ाकर मौन भाषा में उसने पत्र माँगा और फिर बिना कुछ कहे कमरे के फाटक के बाहर हो गई—डुगुर-डुगुर लाठी टेकती हुई।

इसके बाद शून्य-सा होकर मैं धम से कुरसी पर गिर पड़ा। माथा चक्कर खाने लगा। उस पाजी लड़के के लिए नहीं, इस सरकार की क्रूरता के लिए भी नहीं, बल्कि उस बेचारी भोली, बूढ़ी जानकी—लाल की माँ के लिए। आह! वह कैसी स्तब्ध थी; उतनी स्तब्धता किसी दिन प्रकृति को मिलती तो आँधी आ जाती। समुद्र पाता तो बौखला उठता।

जब एक का घंटा बजा, मैं जरा सुगबुगाया। ऐसा मालूम पड़ने लगा, मानो हरारत पैदा हो गई है—माथे में, छाती में, रग-रग में। पत्नी ने आकर कहा, "बैठे ही रहोगे? सोओगे नहीं?" मैंने इशारे से उन्हें जाने को कहा।

फिर मैजिनी की जिल्द पर नजर गई और उसके ऊपर पड़े रबर पर भी। फिर अपने सुखों की, जमींदारी की, धार्मिक जीवन की और उस पुलिस-अधिकारी की निर्दय, नीरस, निस्तार आँखों की स्मृति कलेजे में कंपन भर गई। फिर रबर उठाकर मैंने उस पाजी का पेंसिल-खचित नाम पुस्तक की छाती पर से मिटा डालना चाहा।

"माँ ा ा ा ा ा ा ा ा ा ा…"

मुझे सुनाई पड़ा। ऐसा लगा, गोया लाल की माँ कराह रही है। मैं रबर हाथ में लिये दहलते दिल से खिड़की की ओर बढ़ा। लाल के घर की ओर कान लगाने पर कुछ सुनाई न पड़ा। मैं सोचने लगा, भ्रम होगा। अगर वह कराहती होती तो एकाध आवाज और अवश्य सुनाई पड़ती। वह कराहने वाली औरत है भी नहीं। रामनाथ के मरने पर भी उस तरह नहीं घिघियाई, जैसे साधारण स्त्रियाँ ऐसे अवसरों पर तड़पा करती हैं।

मैं पुनः उसको—उसी को सोचने लगा। वह उस नालायक के लिए क्या नहीं करती थी। खिलौने की तरह, आराध्य की तरह उसे दुलारती और सँवारती फिरती थी। फिर आह रे छोकरे!

"माँ ा ा ा ा ा ा ा ा ा ा…"

फिर वही आवाज। जरूर जानकी रो रही है। वैसे ही, जैसे कुरबानी के पूर्व जानवर रोवे। जरूर वही विकल, व्यथित, विवश बिलख रही है। हाय री माँ! अभागिनी वैसे ही पुकार रही है, जैसे वह पाजी गाकर, मचलकर, स्वर को खींचकर उसे पुकारता था।

अँधेरा धूमिल हुआ, फीका पड़ा, मिट चला। उषा पीली हुई, लाल हुई। रथ लेकर वहाँ क्षितिज के उस छोर पर आकर पवित्र मन से खड़ा हो गया। मुझे लाल के पत्र की याद आ गई।

"माँ ा ा ा ा ा ा ा ा ा ा…"

मानो लाल पुकार रहा था। मानो जानकी प्रतिध्वनि की तरह उसी पुकार को गा रही थी। मेरी छाती धक-धक करने लगी। मैंने नौकर को पुकारकर कहा, "देखो तो, लाल की माँ क्या कर रही है?"

जब वह लौटकर आया, तब मैं एक बार पुनः मेज और मैजिनी के सामने हाथ में रबर लिये उसी उद्‌देश्य से खड़ा था। उसने घबराए स्वर में कहा, "हुजूर, उनकी तो अजीब हालत है। घर में ताला पड़ा है और वह दरवाजे पर पाँव पसारे, हाथ में चिट्‌ठी लिये, मुँह खोले मरी बैठी है। हाँ सरकार, विश्वास मानिए, वह मर गई है। साँस बंद है, आँखें खुलीं…"

□

# ईश्वरद्रोही

एक वर्ष पहले की बात है। कलकत्ता (अब कोलकाता) के मछुआ बाजार की एक गली में एक भिखारिन चली जा रही थी। उसके तन पर गंदा और कई स्थानों पर बुरी तरह से फटा हुआ पुराना चूड़ीदार पाजामा और उसी तरह का कुरता था। माथे पर चद्दर के स्थान पर दो हाथ लंबा और हाथभर चौड़ा कपड़ा क्या, चीथड़ा था। प्रात: नौ-दस बजे का समय था। व्यापारजीवी जन अपने-अपने धंधे की धुन में इधर-से-उधर और उधर-से-इधर जाकर गली के शांत हृदय पर अशांति का सिक्का बैठा रहे थे।

एक नवयुवक मुसलमान को अपनी बगल से गुजरते देख भिखारिन ने सवाल किया।

"खुदा के नाम पर ए बड़े मियाँ, कुछ रहम हो।"

"क्या?" नवयुवक ने जरा गौर से सवाल करनेवाली की ओर देखा। वह युवती थी।

"बड़ी भूख लगी है।" युवक को रुकते देख भिखारिन ने अपने सवाल को दुहराया, "कल से ही कुछ खाने को नहीं मिला है। कुछ मेहरबानी हो, खुदा आपको सलामत रखे।"

"घर पर चलेगी?" युवक ने भिखारिन से ऐसे स्वर में पूछा, जिसमें दया से अधिक शोहदापन था।

युवक की दुष्टता भरी आँखों और मुसकराते हुए मुख को देखकर भिखारिन के कपोलों पर सुर्खी दौड़ गई। उसने विनम्र भाव से उत्तर दिया, "यहीं कुछ रहम कर दीजिए।"

"घर पर चल, तो सबकुछ किया जा सकता है, यहाँ नहीं। पास में पैसे नहीं हैं।"

"तो जाने दीजिए। किसी दूसरे का दरवाजा खटखटाऊँगी। (सामने एक मकान की ओर उँगली दिखाकर) वह मुसलमान का घर है?"

"तो मेरे घर पर न चलेगी?"

"नहीं। जरा बतला दीजिए, यह किसी मुसलमान का घर है?"

नवयुवक मुसलमान ने भिखारिन को घर चलने पर राजी होते न देख, जरा चिढ़कर कहा, "हाँ, जाओ। वहाँ तुम्हारी खातिर हो जाएगी। मुसलमान का घर है।"

युवक आगे बढ़ा। भिखारिन भी उस मकान की ओर बढ़ी। मकान का दरवाजा छूते ही खुल गया और सीढ़ियों का सिलसिला दिखाई पड़ा। एक बार क्षण भर के लिए भिखारिन हिचकी, मगर फिर न जाने क्या सोचकर धीरे-धीरे सीढ़ियाँ चढ़ने लगी।

सीढ़ियों के सिरे पर दूसरा दरवाजा दिखाई पड़ा, जो खुला था। दरवाजे से सटा हुआ, साधारण ढंग से सजा एक कमरा था। आपस में सटी हुई दो-तीन चौकियों पर गद्दे व सफेद चादर बिछे थे और उस मसनद के सहारे बैठा कोई नवयुवक कुछ पढ़ रहा था। युवक लंबा, गोरा और सुंदर था। उसकी अवस्था सत्रह-अठारह वर्ष की मालूम पड़ती थी। भिखारिन दरवाजे के पास चुपचाप खड़ी होकर युवक की ओर देखने लगी, मगर युवक को इस युवती भिखारिन के आने की कोई खबर नहीं। इसी समय मकान के भीतर से आवाज आई, "राम! बाहर जाना तो मुझसे कहकर जाना। मैं दरवाजा बंद कर दूँगा।"

"अच्छा बाबूजी!" कहकर युवक ने अपनी गरदन फेरी। दरवाजे पर जो नजर गई तो देखा कि चीथड़ों में लिपटी हुई लक्ष्मी सी सुंदरी कोई स्त्री खड़ी है। यह रूप, यह वेश! माजरा क्या है? युवक बिना हिले-डुले चुपचाप उस युवती की ओर देखने लगा। युवती के कपोल रूखे थे, मगर ये गुलाबी होंठ सूखे, मगर थे सरस। उसकी आँखों की ओर कालिमा थी, मगर आँखें बोलती थीं और गंदे व फटे कुरते-पाजामे के बाहर उसका चंपक-वर्ण शरीर देखने से मालूम पड़ता था, मानो सौंदर्य फट पड़ रहा है। क्षण भर मुग्ध दृष्टि से उस भिखारिन के सौंदर्य को देखने के बाद युवक को कर्तव्य का ज्ञान हुआ। वह जरा सँभलकर बैठ गया। उसने उस मुसकराहट के साथ, जिसे हृदय अधिक देखता है, आँखें कम, उससे पूछा, "क्या है?"

उसी स्वर और उसी भाव से भिखारिन ने भी पूछा, "तुम मुसलमान हो?" भिखारिन का 'तुम' असभ्य था, धृष्ट था, मगर युवक को देखने के बाद युवक को वह बड़ा ही प्यारा मालूम पड़ा। उसने जवाब दिया, "मैं मुसलमान नहीं, हिंदू हूँ। क्यों?"

"नहीं, तुम मुसलमान हो," कहकर भिखारिन के सामने, दरवाजे के पास जा खड़ा हुआ और कहने लगा, "आखिर तुम्हें चाहिए क्या?"

"भीख···पैसे।"

"तुम भी माँगा करती हो? तुम्हारी जात क्या है?"

"देखते नहीं हो···मैं मुसलमान हूँ।"

"कहाँ घर है?"

"लखनऊ।"

"यहाँ कलकत्ता में क्या करती हो?"

"भीख माँगती हूँ।" भिखारिन युवक के प्रश्नों का ढंग और उसके चेहरे का उतार-चढ़ाव देखकर बोली, "कुछ देते हो?"

"क्या लोगी?···अच्छा, जरा ठहरो। बाबूजी को बुलाता हूँ। वही देंगे।"

"तब मैं जाती हूँ। तुम्हें कुछ देना-लेना नहीं है।"

भिखारिन एक सीढ़ी नीचे उतर गई, मगर लीला से आँखें चढ़ाकर। युवक ने उसे पुकारते हुए कहा, "जाना नहीं, एक बार बाबूजी से पूछ लूँ, फिर तुम्हें कुछ-न-कुछ दूँगा; जरूर दूँगा।"

## नवाबजादी

युवक भिखारिन को वहीं छोड़ घर के भीतर गया और थोड़ी देर बाद एक दूसरे पुरुष के साथ लौटा। दूसरे पुरुष की अवस्था पचास वर्ष की मालूम पड़ती थी। उसके सिर के आधे से अधिक बाल सफेद हो गए थे। मुख पर बड़ी-बड़ी मूँछें और दाढ़ी थी। उसका चेहरा बड़ा रोबदार मालूम पड़ता था। वही युवक का 'बाबूजी' था।

भिखारिन की नीचे झुकी हुई आँखें इस प्रश्न पर सजल हो गईं। भिखारिन को सिर से पैर तक कई बार देख लेने के बाद उन्होंने पूछा, "तुम अकेली हो या तुम्हारे साथ और भी है?"

उसने गंभीर होकर कहा, "इस वक्त मैं दुनिया में अकेली हूँ।"

"तुम्हारा रूप साधारण भिखारियों से भिन्न है। अनुभवी आँखें इस फटी अवस्था में भी तुम्हें भिखारिन मानने को तैयार नहीं हो सकतीं। तुम्हारे माता-पिता क्या करते थे?"

भिखारिन की आँखों से निकलकर पानी के दो छोटे टुकड़े उसके गुलाबी

गालों पर चमकने लगे। युवक ने देखा—सौंदर्य को जीवन मिल गया। वृद्ध ने देखा—रूप कविता करने लगा।

भिखारिन ने कहा, "मेरे माता-पिता दिन में अपनी बदकिस्मती पर रोया करते थे और रात में मुँह छिपाकर, वेश बदलकर पेट को भरने के लिए भीख माँगा करते थे।"

"क्या वे हमेशा के भिखमंगे ही थे?"

"नहीं।" एक लंबी साँस खींचकर भिखारिन ने कहा, "हमारे दादा लखनऊ के एक नवाब थे। अवध से नवाबी का खात्मा होने के बाद मेरे दादा ने अंग्रेजों का विरोध और लखनऊ के नवाब वाजिदअली का समर्थन किया था। वाजिदअली शाह के कैद हो जाने के पंद्रह साल बाद दादा की मौत हो गई। उस वक्त भी मेरे पिता के पास हमारे आराम से बसर करने भर को काफी धन था। मगर पिता में नवाबों का खून था। उन्हें पैसे को पानी के भाव बहाने का अभ्यास था। इस कारण हम एकदम भिखमंगे हो गए। दाने-दाने के मुहताज हो गए और हिंदुस्तान के कोड़ियों नवाबों की तरह हो गए दरवेश। मेरे वालिद और वालिदा पर जो मुसीबतें गुजरी हैं, उन्हें मैं आपको सुना नहीं सकती। मेरे तीन बड़े भाई और एक बहन एक टुकड़ा रोटी और 'चुल्लू भर' पानी के लिए मर गए। तकलीफें झेलते-झेलते और भीख माँगते-माँगते मेरे माँ-बाप अंधे होकर तीन महीने हुए दुनिया से कूच कर गए। नवाबी के उन लाड़लों को कोई दफनाने वाला भी नहीं था। उनकी वही हालत हुई, जो लावारिस मुर्दों की हुआ करती है।

"वालिद के सामने ही लखनऊ के आवारों और शोहदों की बदनजर मेरे ऊपर थी। उनके मरने के बाद मेरा वहाँ रहना दूभर हो गया। मेरी बेइज्जती करने की ताक में पचासों बदमाश लग गए। मुझे सहारा देनेवाला कोई न था। लाचार होकर मुझे लखनऊ से भागना पड़ा। मैंने कलकत्ता की बड़ी तारीफ सुनी थी। सुना था कि वहाँ हजारों गरीब-दुखिया सुख से जीते हैं। इसलिए मैं यहाँ भाग आई। मगर उफ! यहाँ भी दुनिया का वैसा ही रुख है, जैसा लखनऊ में। यहाँ रहम करनेवाले कम हैं और दोजखी कुत्तों की भरमार है। पंद्रह दिनों से इस शहर की हालत देख रही हूँ। जिसे देखो, वही आवाज कसने और बेइज्जत करने को तैयार है, मगर खुदा के नाम पर किसी गरीब को पनाह देनेवाला कोई नहीं। मैंने जाने कैसा गुनाह किया था, जिसका नतीजा इस तरह भुगत रही हूँ। मेरी किस्मत···मेरी किस्मत में मौत भी···"

भिखारिन की आँखों के मोती उसके रूखे और गंदे पैरों पर बरसने लगे।

युवक के बाबूजी ने कहा, "इस घर में रहोगी, बेटी?"

"मैं मुसलमान हूँ।"

"कोई हर्ज नहीं। मुसलमान भी आदमी हैं, हिंदू भी। मैं आदमीपरस्त हूँ, हिंदू या मुसलमानपरस्त नहीं। तुम्हें अगर कोई एतराज न हो तो इस घर में तुम्हारे लिए बहुत जगह है।"

भिखारिन की नीचे झुकी हुई आँखें ऊपर उठीं। वृद्ध की आँखों ने देखा—उस अभागिनी के नेत्रों में एक इतिहास था, जिसे 'हिंदू' नहीं, 'मुसलमान' या 'ईसाई' भी नहीं, केवल 'आदमी' ही पढ़ सकता था।

## गोपालजी

नवयुवक का नाम था रामजी और उसके बाबूजी का गोपालजी। गोपालजी को उनके वंश का जो कुछ इतिहास मालूम था, वह विचित्र था। जिस व्यक्ति को गोपालजी अपना पिता समझते थे, उसने अंतिम समय में उन्हें बुलाकर कहा, "बेटा! तुम मुझे 'बाबूजी' कहकर पुकारा करते हो। संतानहीन होने के कारण मैंने और मेरी पत्नी ने तुम्हें पुत्र की तरह पाला-पोसा और प्यार किया है, मगर तुम हमारे पुत्र नहीं। तुम्हारी नसों में इस गरीब व्यक्ति का रक्त नहीं बहता है। मेरी बड़ी इच्छा थी कि मैं इस बात को तुम पर प्रकट नहीं करता और तुम्हारे हृदय को ठेस न देता, मगर अब मुझे ईश्वर के दरबार में जाना है, अत: किसी को असत्य और अंधकार में छोड़ देने से पाप होगा।

"तुम्हारी असली माँ क्षत्राणी थी, मैं वैश्य हूँ। तुम्हारी माता के पति एक देशी रियासत के कर्मचारी थे। उसी रियासत के राजा की नजर तुम्हारी सुंदरी और युवती माता पर गड़ी थी। तुम्हारी माँ के पति वीर थे, क्षत्रिय थे। इसी कारण से राजा की हिम्मत न पड़ती थी। अंत में राजा ने एक युक्ति सोची। तुम्हारी माँ के पति को एक झूठे बहाने से, रियासत के काम से परदेश भेज दिया, और वहीं—कभी यहाँ, कभी वहाँ, डेढ़ वर्ष तक रखा।

"पति को विदेश भेज उसकी पत्नी को महाराज ने पहले तो सीधे से लालच दिखाकर और भय दिखाकर अपने काबू में करना चाहा। मगर इस युक्ति से उनकी दाल न गली, तब एक रात अपने गुप्त कर्मचारियों को भेजकर उन्हें जबरदस्ती घर से पकड़वाकर मँगाया। किसी को कानोकान खबर न हुई। उसी दिन से तुम्हारी माता के पतन का आरंभ हुआ। फिर यह बिना किसी तरह के एतराज के सेवा में बराबर जाया करती थी। आखिर तुम्हारी सृष्टि हुई।

"मैं रियासत का दस रुपए महीने का साधारण कर्मचारी था। जिस दिन तुमने जन्म लिया, उस दिन महाराज ने मुझे बुलाया और मुझे पाँच हजार रुपए की एक थैली और तुम्हें देकर कहा, 'इस लड़के को लेकर तुम कहीं और जाकर रहो। देखो, यह रहस्य प्रकट न करना।' बस, मैं तुम्हें लेकर कलकत्ता चला आया। मेरी पत्नी संतान न होने के कारण तुम्हें पाकर बड़ी प्रसन्न हुई और हम दोनों ने तुम्हें अपनी औलाद के नाम पर समाज में परिचित कराया, पढ़ाया-लिखाया। यह सब होते हुए भी हमारी संपत्ति तुम्हारी ही है। अब मैं मरनेवाला हूँ। तुम अपने पिता या माता को खोजने की चेष्टा न करना, क्योंकि संसार तुम्हारी बातों को सुनकर केवल हँसेगा, तुम्हारा अपमान करेगा। अस्तु तुम मेरे पुत्र हो, मैं तुम्हारा पिता हूँ और यह धर्ममाता ही तुम्हारी जननी है।"

यही है वृद्ध गोपालजी का वंश-परिचय। मरने के दो वर्ष पूर्व ही उनके पालक पिता ने उनका ब्याह कर दिया था। धर्मपिता की मृत्यु के कुछ ही दिनों बाद उनकी धर्ममाता की भी इहलीला समाप्त हो गई, फिर गोपालजी और उनकी पत्नी के ही हाथों में उक्त वैश्य परिवार की बची-खुची संपत्ति आई, जिसे गोपालजी ने बढ़ाया भी। एक बार लोहे की दलाली में उन्हें एक लाख रुपए का मुनाफा हुआ। बस उन्हीं रुपयों को बैंक में जमा कर, गोपालजी समाज से और व्यापार से अलग रहकर जीवनयापन करने लगे।

समाज और व्यापार से अलग होने का एक कारण था। जब से उन्हें अपने जन्म का इतिहास मालूम हुआ, तब से उनकी विचित्र अवस्था हो गई। वे अकसर एक ठंडी साँस लेकर अपने किसी मित्र या पत्नी से कहते कि "यह संसार धोखेबाजों, बदमाशों और बेईमानों का अखाड़ा है।" ईश्वर के तो नाम से उन्हें चिढ़ थी। उनकी चर्चा चलने पर गोपालजी तमककर कह उठते कि "सब झूठ है, सब धोखा है। ईश्वर कोई नहीं है, कहीं नहीं है। गरीबों और मूर्खों पर अपनी हुकूमत कायम रखने के लिए अमीरों और दुनिया को नरक बनानेवाले समझदारों की अक्ल ने इस ईश्वर की रचना की है। सब झूठ है, सब धोखा है।"

गोपालजी के हृदय की स्पष्ट तसवीर को देखने के लिए समाज तैयार नहीं हुआ। एक बात और भी थी। केवल 'मानव धर्म' के पुजारी गोपालजी किसी भी जाति के किसी भी आदमी के हाथ से खाना-पानी ग्रहण कर लेते थे। यह समाज के लिए असह्य था। मगर गोपालजी अपने धर्म के पक्के थे। वे समाज को उपेक्षा की दृष्टि से देखते और समाज के ढोंगी कर्णधारों से नफरत करते थे।

वृद्ध गोपालजी की नजरों में धर्म तुच्छ था, धन तुच्छ था, ढोंगियों का समाज तुच्छ था; मंदिर, मसजिद एवं गिरजे तुच्छ थे और परम तुच्छ था, उक्त सारी खुराफातों की जड़ ईश्वर।

उनका हृदय आँसुओं के आगे पिघल उठता था, दुर्बलों पर द्रवित हो उठता था। संसार के कमजोर, अपमानित, दरिद्र और पतित उनके ईश्वर थे तथा मनुष्यता उसका धर्म था।

## रामजी

रामजी जिस समय पाँच वर्ष का अज्ञान बालक था, उसी समय उसकी माता—गोपालजी की पत्नी का देहांत हो गया था। तब से बराबर गोपालजी के ही प्रेम से उसका पालन-पोषण हुआ। पिता का पुत्र और पुत्र का पिता पर अलौकिक प्रेम था। पत्नी के देहांत हो जाने के बाद गोपालजी चाहते तो दूसरी शादी कर सकते थे, मगर उन्होंने वैसा नहीं किया। उनका कहना था कि विवाह का मुख्य उद्देश्य प्रेम होना चाहिए, वासना नहीं। स्त्री के न रहने पर भी उनके प्रेम का पात्र उनका और उनकी पत्नी सम्मिलित स्नेह-चित्त तो था ही। फिर दूसरा विवाह करने की क्या आवश्यकता ?

पत्नी की मृत्यु के बाद पहले कुछ दिनों तक गोपालजी ने एक अधेड़ ब्राह्मणी को रामजी की देख-रेख और भोजन करने के लिए नौकर रख लिया था। मगर बाद का यह अनुभव कर कि ब्राह्मणी देवी 'राम दोहाई' और 'भगवान् जाने' की आड़ में रामजी के हिस्से का दूध, घी और मक्खन अपने या अपने बच्चों के इस्तेमाल में लाती है, उन्होंने उसे निकाल बाहर किया और स्वयं रामजी की धात्री-माता बन बैठे। पुत्र को नहलाना-धुलाना, खाना पकाना और खिलाना वे स्वयं करने लगे। सहायता के लिए एक नौकर भी रख लिया। छुटपन से लेकर वयस्क हो जाने तक बराबर वे रामजी को अपने साथ-छाती से लगाकर-सुलाते थे। उनका 'राम' उनकी दृष्टि से इस दुःखमय, पापमय और हाय-हायमय संसार का सर्वश्रेष्ठ सुख था। रामजी को देखते ही वह एक अद्वितीय-अनिर्वचनीय सुख का अनुभव करते प्रसन्नबदन हो जाते थे। राम को पढ़ाने का उन्होंने यथाशक्य बहुत सुंदर प्रबंध कर रखा था। वह कलकत्ता विश्वविद्यालय की प्रवेशिका परीक्षा पास कर द्वितीय वर्ष की श्रेणी में पढ़ रहा था। कॉलेज में उसने अंग्रेजी के साथ संस्कृत ले रखी थी और घर पर गोपालजी के एक पुराने मित्र मौलवी साहब उसे फारसी पढ़ाया करते थे।

ईश्वरद्रोही गोपालजी का हृदय-सर्वस्व राम, स्वभावतः हिंदू था, ईश्वर को माननेवाला था। स्वयं देवी-देवताओं में विश्वास न रखते हुए भी पुत्र के आग्रह से वे राम-मंदिर में भी जाते थे और कालीबाड़ी में कभी-कभी नास्तिक पिता और आस्तिक पुत्र में 'ईश्वर' को लेकर बड़ा सुंदर विवाद हुआ करता था, जिसमें विजयी होने पर भी गोपालजी को पराजय स्वीकार करनी पड़ती, परंतु तब, जब पुत्र पिता के गले में हाथ डाल, कपोल-से-कपोल सटाकर कहता था कि "बाबूजी, जब तक तुम 'राम-राम' न कहोगे, मैं भोजन न करूँगा। राम हमारे भगवान् हैं।" ऐसी परिस्थिति उत्पन्न होने पर गोपालजी मुसकराकर, 'राम-राम' कहकर कहने लगते कि "राम तो मेरा दुलारा और प्यारा पुत्र है। भला 'राम-राम' कहने में मुझे आपत्ति हो सकती है?"

## मौलवी साहब

अभी तक कलकत्ता में जिस दंगे का तांडव-नृत्य हो रहा था, उसके आरंभ होने के पंद्रह दिनों पूर्व गोपालजी के पुराने मित्र और राम के फारसी शिक्षक मौलवी सदाअतुल्ला और ईश्वरद्रोही गोपालजी में 'हिंदू और मुसलमान' विषय पर खासी बहस हुई। बहस का आरंभ मौलवी साहब ने इस प्रकार किया था—

"आपकी भिखारिन बेटी कैसी है?"

गोपाल—"भली-चंगी और प्रसन्न, क्यों?"

मौलवी—"मुहल्ले के मुसलमान जानते हैं कि आपकी बेटी हिंदू नहीं है।"

गोपाल—"इसका अर्थ तो मैं नहीं जानता। हाँ, लोग आपस में इस बात की सलाह कर रहे हैं कि उसे आपसे माँगकर फिर से दीन इसलाम में मिला लें। मुसलमान अपनी औलाद को हिंदू के घर में, हिंदू की तरह नहीं देख सकते।"

"हा-हा-हा-हा!" रूक्ष अट्टहास करते हुए ईश्वरद्रोही ने कहा, "उस दिन मुसलमान कहाँ थे, जब भिखारिन भूखों मर रही थी? उसका दीन इसलाम कहाँ था, जब अपने को मुसलमान कहनेवाले कुत्ते उसके पाक दामन को गंदा करने पर उतारू थे? अरे यारो! बुग्ज, शैतानी, बदमाशी और लड़ाई का नाम दीन इसलाम नहीं है। काहे को खुदा और मजहब को बदनाम करने पर कमर कसते हो?"

"यह बदमाशी नहीं है, जनाब! इसे अपने मजहब की कद्र करना कहते हैं।"

"इनसान का मजहब इनसान की कद्र करना है। जिस धर्म में आदमी की इज्जत नहीं, वह धर्म नहीं, धोखा है।"

"मुसलमान का धर्म है, मुसलमान की कद्र करना। जो मुसलमान नहीं, वह काफिर है।"

"ठहरिए।" नास्तिक ने उत्तेजित होकर कहा, "किसी को काफिर समझना आदमीयत का अपमान करना है। वैसे तो मैं किसी भी धर्म, किसी भी ईश्वर को नहीं मानता, मगर...मगर..."

"मगर...अगर कोई अपने को मुसलमान, ईसाई या कुछ और कहकर तथा मुझे हिंदू समझकर अपमानित करना चाहे तो मुझसे बढ़कर कोई दूसरा हिंदू नहीं। वैसी हालत में मैं बिक जाऊँगा, मगर 'हिंदू' रहूँगा; मर जाऊँगा, मगर हिंदू रहूँगा। वैसी हालत में अपमान 'हिंदू' का नहीं, आदमी का होता है। मैं आदमी हूँ, मौलवी साहब। मेरी नजरों में मजहब की उतनी ही इज्जत है, जितनी पोशाकों की। लुंगी पहननेवाला धोती पहननेवाले को काफिर नहीं कह सकता। पगड़ी पहननेवाला तुर्की टोपी वालों को म्लेच्छ नहीं कह सकता। अपनी-अपनी पसंद है। आप दीन इसलाम को मानते हैं...लुंगी पहनिए, राम हिंदू धोती पहने। मैं कुछ भी नहीं हूँ...आदमी हूँ, जो जी में आएगा, पहनूँगा। पोशाकों के लिए लड़ना मुसलमानपन नहीं, हिंदूपन भी नहीं, गधापन है।"

जरा गंभीर होकर मौलवी साहब ने पूछा, "कलकत्ता में अगर दंगा हो तो आप क्या करेंगे?"

"कमजोरों की तरफदारी, बेगुनाहों की मदद करूँगा और बदमाशों से लड़ूँगा।"

"बदनाम कौन होगा?"

"जो लड़ाई छेड़ेगा। वह हिंदू हो या मुसलमान, कोई चिंता नहीं।"

जिस समय मौलवी और ईश्वरद्रोही में बहस हो रही थी, उसी समय मकान के भीतर भिखारिन (जिसे अब लोग 'नवाबजादी' कहकर पुकारते थे) और रामजी में इस प्रकार बातें हो रही थीं—

"नवाबजादी के मालिक-आका।"

"मुझे मालिक क्यों कहती हो?"

"मुझे नवाबजादी क्यों कहते हो?"

"तुम नवाबजादी नहीं हो? तुम्हारे दादा नवाब नहीं थे?"

"तुम मेरे मालिक नहीं हो, तुमने मुझे पनाह नहीं दी है?"

"अच्छा भाई, तुम नवाबजादी नहीं, 'तुम' हो।"

"तुम तरकारी लाने न जाया करो।"

"क्यों?"

"मछुआ बाजार के मुसलमान तुम्हें हिंदू के घर से निकालने की धुन में हैं।"

"वाह रे! निकालने की धुन में हैं। अंग्रेजी राज नहीं, नवाबी है?"

"अच्छा, तुम मुसलमान क्यों नहीं हो जाते?"

"मैं हिंदू हूँ और हिंदू रहने में फख्र समझता हूँ।"

"जिस धर्म में बाबूजी जैसे लोग हैं और 'तुम' हो, वह धर्म मेरी नजरों में दुनिया के सब धर्मों से बेहतर है।"

"दुनिया की नजरों में तुमने हमें मुसलमान बना दिया है।"

"और तुमने हमको हिंदू नहीं बना दिया, तुमने... ?"

श्रीमती 'तुम' के मुख पर हाथ रखकर श्रीमान 'तुम' ने कहा, "चुप।" श्रीमान 'चुप' 'तुम' के मुख पर हाथ रखकर श्रीमती 'तुम' ने कहा, "चुप।"

□

कलकत्ता के दंगे का तीसरा दिन था। वृद्ध गोपालजी अपनी उसी बैठक में उदास मुँह लिये बैठे थे, जिसमें रामजी और भिखारिन की प्रथम भेंट हुई थी। भिखारिन नवाबजादी भी गोपालजी के सामने कुरसी पर बैठी थी। उसके मुख से भी उदासी और अप्रसन्नता फूटी पड़ती थी।

"बेटी!" वृद्ध ने रुद्धकंठ से कहा, "मेरा राम केवल एक घंटे के लिए आर्यसमाज का जुलूस देखने गया था, मगर अभी तक नहीं लौटा। जरूर उस पर कोई-न-कोई विपत्ति पड़ी है, नहीं तो बिना अपने बूढ़े बाप के राम को चैन नहीं पड़ता।"

इसी समय किसी ने दरवाजा खटखटाया। नवाबजादी द्वार खोलने के लिए उठी, मगर बूढ़े ने रोका, "तुम न जाओ, नवाबजादी! मुमकिन है, कोई बदमाश हो। मैं ही जाता हूँ।" दरवाजा खोलने पर गोपालजी का नौकर नंदन भीतर आया। चेहरे पर हवाइयाँ उड़ रही थीं। वह इतनी लंबी-लंबी साँसें ले रहा था, मानो एक साँस में भागता हुआ आया है।

वृद्ध ने पूछा, "क्या खबर है, नंदन! राम का कुछ पता चला?"

नौकर नीचे सिर करके चुपचाप खड़ा हो गया।

"नहीं, यह कदापि नहीं हो सकता। जहाँ आप होंगे, वहीं पर मैं भी होऊँगी, ठहरिए।"

नवाबजादी घर के भीतर गई और थोड़ी देर बाद मर्दाने कपड़े पहनकर और हाथ में एक लंबा छुरा लेकर वृद्ध के सामने आई। नवाबजादी के मर्दाना कपड़े वही थे, जिन्हें रामजी पहनता था। राम ही की तरह गोरी, लंबी और सुडौल नवाबजादी को पुरुष वेश में देखकर और राम को स्मरण करके ईश्वरद्रोही की आँखों में आँसू बाढ़ की नदी की तरह उमड़ चले।

संसार से बहुत दूर रहनेवाले राम की तलाश में ईश्वरद्रोही और नवाबजादी, शस्त्रों से सुसज्जित होकर चल पड़े। उस समय वृद्ध गोपालजी के मुख पर वही भाव था, जो किसी समय 'केसरिया बाना' धारण करने पर राजपूतों के मुख पर होता था। नवाबजादी के बदन पर तेज था, जो हर जौहर के वक्त राजपूतनियों के बदन पर दिखाई देता था।

## युद्धं देहि

वृद्ध वीर गोपालजी और नवाबजादी उस गली को प्राय: पार कर चुके थे कि पीछे से पाँच-सात मुसलमानों ने उन पर धावा बोल दिया, "अली! अली! अल्लाह! अल्लाह! अल्लाह! मारो सुअरों को। दोनों के दोनों हिंदू हैं, काफिर हैं।" हाथ का डंडा सँभालकर और नवाबजादी को पीछे कर गोपालजी खड़े हो गए और डपटकर उन गुंडों से कहने लगे—

"हत्यारो! 'अली-अली' और 'उल्लाह' क्यों पुकारते हो, 'शैतान-शैतान' का नारा लगाओ। खून का प्यासा खुद शैतान है, ईश्वर नहीं। बदमाश पीछे से धावा करते हैं। खड़े हो जाओ सामने और एक-एक कर निपट लो। तुम सात हो, हम दो। तुम में से एक भी जीता रह जाए तो कहना।"

लंबी तलवार को बगल से खींच बूढ़ा द्रोही ही शेर की तरह उन गुंडों पर टूट पड़ा। देखते-देखते ही उस बूढ़े शेर ने तीन मुसलमानों को जमीन पर सुला दिया। इसी समय उनके पीछे से आवाज आई, "मरी, मरी बाबूजी!"

गोपालजी ने पीछे घूमकर देखा—दो मुसलमान नवाबजादी के कोमल शरीर पर बड़ी निर्दयता से छुरे चला रहे थे। जब तक वह वीर उस अबला की सहायता के लिए आगे बढ़ा, तब तक उन दुष्टों ने उसका काम तमाम कर डाला। गोपालजी झपटकर नवाबजादी के पास पहुँचे। उसकी दोनों आँखें खुली थीं, पर उनमें दर्शन-शक्ति नहीं थी। इसी समय एक मुसलमान ने पीछे से गोपालजी की बगल में लंबा छुरा भोंक दिया। वह 'हाय' करके घूम पड़े। उन्होंने तलवार का ऐसा सच्चा हाथ

मारा कि वह मुसलमान भी दो होकर नाचने लगा। गुंडों में भगदड़ मच गई।

गोपालजी को गहरी चोट लगी थी। उनकी अँतड़ियाँ बाहर निकली आ रही थीं। उन्हें भीतर की ओर ठेलकर बूढ़े ने उसी घाव पर अपने दुपट्टे को कसकर बाँधा और विक्षिप्त की तरह आगे पैर बढ़ाया।

कुछ दूर चलने के बाद गली पार हो गई, सड़क मिली। सड़क पर एक सार्जेंट के साथ पाँच-सात सिपाही खड़े थे। उन्होंने उस वृद्ध वीर को रोककर पूछा, "कहाँ जा रहे हो ?"

"अपने राम को खोजने।" लड़खड़ाती आवाज में गोपालजी ने कहा, "आज अगर मेरा राम न मिला तो कलकत्ता के सारे मुसलमानों को मार डालूँगा। मसजिदों को ध्वस्त कर दूँगा। बेटा राम! प्यारे राम!…"

घाव बहुत गहरा था। वृद्ध वहीं गिरकर ढेर हो गया।

उस सड़क के आसपास ऊँची-ऊँची अट्टालिकाओं में बहुत देर तक ईश्वरद्रोही गोपालजी के अंतिम शब्द गूँजते रहे, "बेटा राम! प्यारे राम!…"

□

# नेता का स्थान

*(नेता और उनका सांप्रदायिक दंगों में हिस्सा आज किसी से छुपा तथ्य नहीं है। समाज को लड़वाकर अपने स्वार्थ सिद्ध करनेवाली इस पाखंड राजनीति पर 'उग्र' का करारा प्रहार कहानी 1932 में लिखी गई थी?—संपा.)*

~ 1 ~

लड़कपन से लेकर बी.ए. पास हो लेने तक; आठ वर्ष की अज्ञान अवस्था से तेईस वर्ष की परिपक्व अवस्था तक वे दोनों अभिन्न मित्र रहे। दोनों तीव्र भी थे, दोनों देश के चमकते हुए सितारे थे। दोनों का ही देश था, एक ही प्रदेश था, एक ही नगर था, एक ही मुहल्ला था, एक ही 'आसरा' था और एक ही धर्म था। दोनों अत्याचार-पीड़ित देश के बालक थे। दोनों ऐसे राजा की छत्रच्छाया में रहते थे, जो अधिकारियों को (अपनी झक की) उँगलियों पर नचाता था। दोनों ऐसे शासकों की रियासत की रिआया थे, जो मनुष्य होकर मनुष्य के प्रति हिंसा-द्वेष का प्रचार करते थे। आदमी होकर आदमी को खा जाने पर तैयार थे। दोनों की जननी जन्मभूमि परतंत्र थी। दोनों के नाम हम नहीं बतलाएँगे। दोनों के देश का नाम भी हम अभी नहीं बतलाएँगे।

~ 2 ~

असुविधाओं से लड़ने के लिए दोनों के हृदय में प्रेम था, मनुष्यता के लिए उत्साह था, जीवन-संग्राम में विजय पाने के लिए दवा थी, दु:ख में पड़े ईश्वर के सुंदर खिलौनों (सांसारिक जीवों) के लिए बल था।

दोनों स्वदेश का उपकार और उद्धार करना चाहते थे। दोनों स्वदेश-प्रेमोन्मत्त थे।

"हम लोगों की लिखाई-पढ़ाई समाप्त हो गई," एक दिन उनमें से एक ने दूसरे को छेड़ा, "अब जीवन-क्षेत्र में किधर से और किस रूप में प्रवेश किया जाए?"

पहला—"नहीं, उससे भी अधिक आवश्यकता यह है कि शादी नहीं करेंगे।"

दूसरा—"ठीक कहते हो। अच्छा, तो यह बात तय रही कि हम दोनों शादी नहीं करेंगे, नौकरी नहीं करेंगे। आगे··· ?"

पहला—"मनुष्य, राष्ट्र, समाज और जीवमात्र की कल्याण-कामना और कल्याण चेष्टा ही हमारे व्रत होंगे।"

दूसरा—"मनुष्य, राष्ट्र, समाज और जीवमात्र की कल्याण-कामना और कल्याण की चेष्टा ही हमारे व्रत होंगे।"

पहला—"हम सत्य के प्रचारक होंगे, असत्य के विरोधी। हम न्याय के प्रचारक होंगे, द्वेष के विरोधी।"

दूसरा—"और हम मनुष्य की पीठ पर हाथ रखकर उसे ठोंकते हुए उससे कहेंगे—अरे आदमी! तू डरता किससे है? तुझे अपमानित करने का अधिकार स्वर्ग के देवताओं तक को नहीं है। फिर तू डरता किससे है, भाई? आँखें खोल! तू मामूली प्राणी नहीं है—

*मत सहल हमें जानो,*
*फिरता है फलक बरसों*
*तब खाक के परदे*
*से इनसान निकलते हैं।"*

पहला—"सारा देश हमारा परिवार होगा। भूमंडल हमारा निवास-स्थान होगा। हम बिना आत्मविज्ञापन की चेष्टा किए चुपचाप अपने निर्धारित मार्ग पर चलेंगे।"

थोड़ा ठहरकर और सोचकर दूसरे ने कहा, "मगर भाई साहब, यहाँ पर हमारा मतभेद है। मैं जीवन में एक बार 'नेता' होना चाहता हूँ।"

पहला—"चाहते हो तो हो जाओगे, मगर सेवा-मार्ग में कामना-कामिनी के साथ चलने का अर्थ है—शराब पीकर देवस्थान में जाना। नेता से अनुयायी का स्थान किसी प्रकार भी छोटा नहीं है।"

पहला—"इस तरह तो सभी अनुयायी भी नहीं हो सकते। संसार में कुछ भी होने के लिए किसी-न-किसी हद तक अवसर, भाग्य और बुद्धि की आवश्यकता होती है। ऐसे यदि लोकमत स्वयं चुनकर किसी को अपना नेता बना ले तो इससे

बढ़कर और क्या होगा। मगर नेता बनने के लिए उद्योग करना, रूपक बाँधना ठीक नहीं। नेता मनुष्यता का उपदेशक होता है। नेता ईश्वर का प्रतिनिधि होता है। वह देवस्थान की तरह पवित्र और धर्म की तरह ग्रहणीय होता है। नेता सब नहीं हो सकते। वे बनाए भी नहीं जाते। नेता होना खिलवाड़ नहीं है।"

दूसरा—"तुम्हारी इस परिभाषा से तो संसार में कोई नेता ही न रह जाएगा। अजी, हम मनुष्य राष्ट्र और समाज की सेवा कर साबित कर देंगे कि हम औरों से अधिक बुद्धिमान, चतुर व दक्ष हैं। हमें लीडर बनाओ, तुम्हारा मंगल होगा।"

पहला—"अच्छी बात है। जाओ, देश की सेवा कर और उससे बदले में 'लीडरी' माँगो। भगवान् तुम्हारा सहायक हो। मैं तो चुपचाप काम करने का उपासक हूँ। हमारा-तुम्हारा ध्येय एक ही है, पंथ दो हैं। इससे कुछ बनता-बिगड़ता नहीं। हम दोनों यथासमय 'लीडर' और 'सेवक' हो जाने पर भी एक-दूसरे के प्रेमी, बंधु और शुभाकांक्षी रहेंगे।"

उस देश में मुट्ठी भर आदमियों ने उसके पाप-पुण्य, धर्म-अधर्म, सुख-दुःख, जीवन-मरण आदि को अपने काबू में रखा था। वे मुट्ठी भर आदमी विदेशी नहीं, स्वदेशी थे। 'प्रभुता पाइ काहि मद नाहीं।' प्रायः ऐसा देखा जाता है कि अधिकार पा जाने पर स्वदेशी-विदेशी दोनों प्रकार के निरंकुश शासकों का रूप एक ही प्रकार हो जाता है। कभी-कभी तो स्वदेशी शासक विदेशियों के भी कान काटते हैं। उस देश की भी यही अवस्था थी। स्वेच्छाचार का बाजार गरम था। राजा अपने ओछे विचार के चापलूस सहायकों से जो कुछ सुनता, उसी को ब्रह्मवाक्य की तरह पकड़कर बैठ जाता। इसका फल यह हुआ कि व्यर्थ के और नए-नए करों से प्रजा व्यग्र हो उठी। जगह-जगह से धीरे-धीरे, पर गंभीर विरोध की आवाज आने लगी। निरंकुशों ने सोचा—'रिआया को विरोध करने का क्या हक है। उन्हें गिड़गिड़ाना और हाथ-पैर जोड़ना चाहिए। हम शक्तिशाली हैं। जो हमारी बात काटेगा, हम उसका सिर काट लेंगे।' उन्होंने किया भी ऐसा ही। जिस प्रदेश से, जिस नगर से या जिस मुहल्ले से विद्रोहसूचक समाचार आए—सच्चे या झूठे, वह नष्ट कर दिया गया, उस स्थान विशेष के बूढ़े, जवान, बच्चे, स्त्रियाँ, अपराधी, निरपराध—सभी पीस डाले गए। शासकों के और शासन के विरुद्ध बोलना मजाक नहीं था। यह उस देश की राजनीतिक अवस्था थी।

उस देश में मुट्ठी भर आदमियों ने सरकार की कृपा से राष्ट्र की संपूर्ण संपत्ति अपने हाथ में कर रखी थी। देश की अनंत संपत्ति के भोक्ता प्रति करोड़ सौ

से भी कम थे; यानी वहाँ के लाख मनुष्य गरीब थे और एक मनुष्य बहुत अमीर, यह विषमता की चरम सीमा थी। अमीर और अमीरों के कुत्ते-साथियों ने समाज में आतंक मचा रखा था। चारों ओर स्वेच्छाचारी और नकद-नारायण के बल पर जुल्म करने का रोग फैला हुआ था। मजदूर और किसान, गरीब और अनपढ़ खून देकर भी पेटभर भोजन नहीं पाते थे। गरीबों की पत्नियाँ, बेटियाँ, बहनें अमीरों के उन्माद की दासियाँ थीं। शासकों और अमीरों ने गुट बनाकर घर-घर में फूट डाल रखी थी। अपमानित महिलाओं का, प्रताड़ित पुरुषों का और पेट-पीड़ित गरीब परिवारों का खोजलेवा कोई नहीं था, ईश्वर भी नहीं।

यह उस देश की सामाजिक अवस्था थी।

मुट्ठी भर धर्म के ठेकेदारों ने पंडे-पुरोहित और ईश्वर बनाम पर संसार को ठगनेवालों ने प्रथा, पुराण एवं धर्म के नाम पर और भी भयानक उत्पात मचा रखा था। उनमें से कोई भी 'अपने' को नहीं पहचानता था। पर ईश्वर-दर्शक होने का दावा सबका था। ईश्वर के निवास-स्थानों (देवालयों, मठों) को उन्होंने होटल और वेश्यालय बना रखा था। त्यागियों और संन्यासियों की विभूति देखकर गृहस्थ चकरा जाते थे। विरागियों का वासनानुराग संसारियों को दहला देता था। सच्चे साधु, सच्चे पंडे और सच्चे धर्माध्यक्षों का कहीं पता नहीं था। चारों ओर धूर्तों, कामुकों, आततायियों और दुष्टों का बोलबाला था। ये पुरोहित-पुजारी भी अत्याचारी सरकार से मिले थे, इस कारण सब धनी भी थे। ये सरकार की मदद करते थे—राजा और राजा के प्रतिनिधियों को ईश्वर का अवतार या अंश बताकर। सरकार इनकी मदद करती थी। प्रथा की, पुराण की दुहाई देकर धर्म की आड़ में उक्त धर्माध्यक्षों ने न जाने कितने घर तबाह कर डाले, न जाने कितनी कुमारियों का कौमार्य नष्ट कर डाला, न जाने कितनी सतियों का सतीत्व लूट लिया, न जाने कितने गरीबों का गला रेत डाला!

यह उस देश की धार्मिक अवस्था थी।

## 3

उस देश में गौतम बुद्ध, तीर्थंकर महावीर या गांधी जैसे अहिंसाप्रिय महापुरुषों ने किसी युग में भी जन्म न लिया था। अस्तु, वहाँ का आंदोलन शुद्ध अहिंसात्मक नहीं था। वहाँ जब-जब उपद्रव हुए, सशस्त्र हुए। राक्षसों को राक्षसी भाषा में, दानवों को दानवी ढंग से ठीक करने की नीति वहीं के—यदा-कदा, यत्र-तत्र असत्य के अंधकार के विरुद्ध सत्य के प्रकाश की तरह टिमटिमा उठनेवाले—नेताओं ने ग्रहण की थी।

अनेक वर्षों तक जनता के साथ रहकर, अखबारों से प्रचार कर, जेल और निर्वासित के दंड भोगकर हमारे पूर्वकथित नवयुवक 'नेता' ने अपने उद्देश्य की प्राप्ति कर ली। जिन दिनों हमारे नेता को (अब हम दूसरे नवयुवक को इसी नाम से पुकारेंगे) नेतृत्व मिला, उन दिनों लीडरी का भाव कुछ सस्ता भी था। पहले के नेताओं ने अपनी तपस्या से यशैषणा का मार्ग साफ कर रखा था। नए नेताओं को कुछ साधारण परीक्षाएँ पास कर लेने से ही, किसी समाचार-पत्र की नीति के संचालक हो जाने से और उत्तेजक भाषा में 'भाइयो और बहनो' कहकर गरज लेने से ही—नेतृत्व सुलभ था। नेता हो जाने के बाद अनपढ़, श्रद्धालु और उत्तेजनप्रिय मूर्ख जनता की नकेल हाथ में आ जाने के बाद एक दिन 'नेता' और 'सेवक' दोनों दोस्तों की भेंट हुई।

"मैं नेता हूँ।" नेता ने 'सेवक' से कहा।

"तुम राक्षस भी हो, देवता भी।" सेवक ने उत्तर दिया।

"मैं देवता हूँ, राक्षस नहीं। राक्षस के पीछे मनुष्यता के सुंदर-सुंदर खिलौने जय-जय पुकारते हुए नहीं चलते।"

"नहीं, यदि तुम अपने पथ पर, अपने स्थान पर, अपनी प्रतिज्ञा पर दृढ़ रहे तो तुम धन्य हो, पूज्य हो, देवता हो और यदि समय आने पर, प्राणों की बाजी लगने पर गरीब जनता को भूलकर अपने फेर में पड़ गए तो तुमसे बढ़कर कोई राक्षस नहीं। राक्षस तो स्पष्ट होते हैं। तुम नेतृत्व की खाल में राक्षसता का व्यापार करनेवाले हो जाओगे। जो बहुत ऊँचे चढ़ता है, गिरकर उसका पतन भी उतना ही नीचा होता है।"

"सेवक!" नेता ने अभिमान से कहा, "देखोगे, एक दिन सारा संसार मुक्तकंठ से कहेगा कि मेरा पथ-निर्णय ठीक है। मैं इतिहास में अमर हूँ।"

"नेता!" सेवक ने नम्रतापूर्वक से उत्तर दिया, "ईश्वर तुम्हारी बातें सच करे! पर भाई मैं जानता हूँ कि तुम ज्वालामुखी के मुख पर खड़े हो। कब आग भड़केगी और तुम मुँह के बल गिरोगे, इसका कोई ठिकाना नहीं। नेता का स्थान ज्वालामुखी के भयानक मुख पर होता है, इसका ध्यान रखना।"

## 4

एक दिन नेता ने विचार किया—'इतना बड़ा दल मेरे साथ है कि अन्यायकारी अमीर, धर्माध्यक्ष और राजा तक मेरी परवाह करते हैं। विरोध करते हुए, गालियाँ और दंड देते हुए भी वे मुझसे डरते हैं। जनता मेरे इशारे पर मरने और मारने को तैयार है। फिर⋯फिर⋯

'क्या बुराई है, अगर एक बार आग लगा दूँ? क्या बुराई है, अगर गरीबों को अमीरों के विरुद्ध उभार दूँ? अगर एक बार लोहा बजवा देने से इतने बड़े देश का 'उद्धारक' पद मुझे मिलता है तो इसे क्यों छोड़ दिया जाए! क्रांति के बाद विजयी नेता की कैसी पूजा, प्रतिष्ठा होती है, संसार का इतिहास इसका प्रमाण है।

'मगर, मगर…' नेता हिचका, 'यदि जनता में काफी बल न हुआ! यदि मुझमें ही काफी बल न हुआ! यदि राष्ट्रीय पक्ष की हार हुई…

'उह! यह सब मन की दुर्बलता है। जरूर हमारी विजय होगी। जरूर हमारे भाग्य चमकेंगे। जय उद्योग की! जय साहस की! जय मनुष्य!!'

नेता ने उस देश की सरकार के विरुद्ध सशक्त युद्ध-घोषणा कर दी। अधिकारियों के ताप से जनता सूखे पुआल की तरह हो रही थी, नेता ने उसमें आग लगा दी।

सेवक ने हाथ जोड़कर नेता से कहा, "नेता, जल्दी न कर। हाथ से छूट जाने पर तीर लौटाया नहीं जाता। अभी समय नहीं है, युद्ध न छेड़।"

"सेवक!" नेताओं की सी राष्ट्रीय मुसकराहट के साथ नेता ने कहा, "तेरा विषय सेवा है, अनुगमन है। तू अपने रास्ते जा।"

नेता के चापलूस अनुयायियों ने कहा, "सत्य वचन, धर्मावतार! यह कायर है, डरपोक है।"

"नेता, आग मत लगा। देश के नौनिहाल तबाह हो जाएँगे, माताएँ मर मिटेंगी, बहनें सताई जाएँगी, विधवाओं की आहों से आकाश हिल जाएगा।"

"सेवक, तेरी सलाह ठीक नहीं। तेरी आत्मा कमजोर है, तू केवल तमाशा देख, चुप रह। मैं अपनी जिम्मेदारी समझता हूँ।" नेता ने कहा।

"सेवक, तू देशद्रोही है, नीच है, पतित है। हमारी आँखों से दूर ही जा! नेता देवता है, नेता सर्वशक्तिमान है। उसकी जय हो!" नेता के अनुयायियों ने कहा। जाते-जाते आँखों में आँसू भरकर सेवक कहता गया, "नेता भाई! इस समय तेरा सिंहासन ज्वालामुखी के मुख पर है। सावधान!"

## 5

सरकार काँप उठी, संसार चकरा गया। नेता का नाम ईश्वर के नाम की तरह लोगों की जुबान पर फिरने लगा। इन सब बातों का एक कारण नेता की चतुर बुद्धि थी।

देश में सशस्त्र विद्रोह हुआ। सब जगह नहीं, केवल उन्हीं स्थानों पर, जहाँ नेता ने चाहा। जनता ने जरा सी छेड़खानी की, पृथ्वी को रक्त-प्लावित कर दिया। कुछ सरकार का बिगड़ा, बहुत कुछ जनता का। मगर नेता दूध का धोया साफ था। कानून की पहुँच उस तक न हो सकी। सारे देश में खलबली मच जाने के डर से सरकार नेता को सारे खुराफातों की जड़ जानते हुए भी गिरफ्तार नहीं कर सकती थी।

अनेक स्थानों पर जनता के रक्त से होली खेलने के बाद आग अधिक भड़कते देख सरकार ने नेता को याद किया। राजा ने अपना विशेष प्रतिनिधि भेजकर नेता को निमंत्रित किया।

एक दिन रात्रि के दस बजे नेता राजा के प्रासाद में पहुँचा। बड़ी तैयारी थी—उनके स्वागत के लिए बड़ी धूमधाम थी। बड़े-बड़े सरदारों और दरबारियों से घिरा नेता राजा के सामने पहुँचा। स्वर्ण-दीपक जल रहा था। सुगंधवाही पवन भवन के कोने-कोने में घूमकर पंखा झल रहा था। माया की ज्योति से राजभवन देदीप्यमान था। विविध रूप-रंग की सुंदरियाँ और शराबें अपने-अपने स्थानों पर शोभित हो रही थीं। नेता का शासन राजा के पास ही, कुछ नीचे था।

उस दिन नेता माहामात्य राजा का अतिथि था। राजा ने इशारा किया, दरबारियों ने अपने-अपने प्याले ऊँचे किए। लाल परी शीशे में नाच उठी। मगर नेता ने अपना प्याला न छुआ। उसके हृदय ने कहा, "तू नेता है और वह शराब।"

दाहिनी तरफ बैठे हुए राजा के प्रतिनिधि ने नेता के कान में कहा, "क्षमा कीजिएगा। आप इसे न पीजिएगा तो राजा का अपमान होगा। इसमें हानि ही क्या है?"

'इसमें हानि ही क्या है?' नेता के हृदय में यह बात एक बार प्रतिध्वनित हुई। उसी समय सुंदरियों ने मधुर तान लेना आरंभ किया, उसी मंद मलय समीर का झोंका नेता के कपोलों को स्पर्श करता हुआ निकल गया। उसी समय भवन की बड़ी और हरे मखमल की कामदार झालरों से जड़ी खिड़की से चंद्रदेव ने भीतर झाँका, 'इसमें हानि ही क्या है! मैं इतना दुर्बल हृदय नहीं…'

नेता के मन ने मानो उसे फिर चेताया, 'तेरे ही शब्दों में यह 'गरीबों का खून' है। सँभल! देख, तू गिर तो नहीं रहा है!'

नेता को इस तरह इतस्तत: करते देख राजा ने इशारा किया। एक अनुपम सुंदरी अपनी गति से शराब के भी होश उड़ाती हुई नेता की बाईं कुरसी पर जा बैठी। नेता को रोमांच हो आया।

जिसके आगे जगत्-गुरु हिंदुओं के ब्रह्मा, विष्णु और महादेव, विश्वामित्र, पाराशर और नारद ने हार मानकर मस्तक झुका लिया था, उसी के आगे एक देश का नेता कब तक ठहर सकता था। सुंदरी के हाथ से शराब लेते हुए उसके मन ने कहा, "कोई हर्ज नहीं, मैं नेता हूँ। औरों से अधिक शक्तिसंपन्न हूँ।" उसके मुख ने कहा—

*"बात साकी की न टाली जाएगी,*
*करके तोबा तोड़ डाली जाएगी।"*

दूसरे दिन नेता अत्याचारी राजा के मंत्रियों में धन के कुत्तों में था।

## 6

जब से नेता 'मिनिस्टर' हुआ, उसकी आन-बान का क्या पूछना! पहरा भी, चौकी भी, मोटर भी, महल भी। सेवक के साथ की हुई सब प्रतिज्ञाएँ उसे भूल गईं। दुष्ट शासन के सहायकों ने उसे बिल्कुल अपने काबू में कर लिया। अब नेता सताई हुई जनता के लिए कराहता नहीं। अखबरों में कभी-कभी कुछ लिखता है। अब नेता की बातों में वह जोर भी नहीं, जो पहले था।

एक दिन 'सेवक' उसके बँगले के फाटक पर से लौटा जा रहा था, पहरेदारों ने उसे घुसने नहीं दिया था। वह थोड़ी ही दूर गया था कि उसे एक बहुत बड़ी भीड़ आती दिखाई पड़ी। उस भीड़ में गरीब थे, मजदूर थे, स्त्रियाँ थीं, बच्चे थे और उनके अन्य पुरुष थे। सेवक ने भीड़ के अगुआ से पूछा, "किधर?"

"मिनिस्टर बने हुए नेता के घर।"

सेवक भीड़ के साथ-साथ फिर नेता के फाटक पर पहुँचा।

पहले पहरेदारों ने आनाकानी की, मगर फिर भीड़ को नेता से मिलने के लिए अत्यंत उत्सुक देख उसे (मिनिस्टर नेता को) सूचना दी। नेता बाहर आया।

"नेता!" गरीबों ने पुकारा, "तू हमें भूल क्या गया? हम तो हमेशा तेरे भक्त रहे! तू आजकल हमारी सुधि क्यों नहीं लेता?"

"यह तुम लोगों ने बड़ा बुरा किया।" नेता ने भीड़ को फटकारा, "इतने बड़े दल में आने की क्या जरूरत थी? यह तो मुझे धमकाना है। इस तरह तुम्हारी एक बात नहीं सुनी जाएगी। एक-एक शांत होकर मुझसे मिलने आओ।"

"तू तो मोटरों में घूमता है, हम गरीब पैदल चलनेवाले हैं। तू राजा के पास रहता है, हम गरीबों के पास रहते हैं, हमारी तुझसे भेंट ही कब होती है?" भीड़ में से एक आदमी ने कहा।

"नेता!" दूसरे ने कहा, "सरकार ने, उसी सरकार ने, जिसका तू मंत्री है, मेरे भाई को फाँसी पर टँगवा दिया है—तेरे कारण, तेरे चलाए हुए आंदोलन में। अब तू उसी राक्षस सरकार से सहयोग कर रहा है! तू तो पहले मिनिस्टर को बुरा समझता था!"

"चुप रहो।" नेता ने कहा, "राजनीति में सदा मत एक सा नहीं रहता। उस वक्त मंत्रित्व से दूर रहने की जरूरत थी, आज स्वीकार करने की आवश्यकता है। तुम मूर्ख हो, राजनीति क्या जानो।"

"नेता?" एक ओर से किसी महिला ने कहा, "उस बार के आंदोलन में सरकारी आज्ञा से राजा के सैनिकों ने हमारा घर लूट लिया था और चुन-चुनकर पुरुष प्राणियों को मार डाला था। अब हम महिलाएँ और बच्चे मर रहे हैं। नेता, हमारी रक्षा कर।"

नेता—"इस वक्त मैं तुम्हारी एक बात भी न सुनूँगा। तुम लोग मुझे भय दिखाने आए हो! उलटे पाँव लौट जाओ, नहीं तो अनर्थ हो जाएगा।"

"तू हमारी रक्षा कर, हम तुझे लौटाने आए हैं। तू सरकारी सोने और प्रतिष्ठा पर आज मुग्ध है। तू हमें भूल गया है।"

"हम कुछ नहीं सुनते", नेता ने झिड़की दी, "सचमुच तुम सब दुष्ट हो।" मिनिस्टर ने अपने नौकर की ओर देखकर कहा, "टेलीफोन से पुलिस को बुलाओ। ये बदमाश सीधी तरह नहीं जाएँगे।"

"हमारे लिए पुलिस?" एक ने कहा।

"तू मिनिस्टर होते ही बदल गया।" दूसरे ने कहा।

"हम जनता हैं।" एक उत्तेजित नवयुवक ने आगे बढ़कर कहा, "हम मूर्ख भले ही हों, शक्तिहीन भले ही हों, फिर भी हम सम्राटों के सम्राट् और बादशाहों के बादशाह हैं। फिर भी हम देवता की तरह दयालु और भोले हैं। हम दानव की तरह क्रूर और भयानक हैं। हम जब बिगड़ते हैं, आकाश काँप उठता है, पृथ्वी हिल जाती है। तू हमारे विरुद्ध हो रहा है! हमारे खून से शक्ति पाकर हमारे विरुद्ध शक्ति-प्रयोग! मूर्ख!"

उत्तेजित भीड़ ने कहा, "मूर्ख, धोखेबाज!"

"अपना कुशल चाहते हो तो लौट जाओ, कुत्तो!" नेता ने कहा।

"हम कुत्ते हैं?" नवयुवक ने क्रोध में पूछा।

"हम कुत्ते हैं?" बूढ़ों ने घृणा से पूछा।

"हम कुत्ते हैं?" बच्चों ने मचलकर पूछा।

नेता ने अपने नौकर को टेलीफोन की ओर भेजा। वह स्वयं भी बँगले की ओर मुड़ा। उत्तेजना बढ़ी।

एक ने भीड़ में से ललकारा, "कहाँ जाता है?"

दूसरे ने कहा, "आज हमारा और तुम्हारा फैसला होकर रहेगा।"

तीसरे ने कहा, "मारो इस मनुष्य रूपधारी राक्षस को।"

कौन सोचता? कौन विचार करता है? भीड़ नेता पर टूट पड़ी। चारों ओर हल्ला मच गया। पुलिस के आने के पहले ही नेता टुकड़े-टुकड़े कर दिया गया।

उत्तेजित जनता शव को टाँगों के सहारे सड़क पर घसीटती हुई पागलों की तरह चली जा रही थी। 'सेवक' हजार चेष्टा करके भी उस क्षुब्ध समुद्र को शांत नहीं कर सकता था। इसी समय सामने से सशस्त्र घुड़सवार आते दिखाई पड़े।

सेनानायक ने ललकारकर पूछा, "यह कौन है? इस तरह कहाँ लिये जा रहे हो?"

सेवक ने उत्तर दिया, "यह ज्वालामुखी से खेलनेवाला नेता है, अपने स्थान पर पहुँचाया जा रहा है।"

□

# हत्यारा समाज

*(एक युवक, जो दूसरी स्त्री से प्रेम करता है। एक युवती है, जो दूसरे पुरुष से प्रेम करती है। मगर समाज इन्हें आपस में विवाह करने को विवश कर देता है। दोनों दुःखी हैं, विवश हैं और इसलिए मिलकर आत्महत्या कर लेते हैं। और कहानी-लेखक व्यंग्य से कहता, "समाज की जय हो!"—संपा.)*

## कोतवाल का कथन

उस दिन सुबह नौ बजे प्रयाग की कोतवाली में बैठा हुआ मैं अपने अफसर पुलिस सुपरिंटेंडेंट से बातें कर रहा था। इतने में टेलीफोन की घंटी बोली। मैंने एक जमादार से कहा कि देखो, कौन बोल रहा है! जमादार ने हाथ में चोगा लेकर पूछा। आवाज आई—

"आप कौन हैं?"

"जमादार रहमान खाँ···आपका नाम?"

"मैं कर्नलगंज थाने का इंस्पेक्टर रघुपति सिंह हूँ। कोतवाल साहब हैं?"

"हैं।"

"उन्हें फोन पर भेज दो। जल्दी करो।"

मैंने स्वयं टेलीफोन का चोगा हाथ में लेकर पूछा, "ठाकुर साहब, आप थाने से बोल रहे हैं?"

"जी नहीं, मैं रामानुज प्रसाद के घर से बोल रहा हूँ। साहब कहाँ हैं?"

"यहीं हैं। कहिए, क्या कहते हैं?"

"आप लोग फौरन बाबू रामानुज प्रसाद के बँगले पर आइए। दो हत्याएँ हो गई हैं।"

"हत्याएँ? बाबू रामानुज प्रसाद के यहाँ किस-किस की हत्याएँ हुई हैं?"

"उनके लड़के और बहू दोनों की। आप लोग जल्द आएँ तो जाँच शुरू हो। किसी जासूस को भी लेते आइएगा।"

बाबू रामानुज प्रसाद प्रयाग के रईसों में हैं। सरकार में भी उनकी बड़ी प्रतिष्ठा है। हम लोगों से तो उनकी पूरी मैत्री है। उनका एक ही पुत्र रघुनंदन प्रसाद था।

रघुनंदन ही उनकी लाखों की संपत्ति का मालिक था। उसने म्योर सेंट्रल कॉलेज से गत वर्ष बी.ए. की डिग्री प्राप्त की थी। लड़का बड़ा ही सुशील और चतुर था।

अभी बीस दिन भी नहीं हुए उसकी शादी को, उसकी और उसकी पत्नी की हत्या! मैं तो यह संवाद सुन भौचक्का सा रह गया। तुरंत साहब और एक जासूस को लेकर मोटर से हम बाबू रामानुज के बँगले पर पहुँचे।

उस समय रामानुज प्रसाद का घर मातमखाना बना हुआ था। चारों ओर हाहाकार मचा था। नौकर-चाकर, स्त्री-पुरुष, जो जहाँ थे, वहीं रो रहे थे। सामने के गोल कमरे में इंस्पेक्टर रघुपति सहाय और पुलिस के अनेक सिपाहियों के बीच में बैठे बाबू रामानुज बुरी तरह बिलख रहे थे। अभागे को बुढ़ौती में भयंकर चोट लगी थी। मुझे और साहब को देखकर रामानुज बड़े जोर से फूट पड़े। कहने लगे, "मैं लुट गया, हुजूर! मेरा नाश हो गया। मेरे घर का चिराग बुझ गया। अब मेरा मरना या जीना दोनों एक सा है। वह पहले ही विवाह नहीं करना चाहता था। यदि मैं यह जानता होता···उफ! पृथ्वी घूम रही है! उफ!"

ठाकुर साहब को धैर्य देकर हम सब उस कोठरी की ओर चले, जिसमें युवक दंपती के शव थे। हमारे साथ जासूस भी था। पहले वही कमरे में घुसा। उसके पीछे-पीछे हम सब भी गए। हाय! दोनों गुलाब की तरह सुंदर थे। उनके होंठ काले हो गए थे, दाँत बैठ गए थे और आँखें खुली थीं। खुली हुई आँखें, मानो हमारी तरफ पूर्ण निराशा से देख रही थीं। मैंने साहब से कहा, "जान पड़ता है, दोनों ने जहर खा लिया है।"

मेरी बातों का जासूस ने समर्थन किया। उसने दोनों की नब्ज देखी। वे एकदम शांत थे। इसके बाद पलंग की जाँच होने लगी। एक ही बड़े तकिए पर दोनों के सिर थे। उस तकिए को उठाते ही उसके नीचे से एक लिफाफा निकला, जिस पर लिखा था—'पुलिस के लिए।' जासूस ने उस बंद लिफाफे को साहब के हाथ में दिया और साहब ने उसे मुझे देते हुए कहा, "पढ़िए! देखिए, क्या लिखा है? जान पड़ता है, इन्होंने आत्महत्या की है। लिफाफा फाड़कर मैं पत्र पढ़ने लगा।

## रघुनंदन का बयान

रघुनंदन के पत्र में निम्नलिखित तीन शीर्षक थे—

"पुलिस के नाम।"

"हम दोनों ने आत्महत्या की है।"

"अपनी हत्या के पूरे जिम्मेदार हम ही हैं।"

इसके बाद पत्र का प्रारंभ इस तरह हुआ था—

मुझे अपनी पूरी कहानी लिखने की इच्छा न थी, पर शायद मेरी कहानी से समाज की आँखें खुलें और मेरे जैसे अनेक अभागों के जीवन की रक्षा हो जाए, इसीलिए इसे लिखता हूँ। मेरी प्रकृति बड़ी ही विचित्र है। यद्यपि मैं धनी पिता का इकलौटा बेटा हूँ, यद्यपि भारतवर्ष के अधिकतर अमीर लड़कों की तरह मुझे भी मनमानी करने का अधिकार है, तथापि सिद्धांतोपासक हूँ, इसलिए कहता हूँ कि हमारे समाज में कोई भी किसी अच्छे सिद्धांत का पालन नहीं कर सकता। समाज उसका शत्रु हो जाता है। वह पग-पग पर उससे सिद्धांत त्यागने का आग्रह करता है, दबाव डालता है और किसी हठीले से वास्ता पड़ जाने पर उसे अपमानित भी करता है। ऐसी परिस्थिति में सच्चे व्यक्तियों का समाज में रहना कठिन हो जाता है। उनकी जिंदगी खराब हो जाती है।

जिस समय मैं स्कूल की दसवीं कक्षा में पढ़ता था, उसी समय मुझे एक अंग्रेजी पुस्तक पढ़ने को मिली थी। कौन पुस्तक थी, ठीक से याद नहीं। उसके प्रवीण भारतीय लेखक ने हमारे देश के अध:पतन का एक कारण बाल-विवाह भी बतलाया था। अत: मैंने निश्चय किया कि मैं बिना पूर्ण योग्यता प्राप्त किए विवाह न करूँगा। पर समाज मेरे निश्चय को क्यों स्वीकार करता ? उसने मेरे पिता से मेरे कॉलेज में आ जाने पर कहा कि 'अरे! तुम लखाधिपति और तुम्हारा लड़का बीस वर्ष का होकर भी अविवाहित! मानो किसी मजूर का पुत्र है। तुम्हारी शादी तो दस वर्ष की अवस्था में हुई थी। लड़के को बेहाथ मत करो। उसकी शादी कर दो!"

इधर लड़कीवालों का दल-बादल हमारे द्वार-आकाश पर मँडराने लगा। मोल-भाव शुरू हो गया। पर मैंने बड़ी दृढ़ता से उक्त संकट का सामना किया, पिताजी से साफ-साफ कह दिया कि बिना बी.ए. पास किए मैं शादी नहीं करूँगा। मेरी बातें सुनकर पिताजी अवश्य मेरा सिर तोड़ने को तत्पर हो जाते, पर उस समय माताजी ने मेरी रक्षा की। ऐसा न समझिएगा कि माताजी की कृपा मुझे सहज में ही प्राप्त हो गई थी। मैंने उन्हें अपने पक्ष में करने के लिए धमकी दी थी। कहा था, "यदि अभी शादी करा दोगी तो मैं घर छोड़कर भाग जाऊँगा। साधु हो जाऊँगा।" माताजी ने

सोचा कि आज नहीं, तीन साल बाद ही सही, लड़का तो खुश रहेगा। उन्होंने पिताजी को राजी कर लिया।

क्रमशः मैं कॉलेज के थर्ड ईयर क्लास में आया। बीते दो-तीन वर्षों में कोई भी ऐसा वर्ष नहीं था, जिसमें दस-पाँच लड़कीवाले मेरी शादी के लिए न आए हों। हर साल मुझे परिस्थिति से युद्ध करना पड़ता था। हाँ, मैं कॉलेज की बात कह रहा था। एक दिन की बात हैं, मैं शायद हॉकी मैच खेलने गया था। जिस समय मैं घर की ओर अपनी साइकिल से लौट रहा था, बहुत देर हो गई थी। मुझे भूख भी जोरों की लगी थी। अतः हवा की तरह साइकिल बढ़ाता चला आ रहा था। सहसा मेरी गाड़ी किसी लेंडो गाड़ी से टकरा गई। मुझे काफी चोट आई और मैं गिरते ही मूर्च्छित हो गया। होश आने पर मैंने अपने को सहपाठियों के बीच में पाया। मेरे मित्रों के दल में एक युवती भी थी, जिसे मैंने उस दिन के पूर्व नहीं देखा था। यद्यपि किसी युवती को देखते ही 'हाय-हाय' करने और छाती पीटनेवालों में से मैं नहीं हूँ, फिर भी वह युवती बड़ी ही रूपवती थी। उसका सुंदर गोरा मुख, आशा और लालसा की तरह हृदयाकर्षक दोनों आँखें, भोलेपन से भरे कपोल और मादकतामय ओष्ठाधर देखते ही बनते थे। मैं कुछ पूछने ही वाला था कि उस युवती ने मुझसे प्रश्न किया—

"आपकी तबीयत अब कैसी है? कोई प्रत्यक्ष चोट न होने पर भी भयंकर धक्का लगा था। यह तो कहिए कुशल हुई।"

"जी हाँ," मैंने कहा, "अपराध मेरा ही था। मैं बेतहाशा गाड़ी दौड़ाता चला जा रहा था, फिर साइकिल में लैंप भी नहीं था। क्या गाड़ी आपकी थी?"

कुछ लज्जा का भाव दिखाते हुए युवती ने कहा, "मेरी ही गाड़ी के कारण आज आपको इतना कष्ट उठाना पड़ा है। इसके लिए···"

"नहीं, नहीं," मैंने कहा, "मैं तो स्वयं स्वीकार करता हूँ कि गलती मेरी थी।"

"अब आप यदि चलने लायक हो गए हों तो अपने घर चलें। मेरी गाड़ी खड़ी है, मैं आपको पहुँचा दूँगी।"

"नहीं, आप बहुत कष्ट उठा चुकी हैं। मैं अपनी गाड़ी मँगा लेता हूँ।"

"इससे फायदा? चलिए।"

धीरे-धीरे मैं गाड़ी में आकर बैठ गया। युवती मेरे सामने आकर बैठ गई। गाड़ी मेरे घर की ओर चली। मैंने कृतज्ञतापूर्ण भाव से पूछा, "क्या मैं अपने उपकारी का नाम-पता जान सकता हूँ।"

"उपकारी··· ? मैंने उपकार किया है? स्वार्थ-साधना को आप उपकार कहते हैं? मैंने आपके साथ वैसा व्यवहार न किया होता, तो जानते हैं आप, मेरी गाड़ी

पकड़कर पुलिस के हाथ में सौंप दी गई होती और संभवत: कल आपके द्वारा मेरे ऊपर क्षतिपूर्ति का दावा…"

"अरे, आप भी क्या कहती हैं! हाँ, आप कहाँ की रहनेवाली हैं?"

मैं दारागंज के आनंदस्वरूप की पुत्री हूँ। मेरा नाम प्रभा है।"

"अच्छा, आप ही बाबू आनंदस्वरूप की सुपुत्री हैं? गत वर्ष मैट्रिकुलेशन परीक्षा में आप ही पूरे प्रांत में प्रथम आई थीं?"

प्रभा ने संकोच से मस्तक झुका लिया। इतने में गाड़ी मेरे बँगले के फाटक पर पहुँच गई। मैंने गाड़ी से उतरते हुए प्रभावती से कहा, "मैंने आज आपको बहुत कष्ट दिया। क्षमा कीजिएगा!"

"ऐसा क्यों कहते हैं? क्या आप कभी फिर मेरे घर पधारेगे?" मैंने कहा, "अवश्य, भरसक कल ही। किस समय?"

"जिस समय आपको अवकाश हो। अच्छा हो, यदि शाम को घूमने के वक्त आएँ।"

एक तरह बाबू आनंदस्वरूप भी हमारी जाति के हैं, पर समाज ने उनका बहिष्कार कर दिया है। कारण? उन्होंने अपने बड़े पुत्र करुणास्वरूप को बैरिस्टर होने के लिए विलायत भेजा था और लौट आने पर उसे घर से बाहर न निकालकर परिवार में शामिल कर लिया गया। इतने बड़े आघात पर समाज बाबू आनंदस्वरूप को कैसे क्षमादान देता? उसने अपना ब्रह्मास्त्र बहिष्कार उनके ऊपर उठा दिया। अब समाज के हिमायती, जो स्वयं तो दुनिया भर की बुराइयों से संबंध रखते हैं—मांस खाते हैं, शराब पीते हैं, देशप्रेम में लिप्त रहते हैं, नैनीताल, मसूरी और शिमला में अवसर पाते ही किसी गौरांगी महिला के नेत्रों के शिकार भी हो जाते हैं, बेचारे आनंदस्वरूप को इसलिए अछूत समझते हैं कि उन्होंने अपने पुत्र को विद्याध्ययन के लिए विदेश भेजा था।

मैं समाज की इस नीचता का बचपन से ही विरोधी हूँ। मैंने स्वयं विलायत जाकर आई.सी.एस. पास करने का विचार किया था। अत: मुझे बाबू आनंदस्वरूप के घर जाने और जलपान करने में कोई परहेज न था। फिर प्रभा के मधुर व्यवहार से मेरा हृदय और भी मुग्ध हो गया। पहले हमारा सम्मेलन सप्ताह में एक-दो बार होता था, फिर हम लोग नित्य मिलने लगे और कई महीनों तक तो हम चौबीस घंटों में दो बार, तीन बार तक मिलते थे। मैंने ध्यान से देखा कि प्रभावती में मेरी पत्नी होने के योग्य सब गुण हैं। हम दोनों एक-दूसरे के हृदय से खूब परिचित हो गए। हम दोनों ने एक नए ढंग से ब्याह कर लिया। उस ब्याह में बरात नहीं निकली, रंडियाँ नहीं नाचीं, शराब-कबाब का दौर नहीं चला, ब्राह्मण ने तोते की तरह संस्कृत के श्लोकों

का पाठ नहीं सुनाया, बाबा आदम के जमाने की सामाजिक प्रथाओं की आवृत्ति भी नहीं हुई। वह विवाह तो बड़ी ही पवित्र रीति से हुआ। मेरे हृदय ने 'प्रभा' के हृदय से कहा, "अब मैं तुम्हारा हूँ।" यही उत्तर उधर से भी मिला। इससे अधिक वैवाहिक बंधन और क्या हो सकता है।

मगर हत्यारा समाज, नीच समाज, घृणित समाज क्यों मानता? वह तो जोर का भाई, नादिरशाह का बाप और डायर का पितामह है। अत्याचार करना उसका नित्य नियम है, ढोंग उसकी पोशाक है, सत्य के हृदय के लोथड़े उसकी खुराक और उन्नतिशील युवकों का रक्तपान ही उसका जलपान है। ऐसे समाज से हमारे देश की, संसार की कोई भी शक्ति रक्षा नहीं कर सकती। बी.ए. करते ही मेरे सिर पर 'विवाह' का वज्रपात हुआ। लड़कीवाले पुनः दरवाजा तोड़ने लगे। इस बार पिताजी मेरी शादी करने को पूरे तैयार बैठे थे। बस मैं नीलामी पर चढ़ा दिया गया। दहेज और तिलक की बोली लगने लगी—एक हजार, दो हजार, पाँच हजार! पर जिसका बाप कई लाख का असामी है, उसके एकमात्र पुत्र के लिए केवल पाँच हजार। असंभव! पिताजी की 'सरकारी बोली' पंद्रह हजार से कम होती ही नहीं। पहले रुपए, फिर लड़की।

महीने भर पहले की बात है, मैंने अपनी माता से साफ-साफ कह दिया कि मैं अपनी पसंद की लड़की से ही विवाह करूँगा, चाहे रुपए मिलें या न मिलें।

"बाप रे, बाप! कलियुग आ गया! जरा लड़के को देखो। कैसे इसके मुँह से ऐसी बातें निकलती हैं! जब तक माँ-बाप जीते हैं, तब तक लड़के को अपने विवाह के विषय में दखलंदाजी करने का क्या अधिकार है?"

मैंने कहा, "माँ, विवाह जीवन-मरण का प्रश्न है। इसका निपटारा उसी को करना चाहिए, जिसे फल भोगना हो। मैं आप लोगों की पसंद की लड़की से शादी कर अपना जीवन कदापि नष्ट न करूँगा, चाहे जो हो।"

माँ ने पूछा, "तो तू ही बता, तू कैसी लड़की चाहता है? जहाँ तेरी शादी पक्की हुई है, वह कन्या मेमों की तरह गोरी है। उसने पढ़ा-लिखा भी है। वह धनी पिता की पुत्री है। इससे अधिक तू क्या चाहता है?"

"पर माँ!" मैंने दीनता और नम्रता से कहा, "मैंने तो पहले ही से अपने लिए लड़की तलाश ली है।"

"दुर! बड़ा निर्लज्ज लड़का है। अंग्रेजी पढ़ने से लड़के ईसाई हो जाते हैं। तूने किसे पसंद किया है? किसी मेम को?"

"नहीं माँ, मैंने आनंदस्वरूप की पुत्री प्रभा को…"

मेरी बात पूरी भी न होने पाई थी कि पिताजी आ गए। शायद वे छिपकर हमारी

बातें सुन रहे थे। उन्होंने आते ही गरजकर कहा, "तेरे पीछे हमारा घर-भर ईसाई तो होगा नहीं। आनंदस्वरूप जातिच्युत हैं। उनकी पुत्री से तेरी शादी कदापि नहीं हो सकती। मैंने जहाँ ठीक किया है, वहीं तुझे विवाह करना पड़ेगा। हम तेरे अहित चिंतक तो हैं नहीं!"

बड़ी ही सुहानी रात्रि थी। चैत्र का पूर्ण चंद्र बाबू आनंदस्वरूप के उद्यान में नाच रहा था। गुलाब की सुंदर-सुंदर कालियाँ और खिले हुए फूल निशाकर के करों के स्पर्श से मस्त होकर हँस रहे थे। मंद मलयानिल, मानो उद्यान की शोभा पर मुग्ध दीवाना-सा हो गया था। उसकी स्थिरता चली गई थी। प्रभा मेरे पास में बैठी फव्वारे के जल से खेल रही थी।

मैंने कहा, "अछूत!"

मैं इसी मनोहर व्यंग्यपूर्ण नाम से उसे पुकारता था।

उसने कहा, "देवता!"

"बड़ी विकट समस्या है। अक्ल काम नहीं कर रही है।"

"कुछ नहीं देवता, तुम विवाह कर लो।"

"कर लूँ? कैसे? हृदय पर पत्थर रखकर? तुम क्या समझती हो, जिससे मेरी शादी होगी, मैं उसे सुखी कर सकूँगा? कदापि नहीं। फिर एक अभागिन हिंदू ललना का सुखनाश करने का मुझे क्या अधिकार है? एक ही क्यों, तुम—तुम्हारा भी और अपना भी।"

"मेरी चिंता क्यों करते हो, देवता? हिंदू बालिकाएँ संयम रखना खूब जानती हैं। फिर समाज ने अछूत बनाकर मुझे और भी स्वतंत्र कर दिया है। मेरे ऊपर जो कुछ पड़ेगा, मैं उसे भोग लूँगी। तुम सुखी रहो, देवता! मेरे पापों के प्रायश्चित्त के लिए तुम अपना जीवन क्यों नष्ट करोगे? मैं तुम्हें प्रसन्न हृदय से सलाह देती हूँ, प्रार्थना करती हूँ—तुम विवाह कर लो!"

"मेरे विवाह के बाद तुम क्या करोगी?"

"और क्या करूँगी? कभी ठंडी साँसें खींचूँगी, कभी रोऊँगी और कभी अपने मंद भाग्य पर हँसूँगी। और क्या कर सकती हूँ?...रहा मेरे विवाह का प्रश्न, उसके लिए मैंने निश्चय कर लिया है। पहले तो मेरे पिताजी मुझ पर अनुचित दबाव डालेंगे नहीं, फिर यदि उन्होंने वैसा किया—मेरी शादी कहीं पक्की की तो मेरे लिए अधिक सुख आत्महत्या में है। मैं समाज के चरणों पर आत्म-बलिदान कर दूँगी। तुम विवाह कर लो।"

मैंने कहा, "अछूत!"

उसने कहा, "देवता!"

मेरी ठंडी साँस-साँस कहने लगी—

"मेरी माता मेरे अछूत से विवाह करते ही आत्महत्या कर लेंगी। उन्हें आज या तो मैं उसकी इच्छानुसार विवाह करने की सूचना दूँगा या कल श्मशान पहुँचाना होगा।"

प्रभा की ठंडी साँस ने कहा, "देवता! तुम्हारी प्रसन्नता ही मेरा सुख है। तुम विवाह कर लो। माता का महत्त्व बहुत बड़ा है। पत्नी माता के आगे तुच्छ है, हेय है। माता का प्रेम कहाँ मिल सकता है? तुम माता की आज्ञा का पालन करो!"

"अछूत!"

"देवता!"

"चलो, कहीं भाग चलें। न यहाँ रहेंगे, न यह विपत्ति सिर पर पड़ेगी। थोड़े दिनों में सब ठीक हो जाएगा।"

"नहीं देवता! समाज क्या कहेगा? फिर वैसी अवस्था में तुम्हारे माता-पिता की क्या हालत होगी। भागोगे क्यों? कर्तव्य-पालन करो। राम का अनुगमन करो, मेवाड़ के भीमासिंह के पथ पर चलो। तुम विवाह कर लो, मैं कहती हूँ न!"

मेरा माथा घूमने लगा, मैं व्यग्र हो गया। मैंने कहा, "अछूत, कोई गाना गाओ। हाँ, गाओ! कुछ भी गाओ, मैं पसंद करूँगा।"

अछूत गाने लगी—

*सुमिरत प्रीति लाज लागत है उर भयो कुलिश समान।*
*लोचन रहत बदन बिनु देखत बचन सुने बिनु कान,*
*हृदय रहत हरि पानि-परत बिनु बधत न मनसिज वान।*

ठंडी साँसों से भरा हुआ वह गाना! हृदय के टुकड़ों-आँसुओं से सींचा हुआ वह संगीत, करुणा से लिपटी हुई वह कोमल स्वरलहरी भुवन-मनमोहिनी थी। अछूत के कंठ से निकलते ही मलय-समीर से दिग्वधुओं, दिशाओं से निशा सुंदरी और निशा सुंदरी से अनंत आकाश के विशाल हृदय में वह संगीत मेरे सुखों की तरह लय हो गया! हाय!

मेरा विवाह हो गया। मेरे हृदय की हत्या हो गई! मेरी पत्नी को मेरे घर में आए बीस दिनों से अधिक हो गए। इस दौरान मैंने एक दिन भी 'अछूत' के दर्शन करने का साहस नहीं किया। उसे कौन सा मुख दिखाता? उसके क्षत-विक्षत हृदय पर कौन सा मरहम लगाता? पर आज (आत्महत्या के दिन) मेरी इच्छा अपनी नई पत्नी से साक्षात् करना था।

"मुझे देखते ही अछूत ने मुसकाते हुए कहा, 'बधाई'।"

मैंने कहा, "अछूत!"

उसने कहा, "आज्ञा?"

"देवता कहो! उसी प्रिय संबोधन से आज भर और इस अभागे को पुकारो।"

"देवता!"

"आज हमारी सौभाग्य रात्रि है, आज मैं अपनी सामाजिक मान्यता प्राप्त पत्नी से मिलूँगा। इसलिए अंतिम 'विदा' माँगने आया हूँ।"

"अंतिम विदा?"

"हाँ, अंतिम। अब हम फिर एकत्र न हो सकेंगे। मुझे विदा दो। मेरे लिए दुःख न करना।"

इसके बाद मैंने अपनी सच्ची पत्नी 'अछूत' का प्रथम और अंतिम चुंबन किया, हम दोनों प्रथम और अंतिम बार लिपटकर रोए। आधे घंटे के भीतर ही प्रभा के घर से लौट आया।

भोजन करने के बाद भयंकर विष की शीशी जेब में रखकर मैं अपने केलि-मंदिर में प्रविष्ट हुआ। पर यह क्या? मैंने दरवाजे पर से ही देखा, मेरी नव-परिणीत पुष्प-शय्या पर पड़ी तड़प रही थी। उसका सुंदर मुख आँसुओं से तर था।"

## पत्नी की कहानी

पत्नी ने तीव्र स्वर में मुझसे कहा, "मैं आपकी नहीं हूँ।"

मैंने व्यंग्यपूर्ण मुसकराहट के साथ कहा, "तो मैं तुम्हारा पति भी कहाँ हूँ! जान पड़ता है, तुमको मेरी कथा मालूम है।"

पत्नी, "नहीं, मुझे आपकी कोई भी बात मालूम नहीं। मेरी स्वयं एक बड़ी कथा है। मैं जबरदस्ती!…"

"वह कैसे? मैंने तो तुमसे विवाह किया है। तुम तो मेरी पाणिग्रहीता हो।"

पत्नी, "हो सकती हूँ। समाज मुझे आपकी पत्नी मान सकता है, पर मैं आपको धोखा देकर अपना धर्म नष्ट नहीं करना चाहती। मुझे पतित समझें, चांडालिन समझें, पर अपवित्र न समझें। मेरे माता-पिता ने जबरदस्ती मुझे औरों के हाथों में सौंप दिया है।"

पति, "स्पष्ट कहो! कैसे?"

पत्नी, "मेरे पिता काशी के एक धनीमानी व्यक्ति हैं, यह तो आप जानते ही हैं। मेरी बड़ी बहन की शादी काशी में ही हुई है। उनके पति प्रायः मेरे यहाँ आया करते

थे। हमारे यहाँ दामादों की इज्जत बहुत अधिक हुआ करती है। पूरे भारतवर्ष में सबसे अधिक। अस्तु मेरे बहनोई अकसर मेरे यहाँ आया-जाया करते थे। हमारे समाज की छोटी बहनें—चाहे वह युवती ही क्यों न हों, खुलेआम बड़ी बहनों के पति के सम्मुख हुआ करती हैं। उनसे परिहास करती हैं। समाज इसमें कोई दोष नहीं देखता। समाज के इसी नियम के कारण मेरा सर्वनाश हुआ है। मेरे बहनोई बड़े सुंदर, हँसमुख और भावुक हैं। अधिक परिचय होने से हमारा-उनका प्रेम हो गया। जब-जब वे आते, तब-तब उनका अधिक समय मेरे साथ ही बीतता। घरवाले समझते थे कि छोटी बहन बड़ी बहन के नाते अपने बहनोई को प्यार करती है। पर मैंने तो अपना सर्वस्व उनके चरणों में अर्पित कर दिया था। उन्होंने मुझे वचन दिया था कि पिताजी से कहकर वे मुझसे भी ब्याह कर लेंगे। बात कहाँ तक छिपती। मेरी बहन को सब खबर हो गई। पर कब ? जब मुझे दस-पंद्रह दिनों का···

मारे लज्जा के पत्नी की आँखें गड़ गईं। ऐसा जान पड़ता था कि यदि पृथ्वी फट जाती तो उसमें अपने को छिपा लेती। मैंने उसे आश्वासन देते हुए कहा, "कहो, कहो, कहो बहन! हम दोनों एक ही रोग के रोगी हैं।"

फिर क्या, चारों ओर कोलाहल मच गया। फौरन ही मेरी शादी की तैयारी होने लगी। मैंने अपनी माता के सम्मुख रोकर, बिलखकर अपना दुःखड़ा सुनाया, अपने सच्चे पति-बहनोई से विवाह करने की इच्छा प्रकट की, पर सब व्यर्थ। समाज के डर से झूठी मर्यादा की रक्षा के लिए मैं बरबस आपके गले मढ़ी गई। अब इस समय मुझे दो माह का गर्भ है। मैं आपके चरणों में स्थान पाने योग्य नहीं हूँ। मेरे लिए कहीं विष न मिलेगा ? मैं आत्महत्या करूँगी।"

फिर क्या था। 'जो रोगी को भावे, वही वैद्य बतावे।' मेरे मरने का द्वार निर्विघ्न खुल गया। मैंने अपनी कहानी उस बालिका को सुनाकर जहर की शीशी दिखाते हुए कहा, "बहन! आओ, इसी अमृत को पीकर हम दोनों अमर हो जाएँ। संसार हमारे लिए नहीं बना है।" अभागिन बालिका को आधी शीशी विष देकर मैंने शेष का सत्कार स्वयं किया और फिर दोनों सो गए। हमारी हत्या का जिम्मेदार यदि कोई है, तो वह है—हमारा पाषाण-हृदय समाज।

## लेखक का कथन

*समाज की जय हो!*

*वह चिरंजीवी हो!!*

□

# दोजख की आग

*(नरक में जाने के बाद, दोजख मिल जाने के बाद व्यक्ति प्रायश्चित्त की आग में जलता है। पहली बार हिंदी में एक अद्‌भुत शैली में दोजख में जलते व्यक्ति की आत्मकथा—उग्र शैली में।—संपा.)*

## 1

मेरी एक बीवी थी—गुलाब की तरह खूबसूरत, मोती की तरह आबदार, कोहिनूर की तरह बेशकीमती, नेकी की तरह नेक, चाँद की सादी, लड़कपन की हँसी की तरह भोली और जान की तरह प्यारी।

हमें एक बच्चा था—चाँदनी-सा गोरा, नए चाँद-सा प्यारा, युवती के कपोल सा कोमल, प्रेम सा सुंदर, चुंबन सा मधुर, आशा सा आकर्षक और प्रसन्न हँसी सा सुखद।

मेरी एक माँ थी—मसजिद की तरह बूढ़ी, आम की तरह पकी, दया की तरह उदार, दुआ की तरह मददगार, प्रकृति की तरह करुणामयी, खुदा की तरह प्यारी और कुरानपाक की तरह पाक।

मेरी एक दर्जी की दुकान थी। वह मेरी गरीबी के बुढ़ापे की लकड़ी थी। वही मेरे चार आदमियों के परिवार के होटल की मालकिन थी, वही मेरी रोजी थी, वही मेरी रोटी थी, वही मेरे उजड़े हुए घर की फूस की टट्टी थी, वही मेरी झोंपड़ी का चिराग थी। बीवी की हँसी, बच्चे की खुशी, माँ की दुआ, खुदा की याद—सबकुछ वही थी। वही मेरी दुनिया थी।

मेरी एक बुरी आदत थी। हाँ-हाँ, बुरी आदत थी। अब तो जान गया हूँ, अब तो मान रहा हूँ, अब झूठ क्यों बोलूँ, मेरी एक बुरी आदत थी। मैं खुदा को मानता था। खुदा को इनसान से बढ़कर जानता था। खुदा के लिए इनसान की हस्ती तक मिटा देने का समर्थक था।

मेरी एक मित्रमंडली थी। उसमें एक-से-एक जाहिल और आवारा इनसान थे। हरेक आदमी कुरान का हाफिज होने का दावेदार था। हरेक आदमी पैगंबर और खुदा का असली जानकार था। हरेक आदमी दुनिया की डेढ़ अक्ल में से सवा अक्ल का खुदा का हकदार था। हरेक आदमी पहुँचा हुआ था। हरेक आदमी मुसल्लम ईमान था।

मेरी एक बदकिस्मती थी, उसने मुझे उस दिन जुमा की नमाज के बहाने मसजिद भेज दिया। भेज क्या दिया, घसीट ले गई। उसी ने नमाज के वक्त एक हिंदू-जुलूस को मसजिद के सामने पहुँचाया, उसी ने मुसलमानों को बाजा रुकवाने पर उतारू कराया, उसी ने हिंदुओं को अपने हक के नाम पर अड़ाया, उसी ने दोनों दलों में गुर्रागुर्रा कराया, डंडे, तीर, तलवार, बर्छे निकलवाए; और अंत में उसी ने मुझे इच्छा के विरुद्ध मजहब के नाम पर मैदान में कुदा दिया। शरीद बना दिया।

मेरी करनी के लिए शैतान के खजाने में एक ईनाम था। उसका नाम 'दोजख की आग' है। इस वक्त मैं उसी अल्प की खूँखार लपटों से परेशान हूँ। हाय-हाय कर रहा हूँ।

## 2

मरने के बाद मालूम हुआ कि दुनियावाले दूसरी दुनिया के बारे में जो कुछ सोचते हैं, सब गलत है, सब फिजूल। सब सिर्फ खयाली पुलाव होता है। वहाँ सुना था, दीन पर मरनेवाले को बहिश्त मिलती है, खुदा मिलता है। मगर कहाँ, मेरी जान भी तो मजहब के नाम पर ही गई है। मैं भी तो दीन के लिए खुदा के लिए ही कुरबान हुआ। फिर मुझे वे चीजें क्यों न मिलीं? कुछ नहीं, यह सब नासमझ इनसानों की हिमाकत है, जो जमीन पर रहकर आसमान की बातें सोचा करते हैं। यहाँ देखने से मालूम हुआ कि दुनिया की अक्ल आसमानी चीजों के बारे में सोच ही नहीं सकती। यहाँ के आश्चर्य के विषय में केवल यही कहा जा सकता है कि 'जो अक्ल में न आए, उसका खयाल क्या है?'

जरा और विस्तार से कहता हूँ। लोग कहते हैं कि पैदा होने में और मरने में बड़ी तकलीफ होती है। पैदा होने में तकलीफ हुई थी या नहीं, याद नहीं। मगर मरने में तो वैसी कोई तकलीफ न हुई। एक बार और ललकारी-ललकार हुआ। दूसरे क्षण डंडे और तलवारें, ईंटें और बर्छे चलने लगे। संयोग से किसी एक हिंदू के हाथ की ईंट मेरी खोपड़ी पर सटीक पड़ी और मेरा सिर घूम गया, आँखों एवं मुँह से खून की पिचकारी छूटने लगी। मैं बेहोश होकर जमीन पर ढेर हो गया। इसके बाद एक बार जरा सी आहट मिली तो मालूम हुआ कोई मुझे होश में लाने की चेष्टा कर

रहा है। पर सब व्यर्थ। वह एक ही पन्नहार मेरी जिंदगी का तमाशा खत्म करने के लिए काफी था।

एकाएक बेहोशी इतनी बढ़ी कि मैं जग उठा। अनुभव किया कि मैं दुनिया के ऊपर किसी दूसरे लोक की ओर उठाया जा रहा हूँ। जिस समय मेरी अनुभव करने की शक्ति लौटी, उस समय मैं दुनिया से बहुत ऊपर, बहुत दूर था। इनसान का प्यारा संसार वहाँ से धूल का घरौंदा मालूम पड़ता था। लड़कों के खिलौनों-सा दिखाई पड़ता था। यहाँ से सबसे पहले मेरी यही कोशिश हुई कि एक बार अपनी टूटी-फूटी झोंपड़ी को खोजूँ, एक बार बूढ़ी माँ के मुहब्बत भरे चेहरे को तलाशूँ, एक बार प्यारी बीवी···दुःखों से मेरी दुनिया का बहिश्त बनानेवाले छोटे से खूबसूरत गुलाबी मुँह को ढूँढ़ूँ, एक बार अपने कलेजे से प्यारे बच्चे की शक्ति को उस घरौंदे के बाहर खोज निकालूँ। मगर सारी कोशिशें बिल्कुल बेकार हुईं। कोई न दिखाई पड़ा, कुछ भी दिखाई न पड़ा। अब दिल तड़पने लगा। ऐसी खूबसूरत, ऐसी ईमानदार, ऐसी भलमानस और ऐसी दिलदार बीवी को मैंने किसलिए छोड़ा; खयाली मजहब के लिए? शायरों की बहिश्त और दोजख के लिए, आपस की तकरार के लिए, इनसान के पागलपन के लिए, काफिरों से बदला लेने उन्हें तंग करने के लिए, मसजिद की शान के लिए, गाने के लिए, बहलाने के लिए, आखिर यह मैंने किया क्या और क्यों?

देर तक दुनिया की ओर यह देख भी न सका। मेरे पीछे कोई अज्ञात शक्ति अपना काम कर रही थी। मालूम पड़ता है, उसी का इशारा हुआ। बड़े जोरों से, इतने जोर से कि कान के परदे झन्ना उठे, धड़ाके की आवाज हुई। सन्न से किसी जोरावर ताकत ने मेरी रूह को एक बार फिर अपनी ओर खींचा। उफ! ऐसा झटका दिया कि मेरा अंग-अंग झुरकुस हो गया। मैं काँप उठा। दुनिया के अभ्यास के मुताबिक मैंने आँखें मीच लीं। इस वक्त मेरे पास दुनिया की तरह अंग थे या नहीं, ठीक से नहीं कह सकता। देखने की शक्ति थी, मगर आँखों का पता नहीं था। छूकर दूसरी चीजों का अनुभव कर सकता था, मगर अपने हाथ खुदा हो रहे थे, दिखाई नहीं पड़ते थे। यही हालत दूसरे अंगों की भी थी।

इस बार आँखें खोलने पर जो देखा—उफ, रूह काँप उठी! होश उड़ गए। चारों ओर घना काला अंधकार! दुनिया का पता नहीं, आसमान का कोई चिह्न नहीं, वायु नहीं, जल नहीं, सूर्य नहीं, चंद्र नहीं, साथी नहीं, मित्र नहीं। कोई अपना नहीं, केवल और केवल—घना काला भयप्रद अंधकार; दम घुट रहा था। बदन पसीने में

तरबतर था, शरीर की चमड़ी—मालूम पड़ता था, जैसे झुलसी जा रही थी, आँखों की ज्योति क्षण-क्षण क्षीण हुई जा रही थी। अंधकार के परदे में भयानक ज्वाला, भयानक ताप, भयानक दोजख था!

उफ! उफ! उफ!!!

## 3

मैं सिसक-सिसककर मर रहा था, मैं हिचक-हिचककर मर रहा था, मैं बिलख-बिलखकर मर रहा था। मैं गल-गलकर मर रहा था। बयान नहीं कर सकता उस तपिश का, बयान नहीं कर सकता उस रोमांचकारी हृदय की पीड़ा का, बयान नहीं कर सकता उस रूह को हिला देनेवाली दोजख की आग का! ऐसी गरमी, ऐसी पीड़ा, ऐसी प्रताड़ना, ऐसी दाह, ऐसी दोजख, ऐसा रौरव!

उफ! उफ! उफ!!!

पीड़ाओं से व्यथित होकर मूर्च्छित हो जाता था। मगर बेहोशी में भी फुरसत नहीं। वही सपना, वही आग, वही छीछालेदर! स्वप्न में भी मूर्च्छित होने का भ्रम होता था। इस प्रकार मेरी एक-एक बेहोशी में हजार-हजार बेहोशियाँ छिपी रहती थीं। एक-एक मृत्यु में हजार-हजार मृत्यु की पीड़ा होती थी।

उस बार बेहोशी से होश में आने पर देखा—मेरे चारों ओर के अंधकार में कुछ प्रकाश का उदय हुआ। मन में आशा चमक उठी, परीक्षा समाप्त हो गई। बहिश्त चलाना होगा। यही ज्योति खुदा की ज्योति है, हक का जलवा है। ध्यान से देखने से पता चला कि वह ज्योति ही नहीं, बल्कि ज्योतिर्मयी अक्षर-धारा थी। चमकीले हरूफ थे। आँखों पर जरा जोर डालकर देखा। लिखा था—'दोजख की आग!'

ज्योंही मैंने उक्त शब्दों को अच्छी तरह देख लिया, त्योंही तुरंत अक्षर बदल गए। अब इन प्रकाशपूर्ण अक्षरों का रूप हो गया—

"भयानक-छाया-चित्र-नाटक!"

"अरे! अरे!" मैं घबरा गया, "यहाँ यह 'सिनेमा' कैसा?" अक्षर और शब्द बराबर बदलने लगे—

"नाटककार—अज्ञान।"

"सूत्रधार—ईश्वर 'कल्पना'।"

"मुख्य नायक (हीरो, बहादुर)—यार अली।"

मेरा नाम! इस ड्रामा का 'बहादुर' मैं; मैं अभी यह सोच ही रहा था कि

अंधकार के परदे पर के अक्षर लुप्त हो गए। क्षण भर में एक बार फिर मेरी आँखों के सामने वही अँधेरा आ गया, जिसके वारण की धोवन अपने मुँह पर मलकर, सावन-भादों का अँधेरा अपना रूप चमकाता है। इसके बाद एक चलती-फिरती तसवीर-सी परदे पर आई।

ओहो! मैं फौरन पहचान गया। वही जुमा की नमाज का नजारा था। वही मौलवी, वही मुल्ले, वही बूढ़े, वही जवान बदमाश, वही आवारे, वही गुंडे, वही दीनदार, वही दिल के नाम पर, खुदा के नाम पर, खुदा को बदनाम करनेवाले, वही सायंकाल का समय, वही हिंदुओं का जुलूस, वही मुसलमानों की तकरार, वही बातों का बतंगड़, वही तनातनी, वही आकाश में गर्द का छाना, वही आँधी, वही तूफान, वही मैं (यार अली)। वही धर्म के पागलों का आग्रह, वही उत्तेजना, वही विक्षुब्ध समुद्र में फाँदना, वही वज्रपात, वही प्रलय।

उफ! उफ! उफ!!!

क्षण भर के अंधकार के बाद दिखाई पड़ा।

## धार्मिक उन्माद का फल

इसके बाद तसवीरों का सिलसिला चला। मेरे शहर का विहंगावलोकन—चारों ओर हड़ताल, चारों ओर भयानक स्यापा, चारों ओर शोक, घृणा, क्रोध और अपमान की लपटें, अन्न के अभाव में भूखों मरते परिवार, बेटे के दुःख में रोती अनेक माताएँ, पति की अकाल मृत्यु से व्यथित अनेक अबलाएँ, पिता के शोक से संतप्त पुत्र और पुत्र के मरण से संतप्त पिता—चारों ओर शोक! चारों ओर हाय-हाय!

दूसरे भाग के अंत में लिखा था—जिस स्थान के लोग ईश्वर या खुदा, धर्म या मजहब, पैगंबर या अवतार के नाम पर हत्या, घृणा, रक्तपात, लूट, दाह और पाप का प्रचार करते हैं, उस स्थान पर दोनों जहान के मालिक हैं, सर्वेश्वर, परमेश्वर का कोप वज्र की तरह टूटता है।

उस स्थान के लोग रोते और सिसकते हैं तथा क्षमा-प्रार्थना करते हैं, मगर ईश्वर उन्हें क्षमा नहीं करता। वे दोजख की आग में जलाए जाते हैं। इसके बाद मेरा घर दिखाई पड़ा। अरे! यह जला कैसे? मेरे घर को किसने खाक कर डाला? समझ गया, समझ गया! मेरे घर के पीछे एक हिंदू बनिए का मकान है। उसी के पाप से मेरा घर भी जला होगा। जौ के साथ घुन भी पिस गया होगा।

मैंने उन तसवीरों में स्पष्ट देखा—मेरी माँ घर के आँगन में बैठी थी। वह पहचानी

नहीं जाती थी। आँखों में काले-काले गड्ढे पड़ गए थे। होंठ सूख गए थे। चेहरा पीला पड़ गया था। माँ की गोद में मेरा गुलाब का फूल—मेरा लख्तेजिगर, मेरा लाल था। उसकी भी बुरी हालत थी। ऐसा जान पड़ता था कि हफ्तों से बिना दाना-पानी के जी रहा था। उसके चेहरे पर हँसी नहीं, प्रसन्नता नहीं, जान नहीं। माँ और प्यारे बेटे की ऐसी हालत देखकर मेरी छाती जलने लगी।

इसके बाद बीवी पर नजर पड़ी। वह माँ और मेरे बच्चे से थोड़ी दूर खड़ी किसी आदमी से बातें कर रही थी। उसके पास ही कुछ मजदूर बाँस और लकड़ी और खपड़े—शायद मेरे घर की खपरैल ठीक करने के लिए—इकट्ठा कर रहे थे।

मेरी बीवी के चेहरे पर अफसोस और फिक्र ने डेरा डाल रखा था। उसकी आँखें कह रही थीं कि वह चिंता के नरक में पड़ी है। उसका सूखा मुँह कह रहा था कि वह किसी भयानक ज्वाला से जल रही है। उस पुरुष को भी मैं पहचान गया। वही मेरी दुकान का मालिक था। उसी से 10 रुपए महीने पर मैंने यह जगह ले रखी थी। मेरी बीवी के पास क्यों खड़ा है; उसका चाल-चलन तो ठीक नहीं। वह ऐसा आवारा-तबीयत है कि उसके रिश्तेदार भी उसे अपने घर में नहीं घुसने देते। फिर वह मेरी बीवी के सामने क्यों खड़ा है?

इसके बाद उसने बीवी से कहा, "यह खरे सोने की तरह जवानी, यह बेदाग हीरे की तरह हुस्न, यों ही चौपट कर देना ठीक नहीं। यार अली की मुहब्बत, यार अली की इज्जत, उन्हीं के साथ कब्र में या जन्नत में गई। अब तुम्हारा उससे कोई वास्ता नहीं..."

"चुप रहो!" मेरी बीवी ने कहा, "ऐसी बातें न कहो!"

"मैं जो कहता हूँ, बिल्कुल ठीक कहता हूँ। तुम कोई हिंदू औरत नहीं हो, जो सात जन्मों तक पति के नाम पर रंडापा खेओगी, हमारे यहाँ तलाक भी है, निकाह भी। अब तुम मेरे घर को रोशन करो।"

मेरी पत्नी ने कहा, "यह नहीं होने वाला।"

"यही होगा," उसने कहा, "किसी का दामन न पकड़ोगी तो बच्चे को, बूढ़ी को और अपने को खिलाओगी क्या? मैं तो उजड्ड आदमी हूँ, साफ-साफ कहता हूँ। अब वह जमाना नहीं कि कोई मजहब, गरीबी या मेहरबानी के नाम पर किसी के परिवार को बैठाकर आराम देगा। यह दुनिया तो बाजार है। पहले कुछ दो, फिर लेने के लिए हाथ पसारो।"

मेरी पत्नी ने कहा, "रहने दीजिए। मैं भीख माँग लूँगी, पर आपकी ये बातें नहीं सुनूँगी। क्या यही सब सुनाने के लिए आप मेरी मदद करने आए हैं? क्या इसलिए मेरे घर का छप्पर ठीक कराया जा रहा है?"

"भीख नहीं मिलेगी, मेरी जान!" जरा उत्तेजित होकर उस नराधम ने कहा, "खूबसूरत लोगों को भीख भी मुफ्त में नहीं मिलती। तुम्हारी सास कहीं हाथ फैलाने लायक है ही नहीं। उसका जईफी इस लायक नहीं है, जो कहीं चल-फिर सके। तुम्हारा लड़का अभी कुल दो बरस का है। फिर···तुम्हीं भीख माँगने जाओगी न? तुम्हें कोई भी कुछ दे तो कहना। तुम्हारी जैसी भिखमंगिनें पहले किसी का ईमान लेती हैं, उसके बाद भीख। मेरी बात मान लो। मेरे घर चलो। छोड़ो इस झोंपड़ी को—रानी बनो। छोड़ो यह रोना-धोना और गले में हाथ डालकर हँसो।"

मेरी पत्नी उस मर्द के सामने से आँखें नीची किए हटने लगी। इस पर उसने एक रुपया जमीन पर फेंकते हुए कहा, "फाका न करना। इस रुपए का कुछ मँगाकर सब कोई खाना-पीना। मैं रात को एक बार फिर तुम्हारा निश्चय जानने के लिए आऊँगा।''

दुकान का मालिक रहमत, जाने के लिए जानबूझकर, औरों की आँख बचा, मेरी बीवी के गाल पर एक हलकी चपत लगाकर कह गया, "पगली न हो! जल्दी रास्ते पर आ जाओ।"

आगे की तसवीर न देख सका। सिर घूमने लगा। ऐसा मालूम पड़ने लगा, मानो सैकड़ों साँप एक साथ मेरी छाती पर फन मार रहे हैं। मेरी आँखों के सामने उस कुत्ते ने मेरी बीवी से ऐसा सुलूक किया। मेरी आँखों के सामने!

उफ! उफ! उफ!!

□

इस बार आँखें खुलने पर देखा—तसवीरों का सिलसिला ज्यों-का-त्यों जारी था, मानो दोजख में सजा देने की यही तरकीब है। घुला-घुलाकर जान लेना, कोस-कोसकर मारना।

इस बार देखा—एक कमरा था। पलंग बिछा था। सामने कुरसी पर बैठा वही शैतान की औलाद रहमत हुक्का पी रहा था। कमरे में एक अच्छी बड़ी दीवालगीर जल रही थी, जिसके उजाले में दो बड़ी-बड़ी अलमारियाँ चमक रही थीं।

कमरे का दरवाजा खुला और मेरी बीवी भीतर दाखिल हुई। अब भी उसका मुँह सूखा था, उसकी आँखें धँसी थीं, अब भी चेहरा उतरा था। मेरी बीवी के पीछे एक दूसरा आदमी था। शायद रहमत का नौकर था।

रहमत को देखकर मेरी बीवी घबराई। पीछे फिरने को तैयार हुई। मगर उधर दरवाजा बंद कर नौकर रफूचक्कर हो गया था। रहमत मेरी बीवी की निराशा पर 'हा, हा, हा, हा' कर हँसने लगा।

"इसका मतलब क्या है ?" मेरी बीवी ने सवाल किया।

"इसका मतलब," रहमत ने जवाब दिया, "यही कि मैं तुम्हें छोड़ नहीं सकता। यार अली के सामने से ही मेरी नजर तुम्हारे हुस्न पर है। तुम्हारे ही लिए मैंने अपनी दुकान उसे सस्ते भाड़े में दे रखी थी। तुम मेरी जान हो, जाओगी कहाँ ? यह मेरी किस्मत है, जो वह नालायक तुम्हारी जैसी परी मेरे लिए छोड़कर दुनिया से उठ गया। खड़ी क्यों हो ? इधर बैठो।"

पत्नी ने कहा, "मुझे जाने दो, नहीं तो मैं हल्ला मचाकर तमाम मुहल्ले को इकट्ठा कर दूँगी। यह शराफत नहीं, कमीनापन है। मेरा बच्चा भूख के मारे तड़प रहा है, मेरी सास मारे कमजोरी के मर रही है। चार फाके हो चुके—आज लाचार होकर भीख माँगने निकली हूँ। मुझे रोको मत, जाने दो।"

पुरुष ने कहा, "तुम्हें जो जरूरत हो, मुझसे लो। दूसरे से माँगने से फायदा ! मैं जानता था, तुम कभी-न-कभी घर के बाहर निकलोगी ही, इसीलिए मैंने एक नौकर को तुम्हारे दरवाजे पर तैनात कर दिया था। छोड़ूँगा नहीं। तुम मुझसे पल्ला छुड़ाने की कोशिश ही क्यों करती हो ? मैं यार अली से बदशक्ल नहीं, गरीब नहीं, किसी बात में कम नहीं। तुम्हें खुश होना चाहिए। मेरे घर रहोगी तो इज्जत ढकी रहेगी।"

जल्दी से कुरसी छोड़, मेरी बीवी के सँभलने से पहले ही उस दुष्ट ने उस हूर की पुतली को अपनी मजबूत बाँहों में कस लिया। इतने जोर से कस लिया कि वह हिल-डुल न सके। हमारी आँखों के सामने, उसने सैकड़ों चुंबनों से मेरी प्राणप्यारी के अधरों, कपोलों, आँखों और मस्तक को भर लिया। वह अवाक् सी उसकी भुजाओं में खड़ी रह गई।

उसी समय कमरे में रखी हुई दोनों अलमारियों के दरवाजे खुले। दोनों में से दो-दो पुरुष निकलकर मेरी बीवी और हरामजादे रहमत की ओर यह कहते हुए बढ़े कि "ओ हो-हो ! गजब की रंडी है। अरे भाई रहमत ! हम दोस्तों का भी..."

इसके बाद ? इसके बाद बहुत सी ऐसी तसवीरें दिखाई गईं, जिनका वर्णन नहीं किया जा सकता। जिन्हें किताब में, दिल में, आँखों में जगह नहीं दी जा सकती।

सबका अर्थ यह था कि पेट के कारण मेरी पत्नी वेश्या हो गई। देखते-देखते ही उसकी आँख का पानी मर गया, दिल का बहिश्त दोजख हो गया, खुदा की तसवीर मिट्टी में मिल गई।

मैंने अपने दोस्तों में से बहुतों को मेरी बीवी के पाक दामन को गंदा करते अपनी इन्हीं आँखों से देखा।

उफ्! उफ्!! उफ्!!!

मैं तमककर, पाँव से कुचले गए साँप की तरह गरजकर, उबलते हुए तूफान की तरह अपने आप को भूलकर पागलों की तरह खड़ा हो गया। कौन है वह शैतान, जो मेरी बीवी की इज्जत लूट रहा है? हट जाओ! कहता हूँ, मुझे छोड़ दो! मैं खून पीकर रहूँगा। यह वह बेइज्जती है, जिसका बदला दुश्मन की जान से लिया जाता है। मैं दोस्ती का दम भरनेवाले शैतानों पर टूटूँगा। उन्हें उनकी हस्ती को, उनकी दुनिया को चूर-चूर करके दम लूँगा। मुझे छोड़ दो, मुझे छोड़ दो! मेरे खुदा! मेरे मालिक!!

किसने मेरे मुँह पर जोर से एक थप्पड़ मारा? किसने अपने गुस्से की साँस से दोजख की आग को छेड़ दिया? किसने मेरे कान में क्रोध से ललकारकर कहा, "खुदा के नाम पर शैतान को पूजनेवाले इनसान! घबराता क्यों है? यही तेरी सजा है।"

कौन मुझे चिढ़ा-चिढ़ाकर हँस रहा है? कौन मेरे जले पर नमक झुरझुरा रहा है। उफ! इस मुल्क में रहम नहीं है? खुदा नहीं है? इनसाफ नहीं है?

यही शैतान का दोजख है?

वह देखो, वह देखो! फिर वही नजारा, फिर वही शैतान दोस्तों का जलसा। मेरी बीवी की चादर के धब्बे! वह देखो, वह देखो! कैसी भयानक शक्लें—किसी का सिर कटा है, किसी की आँतें बाहर निकली हैं, किसी का धड़ नाच रहा है और सब-के-सब मेरी लुटती हुई इज्जत की ओर इशारा कर रहे हैं—'और खुदा का पाक नाम बदनाम करो! हा-हा-हा-हा! यह हम बेकसूरों की आह का नतीजा है, हमारे ठंडे खून का बदला है। जल! तुम्हारे जैसे शैतान हजारों बरस तक इसी तरह दोजख में जलाए जाते हैं।'

बरदाश्त की हद हो गई। इस होश से बेहोशी ही अच्छी, इस जागने से सोना ही अच्छा, मरना ही भला। दोनों हाथों से जोर से मैंने अपना गला धर दबाया। गला हाथ में आया या नहीं—याद नहीं, पता नहीं, मगर दम घुटने लगा, जान निकलने लगी। मैं बेहोश होकर उसी काले अंधकार में, उसी दोजख में जा गिरा।

मेरे मालिक, मेरे खुदा! कान पकड़ता हूँ, तोबा करता हूँ। जितना किया, उससे कहीं ज्यादा मुसीबत उठा चुका। अब सहा नहीं जाता, देखा नहीं जाता। मुझे इन शैतानों से, इनके दोजख से बचाओ। रहम—मेरे अल्लाह! करम—मेरे मालिक!

□

# दोजख! नरक!!

*(दंगों के खिलाफ 'उग्र' का सशक्त व्यंग्य, सांप्रदायिक ईर्ष्या और द्वेष के खिलाफ 'उग्र' ने बेहद तीखी कलम चलाई थी। ऐसी कहानियों ने पर्याप्त समाज- सुधार किया—संपा.)*

**अदालत**

उनका सिंहासन किसी चीज पर टिका तो जरूर था, पर वह चीज पृथ्वी नहीं थी। सिंहासन के चारों ओर का दृश्य स्वप्न-सा दिखाई पड़ता था। नीचे और कुछ नहीं दिखाई पड़ता था। सामने सिंहासन से अंदाजन पाँच सौ गज के फासले पर दो बड़े-बड़े थाल थे। उस फाटक पर बड़े-बड़े चंद्रिकावल अक्षरों में लिखा था—'स्वर्ग! बहिश्त!'

सिंहासन पर वे थे। वे, जिन्हें हिंदू 'नमोस्त्वनन्ताय सहस्त्रमूर्तये सहस्त्रपादाक्षि-शिशेरूबाहवे' कहकर पुकारते हैं। कोई ॐ कहता है, कोई ईश्वर। कोई बुद्ध कहता है, कोई तीर्थंकर। कोई राम कहता है, कोई श्याम। कोई उग्र कहता है और कोई शंकर।

सिंहासन पर वे ही थे, जिनका जलवा पवित्र काया में दिखाई पड़ता है, जो मशरिक में हैं और मगरिब में भी, जो मदीने में हैं और जामा-मसजिद में भी और··· और विश्वनाथ मंदिर में भी; कहीं भी नहीं और सभी जगह हैं। प्रेम से प्रकट होनेवाले भगवान् हैं, जिनके बारे में उर्दू के एक सूफी शायर ने कहा है—

*दिल दीदये अहले आलम में घर हैं,*
*तुम्हारे लिए हैं मकां कैसे-कैसे।*

जिनकी कल्पना के आगे मुसलिम दुनिया दो जानू होकर झुक पड़ती है, जिन्हें मुअज्जन (अजान देनेवाला) अपनी ऊँची और मनुष्यता को मुग्ध कर देनवाली

आवाज से पुकारता है—'अल्लाहु अकबर! अल्लाहु अकबर!'

सिंहासन पर वे ही थे, जिनकी तलाश में लोहार का लड़का ईसा—शरीद ईसा, महात्मा ईसा अपने आप को भूल गया था। जिनकी दिव्य ज्योति को, संसार की नापाक और अंधी आँखों को दान देने के अपराध में संसार के चंद अंधे सनातनियों ने ईसा को क्रूस पर चढ़ाकर मार डालना चाहा था, पर अपनी मूर्खता से (या बुद्धिमानी से) 'क्रूस' को भी ईसा बना दिया। गिरजाघर के पीतल के घंटे का जड़ हृदय जिनको पुकारा करता है, जिन्हें अन्य जातियों की तरह ईसाई जाति अपनी भाषा में 'ग्रेट', 'ऑलमाइटी', 'मरसिपुरल' आदि के नामों से पुकारती है। जो सम्राटों के सम्राट्, लाटों के लाट, सत्ताधारियों के शासक और नाशकारियों के नाशक हैं।

उस एक ही सिंहासन पर संसार के अनेक मतों, धर्मों, संप्रदायों और हृदय के एक सम्राट् विराजमान थे—खुदा थे, वही गॉड थे, वही ईश्वर थे।

## मुलजिम

अदालत के सामने, खुदा के सामने, दो मुलजिम पेश किए। मुलजिमों का चेहरा सूखा हुआ था, उनके पैरों में लोहे की मोटी-मोटी, चमड़ा न जलाकर भी भयानक कष्ट देनेवाली दोजखी बेड़ियाँ पड़ी थीं। मुलजिमों के दाएँ-बाएँ और पीछे, डरावनी सूरत वाले दूत या सिपाही खड़े थे। उनके हाथों में भी जलते हुए लोहे के भयानक डंडे थे।

खुदा ने एक मुलजिम की ओर इशारा कर कहा, "ऐ दुनिया के बंदे! ऐ इनसान! कृपा कर मेरी बेड़ियाँ कटवा दीजिए। इसकी तकलीफ से मैं जला जा रहा हूँ। उफ!"

## दूसरा बंदी

दूसरा बंदी हिंदू था। उसने उन्हीं खुदा या भगवान् के सामने अपना बयान इस प्रकार दिया—

''दीनानाथ! मैं हिंदू हूँ। मैं भी कलकत्ता के दंगे में मारा जाकर आपके सामने आया हूँ। मेरा नाम रंभूसिंह, जाति क्षत्रिय और उम्र पैंतीस साल है। केवल बाजे के बहाने पर मुसलमान हिंदुओं को पीट रहे हैं और हिंदू-मंदिरों को जलाकर नष्ट-भ्रष्ट कर देने की धुन में लगे हैं, यह सुनकर मेरे मन में बैठा हुआ 'हिंदू' व्यग्र हो उठा। मैं हाथ में डंडा लेकर अपने कुछ दूसरे साथियों के साथ मुसलमानों से बदला लेने

के लिए मंदिर के बदले मसजिद जलाने, हिंदू-जान के बदले मुसलमान-जान लेने के लिए घर से बाहर निकल पड़ा। उस वक्त हमारे सामने जो कोई भी मुसलमान की तरह आया, बुरी तरह मारा गया।''

अदालत—"सजा देने के पूर्व तुम लोग अपराध का निर्णय कर लेते थे या बिना निर्णय किए ही जो मिल जाता, उसी पर हाथ छोड़ देते थे?"

हिंदू—"प्रभो! जब मुसलमान कसूरवार और बेकसूर, दोनों को मारते थे, तब भी लूटा, आग लगाई, छुरे और डंडे चलाए।"

अदालत—"बेकसों को सताने से भगवान् रुष्ट होते हैं, बेकसूरों के हृदय की पीड़ा ईश्वर की हृदय की पीड़ा होती है, यह तुमने नहीं सुना था?"

हिंदू—"सुना तो था, पर मुसलमान, जो सभी तरह के हिंदुओं को मार रहे थे! लड़ाई हिंदू-मुसलमान की थी, फिर हम लोग व्यर्थ में बेकसूर क्यों ढूँढ़ते? लड़ाई तो एक मत की दूसरे मत से थी। ऐसे युद्धों में मत-विशेष को माननेवाला होने से ही आदमी अपराधी हो जाता है। हमारी दुनिया में तो ऐसा ही नियम देखा जाता है, भगवान्!"

अदालत—"दुनिया और स्वर्ग, दोनों जगहों के नियमों में बड़ा अंतर है। खैर…"

हिंदू—"यार दूसरे कैदी, जो अपने को नजर अहमद नाम से बताता है, स्वयं कह चुका है कि वह खुद भी हत्यारा है। मैंने इसे अपनी आँखों से एक हिंदू के पेट में छुरा भोंकते देखा, इस पर वार किया था। एक ही डंडे में तो इसका वारा-न्यारा हो गया था। मगर उसी वक्त हमारे पीछे से सैकड़ों मुसलमान गुंडे टूट पड़े। हिंदू-दल बिखर गया और मैं मारा गया। मैं तो युद्ध में मारा गया हूँ, स्वामिन्। मुझे शक्ति-मुक्ति मिलनी चाहिए, वीरगति मिलनी चाहिए। किस अपराध में मेरे पैरों में ये लाल-लाल जलती हुई लोहे की बेड़ियाँ डाली गई हैं? धर्म के काम में जान देने पर भी आपकी अदालत में इतनी छीछालेदर होती है, यह मुझे वहाँ पर नहीं मालूम था।" इसके बाद पाप ने दोनों के विरुद्ध गवाही देते हुए कहा—

"ये दोनों के दोनों पापी हैं। मैं इन्हें खूब पहचानता हूँ। संसार में इन्होंने प्रेम से बढ़कर द्वेष को माना, सत्य से बढ़कर असत्य को समझा। हमारे विद्वान् दोस्त धर्म से बढ़कर अपने को समझते हैं, और अपनी ही प्रसन्नता को ईश्वर की प्रसन्नता मानकर दुनिया में हत्या, विद्वेष और रक्तपात का प्रचार करते हैं।"

धर्म ने भी आँखों में आँसू भरकर पाप के बयान का समर्थन किया, मगर इन शब्दों के साथ—

"प्रभो! इनमें इनका क्या अपराध है? तुम मनुष्यों को इतना दुर्बल बनाते ही क्यों हो? संसार को हत्या, रक्तपात, हाहाकार और विद्वेष का दान तुमने नहीं तो और किसने दिया है? ये अपराधी हैं जरूर, मगर ऐसे अपराधियों से संसार भरा हुआ है।"

अंत में सरकारी वकील 'मनुष्यत्व' महोदय ने अपने लंबे-चौड़े भाषण द्वारा यह साबित किया कि 'दोनों ही मनुष्यता की दृष्टि से भयानक अपराधी हैं। दोनों ने सर्वेश्वर, सम्राटों के सम्राट् ईश्वर के नाम पर संसार में विद्वेष और युद्ध फैलाया है। मनुष्यों की हत्या कर दोनों ने ही सम्राट् की परम पवित्र थाती को नुकसान पहुँचाया है। दोनों ही गुमराह हैं, भयानक अपराधी हैं।"

## फैसला

भगवान् या खुदा ने पवित्र मुख से दोनों मुलजिमों के मुकदमों का फैसला इस प्रकार सुनाया—

"ये दोनों भयानक हत्या के अपराधी हैं। स्वर्गलोक की इस बड़ी अदालत के सामने कोई झूठ बोल ही नहीं सकता। अस्तु कोई कारण नहीं दिखाई पड़ता कि मुलजिमों का बयान असत्य माना जाए।

"मनुष्य को आत्म-संरक्षण के सिवा मनुष्य की हत्या करने का कोई भी हक नहीं। मनुष्य-हत्या से बढ़कर कोई भी भयानक पाप नहीं।

"ये दोनों 'धर्म' और 'ईश्वर' के नाम पर लड़ते हैं। जो धर्म दूसरे धर्मवालों की हत्या की आज्ञा दे, वह धर्म हो ही नहीं सकता। उस धर्म से सांसारिक अधर्म कहीं श्रेष्ठ होता है, क्योंकि अधर्म स्पष्ट होता है। वैसा धर्म तो धर्म के परदे में अधर्म होता है। वह ईश्वर राक्षस है, वह खुदा शैतान है, जिसके नाम पर हिंसा की अग्नि में स्नेह दान दिया जाए। वह मनुष्य भयानक पापी है, जो ईश्वर के नाम पर संसार में अपने हृदय की विद्वेषाग्नि फैलाए।

"मनुष्य का काम हत्या करना नहीं, प्यार करना है। जिसके हृदय में प्यार करने की शक्ति नहीं, वह मनुष्य नहीं। हत्या शैतान का नाम है और प्यार खुदा का। हत्यारे खुदापरस्त नहीं, शैतान-परस्त हैं, चाहे वे हिंदू हों या मुसलमान अथवा ईसाई। ईश्वर के नाम पर आज तक संसार में जितने मत या धर्म बने हैं, वे सब मनुष्य की कल्पना के चित्र हैं। मनुष्य हजार संपूर्ण हो जाने पर भी अपूर्ण ही है। भला अपूर्ण संपूर्ण को क्या सोचेगा, क्या समझेगा? अस्तु संसार के सभी धर्म झूठे

हैं, सभी सच्चे हैं, किसी पर किसी को लांछन लगाने का, बुरा कहने का अधिकार नहीं। मसजिद, मंदिर, गिरजा आदि मनुष्य की कल्पना है और मनुष्य ईश्वर की कल्पना। क्षुद्र मनुष्य की कल्पना (मसजिद या मंदिर) के लिए ईश्वर की कल्पना मनुष्यों का नाश करना इतना बड़ा पाप है, जिसका कोई पर्याप्त दंड ही नहीं हो सकता।

"अस्तु इस भयानक पाप के पापी इन दोनों—मनुष्य का नाम बदनाम करनेवाले नरपशुओं के लिए एक ही सजा है और वह है—दोजख! नरक!

"इन्हें जब तक जमीन की हस्ती है, तब तक के लिए भयानक नरक में बंद किया जाए। जरूरत पड़ने पर ये कुष्ठ का कष्ट भोगने, तेल में डूबने, भूखों मरने, आग में जलने, वैधव्य दुःख भोगने और इसी तरह की साँसतें सहने के लिए मर्त्यलोक में भी भेजे जाएँगे, क्योंकि नरक व स्वर्ग की कुछ शाखाएँ मर्त्यलोक में भी हैं।"

जिस समय वे दोनों (हिंदू–मुसलमान) नारकीय नरक की ओर भयानक दूतों के साथ जा रहे थे, उसी समय स्वर्ग के द्वार की ओर जुलूस जा रहा था, जिसमें देवताओं के बीच में एक तेजस्वी नवयुवक दूल्हे की तरह सजा हुआ जा रहा था। दोनों ने दूतों से दरियाफ्त किया, "यह किसका जुलूस है, भाई?"

"चुप रहो!" दूतों ने डाँटकर जवाब दिया, "तुम्हारे जैसे पापियों को इनके पैर धोने का भी अधिकार नहीं है। ये स्वर्गीय प्राणी हैं। जुलूस एक हिंदू नवयुवक का है, जिसकी जान कलकत्ते के दंगे में एक मुसलमान की रक्षा करते हुए चली गई। □

# पेशावर एक्सप्रेस

इंग्लैंड के कैंटरबरी के महापादरी का जो स्थान और महत्त्व विलायत में है, मैं कहूँगा वही स्थान व महत्त्व मालवा में ज्योतिषाचार्य पंडित सूर्यनारायण व्यासजी का होना चाहिए। कैंटरबरी का महापादरी धार्मिक पदाधिकारी होते हुए भी योग्य राजनीति के चिंतक और साहित्यिक व्यक्ति हैं। वैसे ही धर्म, भाग्य, संस्कृति एवं कर्म में लिपटे रहने पर भी हमारे व्यासजी चतुरंगी व्यक्तिखान हैं। वे आजकल मध्य-भारत हिंदी-साहित्य-सम्मेलन के सभापति हैं, जिसकी मालवा-निवासी होने के कारण यथाशक्ति सेवा करना मैं अपना कर्तव्य समझता हूँ।

उज्जैन के विख्यात प्रतिभाशाली वकील श्री गो.पं. हिरवेजी को भी मैं ग्वालियर-राज का 'उगता हुआ चर्चिल' कहना चाहता हूँ—वह चर्चिल, जिसके उग्र आरंभ को देख विलायतवाले उसे 'इन्फैंट टेरिबल' पुकारने लगे थे, यानी 'भयानक राजनीति-शिशु', ऐसे मिस्टर हिरवे के साथ व्यास विशालबुद्धि के आज्ञार्थ मैं ग्वालियर-राज में अ.भा.हि.सा. सम्मेलन का प्रचारादि करने के लिए गत 24 जनवरी को सवेरे उज्जैन से निकला।

उज्जैन और भोपाल के बीच में बैरागढ़ नामक स्टेशन की भी एक कहानी कभी कहूँगा, जो भोपाल से एक स्टेशन पहले पड़ता है। भोपाल खुद पर दर्जनों कहानियाँ मेरे मन में एक ही दर्शन में जागीं, लेकिन अभी तो मैं 'करौंदा' नामक एक मामूली स्टेशन की बात बतलाना चाहता हूँ।

भोपाल से गाड़ी बदलकर हम ग्वालियर के लिए कोई साढ़े तीन बजे रवाना हुए; लेकिन सवा सात बजे रात को बीना से एक स्टेशन आगे करौंदा में असल प्लेटफॉर्म से कोई हजार-डेढ़ हजार गज की दूरी पर हमारी ट्रेन, यानी 'पेशावर एक्सप्रेस' अचानक खड़ी हो गई। हम थर्ड क्लास में थे। मिस्टर हिरवे निचली बर्थ पर—भोपाल देखने के बाद बीमार से थके, तनिक बुखार से हैरान, और मैं था

ऊपरी बर्थ पर। मेरे पास सर्दी के लबादे कम थे और सर्दी बहुत अधिक। आखिर माघ का महीना। अतः ऊपरी बर्थ पर ही अपनी मुफलिसी की इज्जत बचती देख मैंने आसन लगाना मुनासिब समझा। उज्जैन से चलते वक्त जब हिरवेजी ने लश्कर की सर्दी की कठोरता की चर्चा की, तब उनकी बातों का महत्त्व मजे में न समझ मैंने दार्शनिकता दिखलाई थी, यह कहकर कि 'मेरे पास तो गत चार वर्षों से दो कंबल और एक कोट हैं। ये काफी हों या नाकाफी, लश्कर की सर्दी को इन्हीं से हरारत हासिल करनी होगी! लेकिन ट्रेन के 'करौंदा' पहुँचते वक्त दार्शनिकता बहुत ठंडी लगने लगी।

मेरे सामने की ऊपरी बर्थ पर अकसर सामान रखा था और आदमी एकाध थे भी तो सर्दी से कसकर-सिकुड़कर सीधे। जाग्रत् भाव नहीं तो अभाव ही से सही—एक मैं था—उच्चासीन (भंग के नशे से) आत्मलीन तथा नीचे की सीटों पर अजब नजारा बिखरा हुआ था, देखने लायक और जो देख न पाएँ, उनके सुनने के काबिल।

रेल के डिब्बे में सीटें तीन कतार में डबल और मेरी दाहिनी ओर दरवाजे के पास एक छोटी सीट थी, जिस पर दिल्ली जानेवाले दो मुसलिम भाई बैठे थे—एक अधेड़, दूसरा मोटा नौजवान, सूर्यमुखी के फूल सा खिला-खिला बड़ा मुखड़ा। उनके साथ एक नौकरनुमा आदमी भी था, जो ठीक मेरी सीट के नीचे बैठा बीड़ी पी रहा था। दोनों पंजाबी भाई जाड़े की गरम पोशाक से कसे थे और बड़ा भाई सिगरेट भी पी रहा था, जो अपने छोटे भाई के साथ रावलपिंडी जा रहा था, लेकिन ये दोनों भाई पहले दोनों भाइयों से कहीं मुफलिस थे। छोटा भाई तो उम्र में भी बारह साल से ज्यादा का नहीं था, जो बीच की बेंच पर मेरे सामने ही देहाती नए कुत्ते की तरह चुलबुला रहा था। वकील हिरवे बीच की बेंच के उत्तरी खंड पर अपना 'होल्डॉल' फैलाए अस्वस्थ फैले थे और उनके पाँव की तरह एक बूढ़े विलायत-वेशी बैरिस्टर का बिस्तर बिछा था, यानी दो वकील-बैरिस्टरों ने एक पूरी बेंच पर अपने दबदबे और ठाट-बाट या मुवक्किलों के बल पर कब्जा कर रखा था। रावलपिंडी वाले छोकरे के सिर फ्लेक्स हैट और फ्लेनल के पैंट का कोर सटाए एक तीसरे नए वकील भी, जो बैरिस्टर के शायद रिश्तेदार थे, चित्त पसरे हुए थे। उनके सिर पर एक बूढ़ा सिख, जो गश्ती खुफिया सा मालूम पड़ता था, सर्दी से सिकुड़कर बैठा था, लेकिन उसी के सामने दूसरे दो सरदार तगड़े और मोटे कपड़े से गरम, बड़ी-बड़ी बातें मार रहे थे। मेरे सामने की आखिरी बेंच एजेंटनुमा एक लंबे पंजाबी और

नाटे-मोटे अंगों वाले जवान भोपाली मुसलमान ने घेर रखी थी।

बोगी-डिब्बा बड़ा था, मगर इतने आदमियों के योग्य कदापि नहीं, जितने वे बैरिस्टर साहब थे या वे वकील मिस्टर हिरवे। बैरिस्टर और उनका साथी जवान वकील तो देखते ही स्टेशन-ट्रेन के पैसेंजर मालूम पड़ते थे। सूट, सूटकेस, थरमस, दो-दो होल्डॉल, दो-दो बड़े-बड़े चमड़े के बॉक्स, बैग, बैरिस्टर साहब के काँपते पंजे में पॉलिस, छड़ी, मुँह में निरंतर धुआँधार सिगरेट, शायद आँत और दाँत के रोग जाने पर भी।

वकील हिरवे के साथ मैं और एक उनका आत्मीय, वृद्ध, लेकिन चुस्त मुवक्किल, जो जवान वकील की खिदमत भी करता था, हिरवे का मुँह यों ताका करता था, जैसे मजनूँ लैला का। हिरवे के खूब गरम कपड़े थे, यद्यपि आपकी पोशाक स्वदेशी थी—मोटा-लंबा कोट, देशी ऊन का लबादा, फिर ऊनी कंटोप, ऊनी मफलर, बढ़िया गरम-गरम टूश और फिर मोटा-तगड़ा कंबल।

उसी तरह विलायती अच्छे ऊनी कपड़ों की एक खासी दुकान बैरिस्टर साहब और उनके निजी वकील के तन को कसी हुई थी। मुझे याद है, नौजवान वकील, ने जो डिब्बे में भोपाल में घुसते ही पहले गरम कपड़े उतारकर फेंकने शुरू किए थे—'क्या अनाप-शनाप मैंने भी हिफाजत के लिहाज से लाद लिया···' कहकर। मेरा खयाल है, कपड़ों का जो बोझ दो पाँवों पर उक्त सज्जन उठाए हुए थे, बोझ ढोनेवाला मशहूर वह चौपाया अपने चार पाँवों पर भी मुश्किलन उतना भार सँभाल पाता!

और ट्रेन में सबसे कम कपड़े तीन व्यक्तियों के पास थे, जिनमें दो स्त्रियाँ थीं और तीसरा स्वयं ट्रेन ड्राइवर। एक स्त्री सिख तरुणी थी—पंजाबी रेशमी सलवार, कमीजनुमा कुरता और बूटेदार ओढ़नी में लिपटी हुई; दूसरी कोई गरीब मालवी मजूर की पत्नी थी, जो सूती धोती पर पीली रँगी सूती ही साटी से सजी श्यामा दिखती थी। औरत के साथ जब वह घूसर या घमघूसर सिख गाड़ी में दाखिल हुआ, सारी सीटें भरी नहीं, घिरी थीं। मगर उसने टिकट खरीदा था—एजेंटनुमा पंजाबी के बिस्तर को सिर की तरफ से कोई डेढ़ फुट खिसकाकर अपनी स्त्री के लिए काफी जगह पर कब्जा किया, फिर अपने वास्ते बूढ़े बैरिस्टर पर चढ़ाई कर उनके सिरे की तरफ से कोई डेढ़ फीट पीछे ठेलकर वह सूती खेस बिछाकर जम गया।

मगर बेचारे तन और मन से दुर्बल मालवी मजूर में वह पुरुषार्थ न था कि वकील-बैरिस्टरों के सिरों को सिकोड़कर अपने या अपने परिवार के लिए स्थान प्राप्त करता या अपने खरीदे हुए टिकट का महत्त्व समझ/समझा सकता। अतः

बँधे बिस्तर पर पत्नी को उसने पाखाने और बैरिस्टर के सिरहाने सिकुड़कर सोए घमघूसर सिख के पायने के पास बिठाया तथा खुद वह खिड़की से सटा खड़ा होकर ही यात्रा करता रहा।

उधर घमघूसर सिख ने मौका पाते ही प्रतिक्षण बैरिस्टर साहब के बिस्तर को पीछे ठेलना शुरू किया। उनके खाने के लिए उठने पर आधा फीट सरकाया, पेशाब जाने पर एक फुट और साथ ही बैरिस्टर का अनवरत सिगरेट पीना भी उसने चंद युक्तियों से बंद करा दिया। पाखाने के मालवी मजूर को बीड़ी पीते देख उसने रोका, "अरे, धुआँ बंद करो!" इस पर दूसरे सिखों ने भी घमघूसर का साथ दिया। फलतः खाना खाने के बाद अपनी सीट से हट, खिड़की से मुँह निकालकर बूढ़े बैरिस्टर ने सिगरेट के धुएँ को घमघूसर की आँखों से बचाया। मगर पुनः आसन पर लौटने पर उन्हें मालूम पड़ा कि किसी ने उनके बिस्तर को सिकोड़कर आधा कर दिया है।

"यह है नाजायज कब्जा!" उन्होंने वकील हिरवे की ओर करुण-दृष्टि से देखकर कहा।

"मगर क्या मैंने आपकी जगह पर कब्जा किया है?" स्थान देने को तैयार हिरवेजी ने पूछा। इस पर बैरिस्टर के साथी नौजवान कानूनदाँ ने कहा, "जगह पर तो ये सरदारजी दखल करते जा रहे हैं।"

मगर पहले फासिस्टों की तरह सारी जमीन पर फैलनेवाले बैरिस्टर एक तगड़े प्रतिद्वंद्वी को देखकर एकाएक 'डिमोक्रेट' बन उठे।

"अजी!" उन्होंने अपने साथी जवान को लाचारी से समझाया, "सोने दो सरदार को, आखिर आराम सभी चाहते हैं!"

वकील हिरवे, जो श्री जमुनालाल बजाज और महात्मा गांधी के बहुत निकट बरसों रह चुके हैं, उन्होंने एक इंच सरके बिना पड़े-पड़े राय दी, "महात्माजी तो थर्ड क्लास में अपने साथियों को हरगिज सोने नहीं देते! कहते हैं कि सोने का भाड़ा थर्ड क्लास में नहीं दिया जाता; महज बैठने की जगह घेरनी चाहिए।"

करौंदा स्टेशन के निकट ट्रेन के रुकने के पहले उक्त बातें समाप्त हो चुकी थीं। हवा बर्फ की तरह ठंडी और अंधड़ की तरह तेज सरक रही थी। चुपचाप सिकुड़कर बैठने या लेटने के अलावा बात करने में सर्दी लगती थी। तारीख 14 जनवरी, 1942 को आठ बजे रात करौंदा स्टेशन पर की ठंड, रूसी मैदान के ठंड का भाई बना हुआ था, जिसके सामने लड़ना भूल, बड़े-बड़े लड़ाके सिकुड़कर पड़े रहने या भागने में ही जान की खैर मानते।

"मामला क्या है? साढ़े नौ बजे झाँसी पहुँचना था, सो साढ़े आठ तो यहीं बजे हैं।"

मुझे मालूम था कि ग्वालियर स्टेशन पर गाड़ी 11 बजे पहुँचने वाली है; मगर ऐसी ऋतु में कम कपड़ों से ग्वालियर में सिकुड़ने में मन-ही-मन मेरा मन सिकुड़ने लगा। मैंने सोचा कि अगर यह गाड़ी इतनी लेट हो सके कि ग्वालियर सुबह पहुँचे तो अयाचित सर्दी के ताप से मैं बच जाऊँ, साथ ही बचूँ वकील हिरवे का ऊनी कपड़ा उधार लेने से। अतः बिना किसी से कहे, मैंने कहा, "मैं तो पहली बार ग्वालियर रात में नहीं देखना चाहता, अतः खुदा से मिन्नत करता हूँ कि वह इस गाड़ी को कम-से-कम चार घंटे लेट ग्वालियर पहुँचावे।"

इस पर पहली बार बैरिस्टर साहब मेरी तरफ मुखातिब हुए, "खुदा है?"

"इस वक्त जिस बुलंदी पर मैं बैठा हूँ," ऊपरी सीट से मैंने मजाक किया, "वहाँ से अपने को खुदा ही महसूस कर रहा हूँ; मुझे आप लोग मुझे दुनिया के नीचे प्राणी नजर आ रहे हैं।" फिर अनेक मुसलमान दोस्तों की दिलशिकनी न हो, इसलिए महा जोड़ा (जोकि अपने को खुदा कहना मुसलमान कुर्फ मानता, मगर हम हिंदू तो हर एक जीव को उसी परमात्मा का प्रतिरूप मानते हैं!

"तो क्या परमात्मा हमारी प्रार्थनाएँ सुनकर उनपर माकूल तवज्जो देता है?" पंजाबी एजेंटनुमा व्यक्ति ने मुसकराकर पूछा।

मैंने जवाब दिया, "ईश्वर प्रार्थना पर फल देता तो जरूर है, मगर अकसर घोड़ा माँगने पर गधा!"

इस पर ट्रेन में खासा कहकहा लगा और नीचे की कई नजरें मुझपर इस अदा से पलक-पंख मारकर झपटीं, मानो कहेंगी कि कपड़े कम होने पर भी शायद तुझे अक्ल बहुत है। घमघूमर सिख ने भी ओढ़ने से मुँह निकाल मुझे तरेरकर ताका, जिसकी तरुणी पत्नी बार-बार मेरे चेहरे, लंबे बाल, बड़ी दाढ़ी में साधुत्व तलाश रही थी और मैं उसकी नजरों में दुष्टता। मगर वह दुष्ट नहीं थी और न मैं साधु। लेकिन मालवी मजूर या उसकी पत्नी पर मेरी बातों का कोई प्रभाव नहीं पड़ा। मर्द खिड़की के बाहर मुँह किए चिल्ला रहा था, ''बीना की तरफ से गाड़ी आ रही है, उसके निकल जाने पर यह खुलेगी।'' और औरत बिस्तर पर गट्ठर का सहारा लिये ऊँघ रही थी। मुझे ताकने के बाद सोने की चेष्टा में घमघूसर ने अबकि बार जो पाँव असावधानी से पसारा तो ऊँघती मालवीय के मुँह पर उसके दोनों पंजे लगे। हाथ से सिख के पाँवों को ठेलती हुई मजूर-पत्नी भनककर बोली, "कैसा आदमी…!"

आठ, नौ, दस, ग्यारह के बाद, लो बारह बजने को आए, मगर ट्रेन अंगद के पाँव की तरह अचल बनी रही। अभी तो लोग सर्दी, रात और परदेश से परेशान थे, अब पानी भी झड़ने लगा—झड़ाझड़ और ऐसी झड़ में मेरे नीचे मैली रजाई में लिपटा लेटा रावलपिंडी जानेवाला मुसलमान प्यासा। थोड़े ही पहले उसने उस छोटे भाई के साथ रोटी खाई थी, जिसे टट्टी लग रही थी। इस पर बड़े भाई ने छोटे से कहा, "पाखाने में पानी नहीं है। जाना है तो पहले जाकर स्टेशन के नल से बधना भरता आ!" और अँधेरी रात, झड़झड़ाते पानी में टट्टी से हैरान वह बालक हवा में तागे की तरह काँपता बधना भर लाया। अब बधने के साथ उसे टट्टी में घुसते देख खुफियामुखी सिख ने बतलाया कि पाखाने में पानी तो पुष्कल है—बधने की क्या जरूरत? तब तक बालक के बड़े भाई ने उससे बधना छीन लिया, "अबे कुत्ते, पानी तो टट्टी में है; ला इसे मुझे दे!"

"अपनी प्यास की खातिर तुमने मुझे परेशान कर मारा!" रुआँसा बालक टट्टी में घुसा। जो जाग रहे थे, सभी इस घटना पर जी खोलकर हँस पड़े।

बारह बजे, एक और दो भी। व्याकुल यात्रियों के समूह घड़ियों में टिक-टिक गए, मगर गाड़ी न हिली, न डुली।

"कहीं कोई एक्सीडेंट हो गया क्या?" एक ने सोते हुए से चौंककर बिना किसी से पूछे, सबसे पूछा।

"मिलिटरी गाड़ियों के लिए शायद यह एक्सप्रेस रोकी गई है। वे निकल जाएँगी, तब यह चलेगी!" घमघूसरजी ने कंबल से दाढ़ीदार चेहरा निकालकर राय दी।

"बंबई से ही," रावलपिंडी जानेवाले मुसलमान ने टिप्पणी की, "गाड़ी, साली के बारह बज रहे हैं। देखें, खुदा कब घर पहुँचाता है!"

"मेरे कई दोस्त," भोपाली मुसलमान बोला, "इस शैतानी मौसम में झाँसी स्टेशन पर कड़कड़ा रहे होंगे—तौबा!"

खुफिया ने कहा, "कहीं जापान का गजब गोला न गिर पड़ा हो!"

मगर उसकी बात पर किसी ने भी टिप्पणी न की, लाचार मुसीबतों की मार से थककर सभी सो गए और सातवें तबक पर बैठा-बैठा मैं भी ऊँघने लगा। इतने में पंजाबी एजेंट के पास की खिड़की अपने आप 'खड़क्' से खुल गई, साथ ही बरछी की तरह हवा की ठंडी और धारदार वायु भीतर घुस गई। मेरे नीचे बैठा मुसलमान उस खिड़की के सामने बैठा था और उसके पास भी गरम कपड़े कम थे। वह धीरे-

धीरे उठा और एजेंट के बेंच के पास जाकर उसने होशियारी से खिड़की बंद कर दी; लेकिन पंजाबी एजेंट उसी बीच जाग उठा। उसने ऐसी संदिग्ध दृष्टि फेंकी खिड़की की तरफ झुके गरीब मुसलमान नौकर पर, मानो वह चलती गाड़ी का चोर हो। पंजाबी की आँखों से जैसे सहमकर वह पुनः अपनी सीट पर आ सिकुड़ा।

और सोनेवाले समुदाय से बहुत ऊँचे रहने पर भी मेरा काम सोए बिना कहाँ चला। ट्रेन के आलस्य से अलसाकर मैं कब सो गया, बैठे-ही-बैठे—जागते-ही जागते—पता नहीं, और पता नहीं कब वह पेशावर एक्सप्रेस अपनी अचल निद्रा से जागी। जागने पर हमने सवेरा देखा—दुर्दिन और घनीभूत। ट्रेन जोश और जीवन से सरपट खड़खड़ा रही थी। चारों तरफ चांचल्य, मगर प्रकृति-प्रकोप से परम व्यग्र।

यानी खुदा ने चार घंटे ट्रेन रोकने की प्रार्थना पर उसे बारह घंटे जो रोक दिया तो पल में 'घोड़ा', 'गधा' बन गया। सवा 11 बजे रात की जगह पूरे 12 घंटे बाद सवा 11 बजे दिन में हम ग्वालियर पहुँचे—सर्दी और हवा, झड़ और कीचड़—सर्वथा प्रतिकूल परिस्थिति में, ज्योतिषाचार्य पंडित सूर्यनारायण व्यास के संकेत पर अ.भा. हिंदी साहित्य-सम्मेलन का प्रथम प्रचार करने।

*(सरस्वती—हीरक जयंती ग्रंथ से)*

□

# प्रार्थना

एक दिन मनुष्य के मनोमंदिर में मशहूर–जहान श्रीमान भगवान् की भक्ति जोर शोर से भभक उठी।

अभाव से कि भाव से? किस प्रभाव से भगवान् की भक्ति भभकी? इनसान के स्वभाव को इसका कुछ भी ज्ञान या भान न हो सका।

वह तो आँखें मूँदकर इस अंधकार में भी भगवान् के अनुसंधान में सरपट हैरान–परेशान दौड़ने लगा!

मनुष्य का तेजस्वी तर्क–अर्क देखकर समुद्र 'सहारे' सा सूख गया।

हिमालय का कलेजा दर्रा और घाटियों के रूप में दरक उठा!

मनुष्य को रास्ता मिला।

और हमने बुजुर्गों से सुना है कि काफी हैरान–परेशान होने के बाद उसे भगवान्, शीर एड्रेस नहीं मिला। एक दिन अनेक देशों के पुराण एक स्वर में गाते हैं और मनुष्य व भगवान् दोनों आमने–सामने नजर आए।

भगवान् को देखते ही मनुष्य ने खींसें काढ़, बतीसे दिखा, सजल–सफल निवेदन किया, "मेरे इष्टदेव! आप पूरे कम्युनिस्ट, यानी दीनबंधु हैं। मैं आपका निस्स्वार्थ भक्त हूँ। कृपया मुझे अपने शक्तिशाली दल में मिलाकर पहले तो 'कॉमरेड' बना दीजिए। दूसरे, मुझे 'जरामरणजं भयम्' से ऊपर या दूर कर दीजिए। तीसरे, मुझे लखनऊ सी लहर–बहर दीजिए। चौथे, पेरिस सा एक शहर दीजिए। पाँचवें, 'पनामा' या 'स्वेज' सी कोई नहर दीजिए। कीड़ा का कहर दीजिए। अमृत का जहर दीजिए।"

गरज यह कि एक साँस में निस्स्वार्थ मनुष्य ने भगवान् से आँखें चार होते ही सातों समुद्र और चौदहों भुवन माँग लिये।

भगवान् भौचक! मनुष्य की कामनाओं का 'कलेंडर' देखकर सिर खुजलाने

लगे और भगवान् के माथे पर मनुष्य से हैरान जहान की शिकन के निशान नजर आए।

उन्होंने वज्र स्वर से तड़पकर जवाब दिया, "तू किससे माँगता है, मूर्ख! मैं तो देने-लेने के झगड़े और कामना-वासना की कहानियाँ बिल्कुल नहीं जानता। 'मैं' या मेरी सृष्टि-समस्त का कोई मुझे कुछ भी नहीं दे सकता। शक्तियाँ माँगने से नहीं मिलतीं और न देने से दी जा सकती हैं। वे तो साधना से अनवरत, भीष्म तप से ही साध्य हैं।—तू तप कर आदमी! भीख न माँग।

—यहाँ या वहाँ कोई किसी को कुछ भी नहीं दे सकता···

—मेरे सनातन विधानों का यही सुक्रम है। हट सामने से, खुदगर्ज!"

मगर मदांध मनुष्य भगवान् के मुकाबले में एक इंच भी पीछे न हटा। उसने भी भीषण तोपों के स्वरों में उत्तर दिया, "अपनी ही करनी से उतरेंगे पार तो फिर हम करतार, करतार तुम काहे के?

—फिर तुम्हारी पूजोपासना कैसी? ईंट बनाऊँ मैं, दीवारें सँवारकर मंदिरोमसजिद बनाऊँ मैं, और पूजा, नमाजें हों तुम्हारी? वाह रे विचित्र विदेशी!

—हो चुकी! अब मैं तेरा विरोधी हूँ, विभक्त भक्त। अनुरक्त नहीं। विरोध जीवन है। भक्ति निम्न समर्पण! तू कुछ नहीं है। तेरा 'बाजार-मूल्य' उठ गया। अब तेरे अड्डे जहरीले कीड़ों की तरह भयानक तोपों से उड़ा दिए जाएँगे। भगवान् मायावी!

—अब तेरे नामोनिशान सतहे-जमीन से मिटाकर मैं दम लूँगा।"

"अब दिखला-बतलाकर दम लूँगा कि मैं कौन हूँ!"

मनुष्य मनस्वी, तिनककर भगवान् से विमुख हो गया!

और बात मानिए, भगवान् का सिंहासन हिलने लगा!

बेचारे बूढ़े भगवान् ने मनुष्य से निराश होकर। अपना माथा पीट लिया और उसी मुहूर्त से इस 'सेकेंड' तक फिर कभी मनुष्य भगवान् की माया में न फँसा।

बेचारा बूढ़ा भगवान् टका-सा मुँह लिये मनुष्यता के मैदान में गहरी शिकस्त खा गया।

आदमियत से दूर-सुदूर···

भाग गया!—आह!

□

# विकास

समुद्र का हाहाकार सुनकर या वज्र का गर्जन, भूकंप का महासंहार देखकर या ज्वालामुखी का स्फुलिंगोद्गार अथवा आकाश का विस्तार, कुछ ठीक नहीं कहा जा सकता, मगर एक दिन मनुष्य के मन में विश्वनियंता, विश्व-विनाशक, विश्वनाथ, ईश्वर की पूजा और स्मरण के लिए मकान बनाने की इच्छा हुई।

ईश्वर की सृष्टि का ही अनुकरण करते हुए मनुष्य ने अपनी रचना शुरू की। लंबे, मोटे वृक्षों की नकल में उसने खंभे बनाए। ऊँचाई-पहाड़ों की नकल की, गुंबद बनाया आसमान के अनुकरण पर और 'ईश्वर का घर' एक दिन मनुष्य ने तैयार कर लिया।

मनोवांछित फल पाने के लोभ में मंदिर के लिए भगवान् की एक मूर्ति भी गढ़ी गई।

और आदमी कुटुंब और कुनबे के साथ पूजा करने लगा। मगर पत्थर न पसीजा। आदमी की इच्छा, एक भी ईश्वर या उस मूर्ति की कृपा से पूरी न हो सकी।

कोई भूल तो नहीं रह गई, जिससे ईश्वर इसमें आते ही न हों?

तो क्या सारा परिश्रम पानी में गया? नहीं-नहीं। मैं हारनेवाला नहीं। मैं दूसरा मकान तैयार करूँगा।

आदमी ने दूसरा मकान तैयार किया—बिल्कुल नए ढंग का। ईश्वर की मूर्ति में भी किंचित् परिवर्तन कर उसे दूसरे रुख, दूसरी वेदी पर बैठाया। इस घर का नाम पड़ा—गिरजाघर।

श्रद्धा, विश्वास, लोक और परलोक के सपने देखता आदमी 'अपने' लिए गिरजाघर में भगवान् को फँसाने की कोशिशें करने लगा; मुट्ठी में हवा को थामने की!

मगर युगों तक धूप-दीप जलाने पर भी जब भगवान् की आहट न लगी, तब आदमी बहुत घबराया।

उसका विश्वास (आँधी में पीपल के पत्ते सा) थर्राने लगा।

"यह मंदिर, छिह!" उसने सोचा कि यह अफीमची का अड्डा है, ईश्वर का विश्राम-स्थान नहीं। यह मूर्ति, कठोर पत्थर—मैं इन दोनों को मटियामेट कर अब एक ऐसा घर बनाऊँगा, जिसमें ईश्वर के निराकार रूप में पूजोपासना की जा सके। बिना उसकी पूरी खबर लिये मैं मान नहीं सकता।"

नई मिट्टी और नए जीवन से मनुष्य ने एक नया मकान—गुंबदगार सा मीनार तैयार किया—मसजिद।

वहीं सपरिवार एकत्र हो अब आदमी उस निराकार परवरदिगार की नमाजें पढ़ने लगे, जिसके एक आकार को चंद दिनों पहले तैयार करने के बाद उन्हीं हाथों उसने बिगाड़ दिया था।

सजदों में घुटने टूटे, माथा फूटा! नमाजों में रातें गईं, दिन गए! मगर 'मतलब' आदमी का न हुआ। हाय रे!

खैर, वह माथे पर हाथ रख, लंबी साँसें ले गाने लगा—

*"खुदा ही मिला, न विसाले-सनम,*
*न इधर के हुए, न उधर के हुए!"*

इस बार खाक-पत्थर, सारी माया जोड़कर मनुष्य ने 'लेटेस्ट डिजाइन' का एक मकान तैयार किया, नाम रखा—'जनरल स्टोर्स।' और अब मनुष्य इस नए मकान में भयानक व्यापार करता है। सुबह से शाम तक खरीदारों की रेल-पेल से उसे फुरसत नहीं। वह रोज ही अंजलि भर सोना कमाता है। अब तो उसकी तिजोरियाँ रत्नों से भरी हैं!

और अब तो आदमी 'बिजनेस' से इतना 'बिजी' रहता है कि मंदिर, चर्च या मसजिद की बनावट या चर्चा में उसकी कोई रुचि नहीं।

रहे ईश्वर—सो ईश्वर तो अब मनुष्य पैसे को मानता है!

□

# अवतार

## (अ)

"हे प्रभो!" अत्याचार-पीड़ितों ने अपने पीड़ित प्राणों को केवल कंठ में एकत्र कर पुकारा, "तुम कहाँ हो? जरा पृथ्वी के इस कोने की ओर तो अपने करुण कटाक्ष फेरो। जरा हम दुःखियों और गरीबों पर तो एक बार निगाह करो। जरा देखो तो, ये चंद उन्मत्त मतवाले तुम्हारी समता में कैसी विकट विषमता के कुबीज बो रहे हैं। हमारे दुर्बल प्राणों को पापी आततायियों की प्रचंड पीड़ाएँ मार डालती हैं। तुम ऐसे गाढ़े मौके पर कहाँ हो, स्वामी? आओ, आओ! और हमें अत्याचार के आतंकी आक्रमणों से बचाओ!"

"हे सहस्त्रपादाक्षिशिरोरुबहवे!" भक्त साधुओं ने गंभीर गुहार दी, "वर्तमान जगत् नास्तिकता की ओर बढ़ा जा रहा है; बढ़ा जा रहा—तुम्हें और तुम्हारी श्रुति-विदित विभूति एवं विक्रम को बिसारकर। और वह क्यों न बढ़ जाए? जब लाख-लाख पुकारने पर भी तुम नहीं पसीजते, नहीं बोलते, अपने जाग्रत् अथवा अजाग्रत् अस्तित्व का कुछ परिचय नहीं देते, तब लाचार होकर मनुष्यता के पीड़ित बच्चे तुम्हारे प्रति और तुम्हारे अस्तित्व के प्रति, नाम के प्रति, धाम के प्रति विद्रोह करते हैं। आह! इस देश के पीड़ित, ये भक्त भावुक, वे भोले कब से तुम्हें पुकार रहे हैं, परमेश्वर! तुम क्यों नहीं पधारते? तुम क्यों नहीं पधारते?"

"साईं!" अभागिनी अबलाओं ने काँपते कंठ से कराहकर कहा, "हमारी सुधि आप क्यों नहीं लेते? आह! क्या हम आपकी सृष्टि, आपकी संतान नहीं हैं? और यदि हैं, तो हमें आप ही की आधी कृति बली बनकर, ज्ञानी बनकर, मदांध होकर क्यों नाशे डालती है? क्यों खाए-पचाए जाती है? ये पशु, ये पीड़क, ये पापी, ये पुरुष, हमें गोया आत्मवती मानते ही नहीं। हम सुकुमार क्या हो गईं, इनके भोग की

सामग्री हो गईं! हम सुंदर क्या हो गईं, इनकी असुंदर वासनाओं की चेरी हो गईं! हम करुणामयी क्या हो गईं इनकी कठोरता की, क्रूरता के कुकर्मों की क्रीड़ास्थली बन गई हैं! उफ! हमारा तन—पवित्र पुष्पों सा, हमारा मन—गंगाजल सा, हमारा धन—स्वर्ग-सा मलमला जा रहा है, अपवित्र किया जा रहा है, लूटा जा रहा है, नरक बनाया जा रहा है। हे विश्वसखे! तुम कहाँ अलक्ष हो, किधर छिपे हो, क्यों मौन हो? आओ, प्राण बचाओ, प्राण!"

## (ब)

"पश्चात्ताप करो! पश्चात्ताप करो!" उसी देश के किसी विख्यात ज्ञानी ने अज्ञानियों और सत्ताधारी नरपशुओं को ललकारकर कहा, "हे मनुष्य के रूप में भेड़ियो! शीघ्र-से-शीघ्र अपने पापों के लिए रो लो, क्योंकि अब 'वह' आने ही वाला है।

"हे पागलो! यह समझकर न ऐंठे रहो कि तुम्हारी सहायता के लिए सेनाएँ हैं, ज्ञान को अज्ञान और अज्ञान को ज्ञान का वेश सजा देनेवाले धूर्त-तर्क-विद्या-विभूषण हैं; बड़ी-बड़ी विकराल ज्वाला-प्रसविनी तोपें हैं; शक्ति है, दंड है, रूप है, रंग है, बुद्धि है, पुरुषार्थ है, आह! न भूलो इन क्षुद्र ऐहिक विभूतियों पर, इन्हें तो 'वह' इन जर्रों से पैदा कर सकता है। हाँ-हाँ, विश्वास मानो। वह जो तुम्हारे कर्मों का लेखा जाँचने के लिए आ रहा है, ऐसा ही प्रचंड पराक्रमी है।

"हे मानवता के नीरस तरुओ! सावधान हो जाओ—उसके आने के पूर्व ही और हरे हो जाओ कालिमा की काई धोकर। फूल पड़ो; फल दो। नहीं तो मत भूलो, उसकी वह लौह-कुल्हाड़ी तुम्हारी जड़ों पर ही जमी है। तुममें से जो कोई भी हरा न होगा, सरस न होगा, सफल न होगा, सजीवन न होगा, वह टाँग लाया जाएगा काटा जाएगा, और नरक के भाड़ में डालकर युग-युगांतरों तक जलाया जाएगा।

"अस्तु हे दुनियावी सफेदी के परदे में रेंगनेवाले काले साँपो! शीतल जल की तरह मेरे इस मंत्र को धारण करो! 'वह' आता ही है। वह ठंडा नहीं, आग है; मंत्र नहीं, अभिशाप है; शांति नहीं, क्रांति है—युद्ध है। वह तुम्हें धुआँ से, चिनगारियों से, गरम गंधक से, लावा से और आग की लपटों से शुद्ध करेगा।

"पश्चात्ताप करो! पश्चात्ताप करो! हे शक्ति के मतवालो, पश्चात्ताप करो! क्योंकि वह आने ही वाला है।"

## ( स )

जिस देश के अवतार की यह कथा है, उस देश पर उन दिनों विदेशी विजेताओं का शासन था। वे विदेशी नर नहीं, नराधम थे, नर-पशु थे। उस देश के परतंत्र प्राणियों की कमजोरियों का अनुचित लाभ उठाकर वे उन्हें भाँति-भाँति की यातनाओं से पीड़ित करते थे। उनके छोटे-बड़े गाहियों और कोड़ियों 'करों' का विस्तार ऐसा विकट था कि प्रजा त्राहि-त्राहि पुकार रही थी। विदेशी शासक और उनकी मशीन के स्वदेशी-विदेशी पुर्जे उस देश के गरीबों को बात-बात में ऐसा पीते थे कि देखने-सुननेवाले दाँतों तले उँगली दबाकर रह जाते थे।

इसी से तो वहाँ वाले रह-रहकर गरीब हृदय से, पवित्र मन से उस 'आनेवाले' को पुकार रहे थे और इसी से तो उनकी पुकार सुनकर 'वह' आया था। हाँ-हाँ, वह आया था। इतिहास तो वही गवाही दे रहे हैं।

वह आया था; बड़े-बड़े महलों में नहीं और न भयानक दुर्गों में; क्योंकि उस समय के दुर्ग और महल अत्याचारों के अड्डे थे। भला ऐसे अपवित्र स्थान में वह कैसे आता?

वह आया था, सुवर्ण-सज्जित, मार्बल-मंडित देव-मंदिरों, पूजा-स्थानों और मठों में नहीं, क्योंकि उस समय के वे पूजा-स्थान भी वेश्याओं से कम न थे। देवता देवता नहीं, पत्थर थे। उपासक उपासक नहीं, कामी कीड़े थे तो भला उनके बीच में वह कैसे आता?

वह आया था एक दुखिया की झोंपड़ी में, एक भूखी, सताई और गरीब जननी के गर्भ-मंदिर में, दुनिया के थपेड़ों से पागल एक पिता के आँगन में।

वह बालपन से ही तेजस्वी धीमान्, दयालु, वीर, सुंदर और नक्षत्रवान सा मालूम पड़ता था। किशोर अवस्था तक पहुँचते-पहुँचते तो उसके घर के लोग आँखें फाड़-फाड़कर चिल्लाने लगे कि वह अवश्य कोई असाधारण प्राणी है। उसे सभी प्यार करते थे। उसे सभी 'अपना' मानना चाहते थे। उसकी एक मुसकान, एक दया-दृष्टि के सभी आकांक्षी थे।

वह उस समय के विद्यालयों में, ज्ञान के लोभ में अधिक काल तक माथा-पच्ची नहीं करता रहा। कुछ घंटे क-ख और चंद दिनों तक कर्ता-कर्म की कथा सुनते ही, मानो भगवती शारदा की ज्ञान-वीणा के सारे तार उसके अंत-संसार में झनकार कर उठे। देखते-देखते वह ऐसा ज्ञानागार हो गया कि बड़े-बड़े ज्ञानी उसकी ज्ञान-वार्त्ता सुनकर दंग हो गए, ठगे-से रह गए।

वह जवान क्या हुआ, मानो परतंत्रों का वह विस्तृत राष्ट्र उसके साथ-साथ यौवनमय हो उठा। स्वदेश की दुर्दशा और मनुष्यों की नीचता देखते ही वह न्याय, सहानुभूति, त्याग और बलिदान के लिए पुकार पड़ा—

"हे सत्य-चिरंतन के जन्मजात वीर बालको! अरे, तुम अपनी आत्मा की ओर देखो, शरीर की ओर नहीं। शरीर तो नाशवान है, मगर तुम्हारी आत्मा अमर है। तुम्हें कोई नहीं मार सकता। फिर उठो, और उठो। जागो और जागो। तथा विद्रोह करो इन भूले पागलों के विरुद्ध, जो आत्मा की गद्दी पर अपने शरीरों को सँवारे बैठे हैं। ये मिथ्या मार्ग पर हैं, भूले हैं—इनके असत् और भूल का सर्वनाश होगा ही; बशर्ते कि तुम सत्य पर सावधानी से डटे रहो।

"अत: आओ! अपनी आँखों में ज्ञान का अंजन आँजकर, सत्य वर्म-चर्म पहनकर, त्याग का मुकुट धारण कर और बलिदान का शस्त्र हाथ में लेकर विद्रोह करो इन मनुष्यता के भूले पागलों के विरुद्ध तथा परमात्मा एवं आत्मा का संदेश घर-घर पहुँचाओ, परतंत्रता की बेड़ी काटो, स्वाधीन बनो। हे अमर मनुष्यता के स्वर्ग-दुर्लभ सैनिको!"

आह! उसकी वह पुकार क्या थी, उस पीड़ित देश के एक-एक प्राणी के पवित्र मन की प्रतिध्वनि थी। देखते-देखते उस देश के लक्षाधिक बालक, युवा, नर-नारी उसके विद्रोही झंडे के नीचे आ खड़े हुए।

सत्ताधारी अत्याचारियों के अविचार से शासन-यंत्र काँपने लगा।

## ( द )

मगर आह! आदमी भी कैसा अनोखा अजायबघर है। इस एक ही ज्ञानी पशु के भीतर अनेक विरोधी भावों की दुकानें एक साथ लगी रहती हैं। यह क्या कहता है, क्या समझता है और क्या चाहता है—इसका पता लगाना, आदमी तो आदमी, परमात्मा के लिए भी संभव नहीं। यह विपत्ति पड़ने पर 'अवतार-अवतार' बराबर पुकारता है; पर जब अवतार इसके बीच में ईश्वर के वरदान की तरह आता है, यह उसे पहचानता ही नहीं।

ज्यों-ज्यों उस गरीब की झोंपड़ी के चिराग का महत्त्व और दल बढ़ने लगा, त्यों-त्यों उसके विरोध भी बढ़ने लगे। उसके विरुद्ध उस देश के विदेशी शासक तो हुए ही, साथ ही अनेक स्वदेशी ज्ञानी भी हुए। किसी ने कहा, "वाह! यह अवतार है? जरा इसका मुँह तो देखो, न पढ़ा, न लिखा, न राजा, न सेनापति, न

व्यवस्थापक, न विचारक। भला यह महापुरुष कैसे हो सकता है? अरे सावधान! यह विदेशियों का गुप्तचर है। प्रजा को उभाड़कर उसे राजा की क्रोधाग्नि में भुनवाना चाहता है। होशियार! हे विद्रोह की ओर बढ़नेवालो! यह अवतार नहीं, भांड है, भांड।"

यही अमीरों ने कहा, यही विद्वानों ने कहा, यही महंतों ने कहा और यही सब उनके मालिकों-विदेशियों ने कहा।

मगर गरीबों ने, भोलों ने, श्रद्धालुओं ने तो उसे पहचाना था। वे बराबर उसकी बातें मानते रहे, उसके उपदेश सुनते रहे, उसका दल बढ़ाते रहे और विद्रोह का संदेश चारों ओर फैलाते रहे।

आखिर सत्ताधारी पागल व बिगड़े थे, उन्होंने उसके विरुद्ध यह या वह अपराध लगाकर उसी देश के और उसी रंग के जासूसों एवं गुलाम सैनिकों की सहायता से एक दिन उसे राजा के विरुद्ध विद्रोह-प्रचार करने के अपराध में बाँध लिया। उसकी गिरफ्तारी के पूर्व उसके सहस्त्राधिक भक्त बिगड़े सत्ताधारियों की सेना के विरुद्ध! फिर क्या था, पागलों को माँगी मुराद मिली। भूले सैनिक कुत्ते, भीड़ पर ललकार दिए गए और सैकड़ों गरीब, निरीह, सच्चे प्राणी तलवारों के घाट उतार दिए गए।

'आर्ये!' मूर्खों ने मन-ही-मन कहा, 'हमारे बच्चे सत्ताधारियों द्वारा पीस डाले गए। हमारे भाइयों की गरदनें काट डाली गईं। हमारी माताएँ और बहनें बेइज्जत की गईं, 'वह' स्वयं बाँध लिया गया और इतने पर भी न आग लगी, न धुआँ फैला। यह कैसा अवतार है, भाई! कौन कहता है, वह अवतार है! वह तो सचमुच भांड ही निकला—आँच पर चढ़ने वाला खरा सोना न निकलकर धोखा साबित हुआ। मारो इसे। नाश हो इस ढोंगी महापुरुष का! यह तो ठीक जासूस मालूम पड़ता है।"

न्याय का नाटक खेलने के बाद सत्ताधारियों ने ललकारा, "फाँसी का तख्ता सजाओ, हैमलॉक लाओ, मँगाओ, जल्लाद को बुलाओ। आज उस ढोंगी के जीवन का अंतिम पृष्ठ लिखा जाएगा, जो महामहिम सम्राट् के विरुद्ध बगावत कर रहा था! जो अपने को अवतार कहकर प्रजा को राजा, पवित्र देवता के विरुद्ध उभाड़ रहा था। आज देखा जाएगा कि यह कैसा अवतारी प्राणी है!"

वह वधिक द्वारा फाँसी के तख्ते पर खड़ा किया गया। उसके चारों ओर मूर्ख जनता की भीड़ भी सरकारी गोयंदों द्वारा जुटाई गई थी, इसलिए कि राजा के विरुद्ध बगावत करने का दंड देखकर लोग ठंडे पड़ जाएँ, फिर कभी किसी को अवतार

लेकर शासन के विरुद्ध विद्रोह करने की हिम्मत न करें।

उसे असहायों की तरह फाँसी के तख्ते पर निहार, मनुष्य को जादूगर के रूप में देखकर संतोष चाहनेवाली जनता क्रोध से पागल हो उठी; क्योंकि उसी के मंत्र के कारण तो उनके घरों में सत्ताधारियों द्वारा आग लगाई गई थी। उसी के पाप से तो मूर्खों के परिवारी मारे, काटे और जलाए गए थे। ओह! वह पक्का नीच था। कौन कह सकता है कि वह अवतार था?

क्रोध से पागल जनमंडली ने उस गरीब के लाल के मुँह पर थूका, "ले, तू इसी का पात्र है! पापी कहीं का, तू अवतार बनने चला था!" क्षोभ से उन्मत्त मूर्खों ने उसे पत्थर मारा, चाबुक से मारा, गालियाँ दीं और क्या-क्या नहीं कहा! पर वह अंत तक शांत और मुसकराता रहा। उसने कहा, "भाई, मैं अवतार नहीं, तुम्हारा भाई हूँ। तुम जिसे चाहो, अवतार बना दो और जिसे चाहो, नाश के नरक में धकेल दो। मगर भाई, मैं सच्चा हूँ; तुम्हारा सेवक हूँ। मैं आज भी कहता हूँ कि न डरो किसी मनुष्य से; क्योंकि वह केवल तुम्हारे तन पर शासन कर सकता है, आत्मा पर नहीं। मत मानो भय किसी देही का, क्योंकि उसका शासन स्वर्ग का संवाद नहीं, नरक का निमंत्रण है। मैं तुम्हें क्षमा करता हूँ, क्योंकि तुम अबोध हो। तुम नहीं समझ रहे हो कि तुम क्या कर रहे हो; परमात्मा तुम्हें सुबुद्धि दे, तुम्हारा मंगल करे!"

वह हँसते-हँसते सूली पर चढ़ गया। उफ! इतिहासों से पूछो, और पूछा धर्मग्रंथों से! वे तुम्हें बताएँगे कि सूली पर चढ़ जाने के बाद लोगों ने उस गरीब की झोंपड़ी के चिराग को अपना नेता माना, उपदेशक माना, त्राता माना, अवतार माना, ईश्वर माना।

विद्रोह हुआ—उसके प्रस्थान के चंद हफ्तों बाद ही उस परतंत्र देश में और हुआ उन्हीं मूर्खों द्वारा, जिन्होंने उस महान् के मुँह पर थूका था। सत्ताधारियों के रक्त से पृथ्वी लथपथ हो उठी और पृथ्वी के दर्पण झाँककर आकाश के कपोल भी रक्त हो उठे! धुआँ उठा, चिनगारियाँ चमकीं, आग लगी, ज्वालामुखी फूटे···मगर कब? जब उसे सूली पर टाँगकर 'अवतार' बना दिया गया!

वाह री दुनिया! हाय रे उसके समझदार बच्चे!

□

# मेरी माँ

जैसे निदान में माधव, सूत्र कहने में वाग्भट्ट, शरीर-विज्ञान में सुश्रुत और चिकित्सा-शास्त्र में चरक बेजोड़ हैं, वैसे ही मेरे मुहल्ले में वीरता में मेरी माँ है।

वयस तो उसका बूढ़ियों सा है, क्योंकि फी जमाने के लोग साठ तक पहुँचते-पहुँचते अपने को बूढ़ा समझने लगते हैं। महात्मा गांधी को लोग खुलेआम बूढ़ा कहते हैं, यद्यपि उनकी उम्र अभी मेरी माँ से छह वर्ष कम है। वह साठ और आठ वर्ष की है। मेरी माँ एक नहीं, अनेक बातों में महात्मा गांधी से बड़ी है, महिमामयी, है।

मैं पंजाबी खत्री हूँ, अत: मेरी माँ खत्रानी है, जो 'क्षत्राणी' का ही एक रूप है। उसका नाम श्यामा है; मगर मेरी राय से 'काली' होती तो बहुत सार्थक होता। क्योंकि उसका रंग बिना साफ किए फौलाद की तरह काला है। अपने हाथ से चाहे वह सवा तीन हाथ ही लंबी हो, क्योंकि वह प्रलंबबाहु है; पर मेरे हाथ से तो पूरे पाँच गुना बड़ी है।

आपने यदि किसी सुंदर शिल्पी की बनाई काँसे की महिला-मूर्ति कहीं या कभी देखी है तो आप अवश्य ही मेरी माँ के रूप का अंदाज लगा सकते हैं। मेरी राय में विधाता ने अजंता की कला के आधार पर मेरी माँ का शृंगार किया है। मैं तो जब से देखने योग्य हुआ हूँ, उस दिन से आज तक उसे एक ही तरह, उसी फौलादी मूर्ति सी देखता चला आ रहा हूँ। उसका लौहत्व कम न हो जाए, शायद इसीलिए प्रकृति ने आज तक उसके एक बाल पर भी रजतरंग नहीं चढ़ाया।

बाहर से वह महाकाली है, भीतर से महागौरी। मेरी माँ का हृदय उसकी हँसती हुई सुदृढ़ रत्नावली सा शुभ्र है और उसकी रत्नावली मोतिया-बेले की पंक्ति की तरह सुरभित और धवल है। वह हँसती है तो मुझे ऐसा लगता है, मानो शरत की शीतल अमावस्या खिल गई हो।

मेरी माँ विधवा है, मगर आप यह समझें कि उक्त बात मैं फुसफुसाकर कह रहा हूँ माँ के डर से कि कहीं वह सुन न ले, क्योंकि वह बड़भागिनी अपने को विधवा नहीं समझती। उसके आगे यदि युधिष्ठिर भी उसे विधवा कहें तो वह उनका मुँह नोंच ले।

पति के मर जाने पर पत्नी को विधवा या अबला कहना, वह स्त्रीत्व या मातृत्व का अपमान समझती है। वह विधवा नहीं, वीरेंद्र की माँ है, वीरेंद्र मेरा बड़ा भाई है। वह अबला नहीं, भीम की माँ, मेरी माँ है। भीम मेरा नाम है।

वही तो मेरी दुकान है, आपने उसे आते-जाते जरूर ही देखा होगा। चौक के पूर्वी कोने पर 'स्वदेशी और पवित्र' शीर्षक जो साइनबोर्ड है, वह मेरी ही दुकान का है। उस पर विशुद्धतम और जँची देशी चीनी का क्रय-विक्रय होता है।

इस दुकान का श्रीगणेश मेरी माँ के हाथों हुआ है। इस पर पहले मेरे बड़े भाई वीरेंद्र सिंह बैठा करते थे। उन दिनों मैं कॉलेज के द्वितीय वर्ष में पढ़ता था। मुझे याद है, एक दिन दल-बल के साथ शहर-कोतवाल ने मेरी दुकान पर धावा किया था, भैया वीरेंद्र को गिरफ्तार करने के लिए। अदालतों के कागजों का दावा है कि वे क्रांतिकारी, विप्लवी और जाने क्या-क्या थे।

मुझे याद है, मैंने अपने नौकर को माँ के पास भेजकर यह पुछवाया था कि दुकान पर पुलिस ने धावा किया है, भैया के नाम वारंट है, मैं क्या करूँ, माँ? और उस संदेश के उत्तर में माँ जिस रूप में वहाँ आई, उसे देखकर कोतवाल और पुलिस क्या, सारा शहर दंग रह गया था।

लोगों ने देखा कि बिना मूँछ का कोई पंजाबी पलटनियाँ ऑफिसर पूरी वरदी पहने, पेटी और किर्च लगाए, विशाल वक्ष पर अनेक वीरता-सूचक पदक सजाए दुकान की ओर लपका चला आ रहा है।

भीड़ रोब और भय से छँट गई। कोतवाल और पुलिसवालों ने न जाने किस धोखे में पाँव जोड़ और शस्त्र सँभालकर फौजी सलामी दी। हम दोनों भाई दंग रह गए, हक्के-बक्के से।

माँ मुसकराने लगी। पंजाबी लहजे में वह कोतवाल से बोली, "मैं वीरेंद्र सिंह की माँ हूँ।"

"ओह, आप!" कोतवाल अपने को सँभालने की चेष्टा करने लगा, "आ···प सूबेदार रणवीरसिंह की···हें···हें···हें···मैं दुःखजनक काम करने···हें···हें आपके वीरेंद्र के नाम वारंट है।"

"कैसा वारंट?"

"हें-हें-हें···इस पर डाकुओं के साथ षड्यंत्र और सरकारी आदमी की हत्या का इलजाम है। सरकार के विरुद्ध विद्रोह का···"

मुझे खूब अच्छी तरह याद है। कोतवाल की बातें सुनकर माँ खिलखिलाकर हँस पड़ी थी। उसने कोतवाल को बताया, "इसमें कोई आश्चर्य की बात नहीं, क्योंकि जब वीरेंद्र गर्भ में था, उन दिनों इसका बाप इसी सरकार की पलटन में एक दूसरी तरह के डाकुओं के षड्यंत्र में शामिल होकर किसी और तरह की हत्या का अभ्यास कर रहा था। वीरेंद्र के तो रक्त में, नस-नस में हत्या और षड्यंत्र होना चाहिए।"

मेरी माँ का वह इस्पाती बेटा और मेरा क्रांतिकारी भाई वीरेंद्र आजकल इसी देश की किसी जेल में लोहे की हथकड़ियों से हँसता-खेलता होगा।

उसके बाद दुकान पर मैं बैठने लगा। सन् 1920 से सन् 21-22 तक तो मुझे स्थानीय कांग्रेस-दल के सभी कार्यकर्ता जानते थे। वे जानते थे कि मैं वीर वीरेंद्र का भाई, शहीद रणवीरसिंह का पुत्र और अपनी अनोखी माँ की अंतिम किरण हूँ।

इसके बाद कांग्रेस-दल में विशृंखलता का राग बढ़ गया, त्याग और देश का अनुराग कम पड़ गया। कुछ वकील और जेल-रिटर्न देशभक्त स्वदेशोद्धार के नाम पर गद्देदार मोटर में फर्र-फर्र करते हुए कौंसिलघरों में जा विराजे, दूसरे सीधे अदालतों में पहुँचकर गरीबों का उद्धार करने लगे। मैंने समझा, चलो, स्वतंत्रता के युद्ध में यह अर्धविराम-चिह्न या 'सेमीकोलन' लगाया गया है। अब सबको ठहरने और स्वेच्छया विश्राम करने का वैसे ही जन्मसिद्ध अधिकार प्राप्त हो गया है, जैसे लैक्चर के भारत पर भारतवासियों का है।

कौंसिल-प्रेमियों ने राजकीय मान पर हाथ मारा और अदालती शेरों ने रुपयों पर पंजा-प्रहार किया। कुछ ज्ञानी दिलदार अपने वक्षस्थल पर मुक्का मारकर एकांत के दुपट्टे से मुँह छिपा बैठे और मुझसे अनेक अज्ञानी युवकों ने और कुछ नहीं तो शराब की बोतलों पर ही आक्रमण कर दिया। पीना बंद कराकर उनका नाश करने के लिए नहीं, बल्कि पी-पीकर उन्हें खत्म का संदेश सुनाने के लिए।

माँ कहती है कि उन दिनों कौंसिली, अदालती, एकांती और मैं—सभी शराब के नशे में थे; केवल शराबों के रंग और उन्हें ग्रहण करने के ढंग में भेद था। मगर, लैक्चर-पटु लीडर केवल मुझे पतित मानते हैं, यद्यपि मैंने गत मास से 'फेथ' नहीं तो पॉलिसी की नजर से ही शराबखोरी बंद कर दी है।

कैसे? कैसे?

इधर कई महीनों से मेरी माँ मुझसे असंतुष्ट थी। वह बार-बार यही कहती कि बेटे, अब छोड़ लापरवाही और आवारागश्ती। शराब तो अब तू कभी छू ही नहीं। हो चुकी न। इतने दिनों में सब देख और सुनकर भी चुप थी। चुप थी भैए, इसलिए कि मैं भी यौवन की नादानियाँ देख चुकी हूँ। इन्हें होना ही चाहिए, ये होती ही हैं। मगर अब हो चुकीं न।

मैं उस वक्त भी नशे में था; मगर माँ के सामने झूमना तो दूर, जुंबिश करने की भी ताव मुझमें नहीं है, न हो सकती है। मेरी माँ ही कुछ ऐसी तेजोमयी है। उसकी आँखों से आँखें मिलते ही, जैसे मेरे मानस की तमाम काई ममीरे से कीचड़ की तरह कट जाती है।

"छोड़ दूँगा, माँ!" श्रद्धासिक्त आदर से मैंने कहा, "तू घबराती क्यों है? मैं तेरा ही बेटा हूँ, माँ! तू यदि मुसकराती हुई वीरेंद्र जैसे मेरे बाँकुरे वीर भाई को छोड़ सकती है तो मैं शराब ही नहीं, तेरी आज्ञा से तेरी प्रसन्नता और आशीष के लिए प्राण तक छोड़ दूँगा।"

"झूठा है।" माँ जैसे मेरी दुर्बलता के भीतर झाँक रही थी। सजल, सावेश उसने कहा, "मैं कान पकड़कर उमेठ दूँगी। यह न सोचूँगी कि तू अट्ठाईस वर्ष का बावला बैल हो गया। 'अब छोड़ दूँगा' के लिए समय नहीं। अरे, पंजाब के पुतले! लाहौर ने लड़ाई का बिगुल बजा दिया है। बिगुल रे, जिसके स्वर से उन्मत्त होकर तेरे पुरखों ने शत्रुओं के मृंडों को इस तरह तलवार पर उछालने का अभ्यास किया था, जैसे बाजीगर एक हाथ से, एक साथ ही, दर्जनों नीबू उछालता है।"

मेरी मूर्खता फिर भी दाँत ही निपोरती रही और धूर्त बहसबाजी का सहारा लेती रही।

मैंने कहा, "लाहौर के बिगुल पर बहुत से जिम्मेदार कौंसिल-भक्त अपनी कुरसियाँ न छोड़ सके, बहुत से दिलदार वकील अभी अदालतों के चरणों पर जबींसाई कर ही रहे हैं, नेताओं ने बढ़-चढ़कर सूखा लैक्चर देने और समझ के ठेकेदार संपादकों ने व्यर्थ शब्दावलियाँ गढ़ने का रोजगार भी नहीं बंद किया, वैध ज्ञानी अपने वैध-ज्ञान का भ्रामक मोह न छोड़ सके, फिर मुझे ही शराब छोड़ने की कौन सी जल्दी पड़ी है? कहता तो हूँ, वक्त आते ही मैं इसे वैसे ही छोड़ दूँगा, जैसे तलवार म्यान छोड़ती है।"

"बस, बहस न कर।" जैसे सेनापति सैनिक को आदेश दे, वैसे ही माँ ने कहा,

"तू पीते-पीते दुर्बल हो गया है। तेरे उदाहरण के सभी 'जिम्मेदार' वैसे ही दुर्बल हैं, जैसे वह बाबाजी, जो कंबल को छोड़ देना चाहते थे, मगर उन्हें वह पाशवी कंबल स्वयं नहीं छोड़ता था।"

इस पर भी मुझसे शराब न छोड़ी गई। कुछ अपनी शक्ति के मिथ्या ज्ञान के कारण और बहुत कुछ वही 'बाबाजी के कंबल' के कारण। माँ मेरी इस कमजोरी पर जैसे मन-ही-मन सुलगने लगी। फिर भी मैं यह नहीं समझता था कि वह इतनी जल्द ज्वालमालिनी की तरह भभक उठेगी।

उस दिन मैं खूब पीकर ही नहीं, बल्कि हफ्ते भर और पीने की सामग्री लेकर भी लौटा था। इसे दरवाजा खोलते समय माँ ने देखा भी। मगर मैं उसके उस दर्शन की गंभीरता न समझ सका। मुझे खाने की इच्छा नहीं थी, होश भी नहीं। बोतलें सामने की अलमारी में कायदे से सजाकर, रोशनी जरा तेज कर मैं उन्हें देखने और मन-ही-मन यह सोचकर मगन होने लगा कि अब कई दिन खरीदने से बचा। बोतलें पाँच थीं। दुकान की आज की सारी आमदनी उनकी प्राप्ति में लग गई थी।

उस कमरे में पहले मेरे पिता सोते थे, आजकल मैं। पिता के जमाने में उस कमरे में कहीं तलवारें सजी हुई थीं, कहीं भाले, बंदूक या जिरह-बख्तर; मगर मैंने अब उसे मयखाने-सा सँवार दिया था। कहीं शीशे की अलमारी, बोतलें, कहीं बेल्जियम के बिल्लौरी गिलास और सुराहियाँ। पिता की चीजों में से केवल एक कमरे में बच गई थी—उनके घुड़सवारी का, चमड़े का, मजबूत फौजी चाबुक। उसे कभी-कभी हाथ में लगाकर मैं घूमने निकलता था। वह चाबुक उस दिन भी सामने खूँटी पर लटक रहा था।

एकाएक माँ मेरे कमरे मैं आई और बोली, "भीम!"

"हाँ माँ!" मैं काँप उठा। माँ के स्वर में आज असाधारण कर्कशता थी। मैं समझ गया, ये पाँच बोतलें उनके बरदाश्त से बहुत अधिक थीं।

"भीम!" माँ जैसे पहाड़ी निर्झर की तरह रोर कर उठी, "देख, तू यदि सरदार कर्णसिंह का पोता नहीं, तो बला से न हो, मगर मैं तो उसी नरसिंह की पुत्रवधू हूँ। मुझे तेरी दादी ने गृहस्थी की सारी संपत्ति देने के समय यह भी बताया था कि तेरे दादा को सन् सत्तावन के गदर में विदेशी शासकों ने पेड़ से लटकाकर मारा था। दादी ने कहा था, 'बहू, मेरे बेटे को विलासी न होने देना, नहीं तो उनकी आत्मा स्वर्ग में कष्ट पाएगी।' इसीलिए तू जानता है? ठीक उसी साल, जब मैं ब्याहकर आई, तेरे पिता अंग्रेजी पलटन में दाखिल हुए, पर राजसेवा के लिए कम, साम्राज्य-

ध्वंस के लिए अधिक। उनका उद्‌देश्य था—पाश्चात्य सैन्य संचालन के तमाम भेद जानना।"

मैं माँ का मुँह ताकने लगा। वह तप्त लौह सा लाल था। उसके ओष्ठाधर फड़क रहे थे।

"मैं जानता हूँ माँ!" मैंने कहा।

"चुप।" वह गरजी, "तू मूर्खता छोड़ और कुछ भी नहीं जानता। तू विलासी है। तू जानता होता कि तू सूबेदार रणवीरसिंह का खून है, जिनका खून जालिमों ने जलियाँवाला बाग में किया था तो आज तू शराबी नहीं, गांधी के दल का भिखारी सेवक होता। तू आज इस अपवित्र और दानवी शासन-प्रणाली के नाश के लिए गली-गली की खाक छाननेवाला पागल होता। तू मेरे मान का नाश करनेवाला वह कायर न होता, जो रणभेरी बज जाने पर भी विलास-भवन में बैठा अपने पूर्वजों की इज्जत पर कालिख पोत रहा है।"

मेरी नजर अचानक अलमारी की ओर चली गई। उसमें पाँच बोतलें एक साथ ही लैंप के तेज प्रकाश में छोटे-छोटे रंग-बिरंगे साइनबोर्ड की तरह झलक रही थीं। मेरे इस नजर घुमाने को माँ ने उपेक्षा समझा। उपेक्षा? यह भला अपनी संतान से मेरी माँ बरदाश्त कर सकती है! तड़ से एक जोरदार तमाचा मारकर मेरी आँखों को उसने अपनी ओर मोड़ लिया, "बेहोश शराबी! तू मेरा पुत्र होने योग्य नहीं है तो क्या, मैं अभी तेरे जैसे सैकड़ों लड़कों की माँ होने योग्य हूँ। फिर भी तू उन बोतलों की ओर ही देख रहा था? गोया मैं कोई हूँ ही नहीं! मेरा दूध पीनेवाला तेरा ही एक भाई जेल में उपवासों और पीड़ाओं से लड़ रहा है और तू नराधम! अभी तक बोतलों की उपासना में लगा है। आह! मेरी छाती में तूफान उठ रहा है। आज तक अहिंसा और दया से मैंने तेरा पालन किया था, पर आज मैं शासन, और जरूरत हुई तो हिंसा से तेरा सुधार करूँगी। तू दोनों नहीं रह सकता। या तो तू कायर बने और छोड़ दे अभी मेरा घर, मैं निपूती भली, या सँभल, छोड़ ये मूर्खताएँ, शक्ति सँभाल और युद्ध-स्थल में जा, अहिंसा से मर जा। मैं तेरी मृत्यु पर शहनाई बजवाऊँगी। माँ गंगा को चुनरी चढ़ाऊँगी। ये न हो सके तो तलवार लेकर ही अपने पुरखों का मान बचा ले। मैं ही नहीं, सभी कायरता से हिंसा को अच्छे समझते हैं। अपने रहते मैं तुझे कायर नहीं होने दूँगी। हाँ रे, मैं सूबेदारिन हूँ।"

लपककर माँ अलमारी के पास दौड़ गई और तड़-तड़-तड़ातड़। क्षण भर में पाँचों बोतलें, सारी सुराहियाँ और गिलास गच पर गिर-गिरकर चूर-चूर होने लगे।

अब मेरे होश लौटे। अब मैंने माँ के टीसते हुए, रोते हुए, गरजते हुए हृदय की पुकार सुनी। अब मुझे अपनी हिमालयी मूर्खता का ज्ञान हुआ। मेरी छाती भर आई, गला रुद्ध हो गया। मैं बालकों की तरह रोने लगा।

"तू रोता है? शराबों के लिए? मेरे नालायक रक्त! ठहर, मैं···ठहर!"

खूँटी से चाबुक उतारकर माँ मेरी ओर झपटी तो मैं कुछ ऐसे हदस गया, उस महाभीमा के विराट् रूप से ऐसे दहला कि सिर पर पाँव रखकर छत से आँगन और आँगन से सड़क पर आकर बेतहाशा एक ओर भाग चला।

कुछ ही दूर जाने पर सुनाई पड़ा, किसी ने कर्कश स्वर में आवाज दी, "ठहरो! कौन भागा जाता है?" मैंने मुड़कर देखा, वह मेरी माँ ही तो थी। महाराष्ट्रिनों सी कसी साड़ी पहने, बिखरे बाल, रक्त नेत्र, स्फुरित अधरोष्ठ और हाथ में चाबुक! उसे रोकने के लिए पहरे का सिपाही उसी ओर बढ़ रहा था।

मैंने मर्द की तरह, शेर की तरह डाँटकर सिपाही को उधर बढ़ने सें विरत किया, "खबरदार! उसकी ओर न बढ़ना, ऐ लाल पगड़ीवाले! वह मेरी माँ है।"

□

# माँ कैसे मरी ?

पाँच वर्षों से यही हाल है। जब-जब अप्रैल की तेरहवीं तारीख आती है, मैं व्यग्र हो जाता हूँ। एक पुरानी स्मृति हृदय पर अधिकार जमा लेती है। एक भीषण चित्र, जिसका नाम 'रेन ऑफ टेरर' ही हो सकता है, आँखों के सम्मुख उपस्थित हो जाता है। उस चित्र में एक ओर विकराल डायर अपनी बंदूकों और मशीनगनों को उत्साहित करता दिखाई देता है और दूसरी ओर अमृतसर के निवासी—हिंदू, मुसलमान, सिख—खून में रँगे, अत्याचार के चंगुल में पड़े और भय से काँपते दिखाई पड़ते हैं।

~ 1 ~

"मेरा बच्चा दुर्भाग्यचंद इस वर्ष पूरे पाँच वर्ष का है। अभागे को कल तक यह नहीं मालूम था कि उसकी माँ कौन है ? वह हमारी बूढ़ी मजदूरिन को ही 'माँ-माँ' कहकर उसी से मातृसुखों को प्राप्त करता है। वृद्धा के कोई संतान नहीं। वह हमारे यहाँ एक मुद्दत से काम करती है, इसीलिए उसका प्रेम दुर्भाग्यचंद पर किसी माता से कम नहीं। रात को अपने सर्वस्व को मैं अपने पास ही सुलाता हूँ। उस दिन (13 अप्रैल, 1924 को) जब में सोने जा रहा था तो दुर्भाग्य जाग रहा था। उसे देखते ही पाँच वर्ष पूर्व की घटनाएँ याद आ गईं। मेरी आँखों में आँसू आ गए। बच्चे ने मेरे गाल पर मस्तक रखकर पूछा, "बाबा, रोते हो ?"

उसे हृदय से लगाते हुए मैंने उत्तर दिया, "नहीं, बेटा।"

"नहीं, तुम रोते हो। क्यों रोते हो, बाबा ? किसने मारा है ?"

बालक की आँखें भी रोने की तैयारी करने लगीं। मैंने कहा, "किसी ने मारा नहीं है। तेरी माँ की याद आ गई।"

"मेरी माँ ? माँ तो बाहर की कोठरी में सोती है। बुलाऊँ ? माँ! माँ!"

बच्चे को चुप कराते-कराते मैंने कहा, "किसे पुकारता है ? तेरी माँ तो कब की मर गई।"

"मर गई? नहीं बाबा, माँ बाहर सोई है, मरी नहीं।"

"यह तेरी छोटी माँ है, तेरी बड़ी माँ को मरे आज पाँच वर्ष हो गए। उस समय तू नन्हा सा बालक था।"

"बाबा, बड़ी माँ कैसे मरी? मुझसे बिना मिले ही मर गई! बड़ी खराब माँ थी। कैसे मरी, बाबा?"

मैंने कहा, "सो मत जाना। मैं तेरी माँ के मरने की कहानी सुनाता हूँ।"

दुर्भाग्यचंद कहानी सुनने के लिए डटकर बैठ गया।

## 2

"यही अप्रैल की तेरहवीं तारीख थी। तू अपनी माँ के पेट में था।

उसका तू पहला ही बच्चा है। तेरे कारण उसे बड़ा कष्ट था। उसके उदर में भीषण वेदना हो रही थी। चार बजे शाम को वह दर्द ऐसा बढ़ा कि मैं घबरा गया। मैंने अपने नौकर को किसी दाई को बुलाने के लिए भेजा।

"चार बजे का गया हुआ नौकर सात बजे तक नहीं लौटा। तीन दिन पहले शहर में अनेक भीषण घटनाएँ घट चुकी थीं। भीड़ पर गोलियाँ दागी गई थीं। अनेक हिंदुस्तानी मारे गए थे। कुछ उत्तेजित बदमाशों द्वारा कुछ अंग्रेजों के प्राण भी लिये गए थे। शहर में भीषण पहरा था। चारों ओर आतंक और भीषण भय का साम्राज्य था। मैं घबरा गया कि नौकर लौटा क्यों नहीं?

"साढ़े सात बजे के करीब वह लौटा। पर कैसे? उसके तमाम कपड़े खून से तर थे। एक हाथ से रक्त का फव्वारा छूट रहा था। उसकी साँसें जोर-जोर से चल रही थीं। जान पड़ता था, वह बेहोश होकर गिर पड़ेगा। मैंने घबराकर पूछा, 'क्या हुआ, मुन्नू? तू कहाँ चला गया था?'

"'सरकार! सरकार!' जमीन पर चित्त लेटकर तड़पते हुए मुन्नू ने कहा, 'बड़ी गलती हुई। उसका मैंने फल भी पा लिया। गया था कुछ करने और करने लगा कुछ...'

"क्षण भर रुककर उसने कहा, 'कई घंटों से प्यासा हूँ। उफ! थोड़ा सा पानी दीजिए, नहीं तो मर जाऊँगा।'

"पानी पीने के बाद वह बोला, 'हुजूर, मैं दाई को बुलाने के लिए जा रहा था। रास्ते में मेरा एक साथी मिला। उसने कहा कि चलो, जलियाँवाला बाग में गांधीजी की सभा होगी, बड़े-बड़े लोग बोलेंगे। दस मिनट का जलसा देखकर तब

दाई को बुलाने जाना। हुजूर, बड़ी गलती हुई। मैं अपनी उत्सुकता न रोक सका। जलियाँवाला बाग चला गया।'

"मैंने पूछा, 'फिर? तेरी यह गत कैसे बनी?'

"'कहता हूँ। सभा में बड़ी भीड़ थी। बीसों हजार आदमी थे। बच्चे, जवान, बालक, बूढ़े—सभी थे। लैक्चरों की बाढ़ में मैं भूल गया कि कितनी देर हुई। शाम होने से पहले मुझे अपनी भूल की याद आई। पर कब? जब बाग के फाटक पर से गोलियों की बौछार हमारे ऊपर पड़ने लगी! उफ्! लगातार गोलियाँ! भयंकर गोलियाँ!'

"हाथ का दर्द अधिक होने के कारण वह थोड़ी देर छटपटाता और कराहता रहा। फिर बोला, 'एकाएक बाग के दरवाजे पर बहुत से फौजी खड़े होकर गोलियाँ बरसाने लगे। सभा में खलबली पड़ गई। भीड़ भाग खड़ी हुई। पर भागने से भी कोई न बचा। दाहिने और बाएँ, जो जिधर भी भागता, गोलियों का शिकार बनता। बच्चे 'बाप, बाप' चिल्ला रहे थे, बूढ़े मरे···रे, मरे···रे!' की आवाजें लगा रहे थे। पर उन फौजियों के कान मानो बहरे थे। गोलियाँ बराबर चलती रहीं। न जाने कितने निशस्त्र नागरिक मारे गए! रक्त की नदियाँ बह चलीं, जलियाँवाला खून से नहा उठा।'

"थोड़ा ठककर वह आगे बोला, 'सरकार, वहाँ मुर्दों का ढेर लगा है। कितने ही घायल तड़प रहे हैं। कोई किसी की सुध लेनेवाला नहीं है। बहुत से 'प्यास, प्यास' चिल्ला रहे हैं। हाय! बेचारे प्यास से ही मर जाएँगे। कितनी गरमी है! आप मेरी हालत की कहानी सुनना चाहते हैं? मुझे भी इस हाथ में एक गोली लगी। मैं भी दौड़ा, पर जब बचने का कोई ढंग दिखाई न पड़ा, तब मुर्दों की आड़ में छिपा रहा। मुर्दों की मदद से बचा। हाथ की चोट के दर्द से मैं बेहोश हो गया था। होश में आते ही उस श्मशान से भागा। इस समय वहाँ पर रक्त है, घायल हैं, मुरदे हैं और है 'प्यास, प्यास, प्यास' की पुकार। हुजूर, उन गरीबों का क्या होगा?'"

मैंने एक ठंडी साँस ली।

## ~ 3 ~

जलियाँवाला की कथा से बच्चा कुछ डर गया। वह काँपकर मेरे सीने से सट गया। मैं भी थोड़ी देर रुक गया। फिर उससे पूछा, "सोओगे? हाँ, अब सो जाओ। फिर सुनना।"

उसने कहा, "नहीं। अभी नींद नहीं लगती। बताओ, माँ कैसे मरी?"

अस्तु, मेरी कहानी आगे बढ़ी—"दूसरे दिन, चौदह अप्रैल को यद्यपि तेरी माँ बहुत कष्ट में थी, कराह रही थी, फिर भी पहले दिन की घटनाओं को सोचकर और याद कर मुन्नू की दुर्दशा को उसने मुझे किसी डॉक्टर या दाई की तलाश के लिए घर के बाहर नहीं जाने दिया। मेरी घबराहट कम करने के लिए वह अपने दर्द को छिपाती, धीरे से कराहती और मुझसे दूर रहने की चेष्टा करती रही। मुहल्ले के लोग दिन में पचासों तरह की खबरें सुनाते। कोई कहता, 'अब अमृतसर तोप से उड़ा दिया जाएगा। पलटन आ रही है।' कोई कहता, 'नादिरशाह के जमाने की पुनरावृत्ति होगी। सब मार डाले जाएँगे।' इन खबरों से तेरी माँ और भी घबराती थी।

"पंद्रह अप्रैल को उसकी हालत बहुत खराब हो गई। वह मारे दर्द के रह-रहकर बेहोश होने और चिल्लाने लगी। अंत में मुझसे न रहा गया। उसे बेहोशी की हालत में छोड़कर मैं दाई या डॉक्टर की तलाश में घर के बाहर निकला। ओह! बाहर निकलने पर याद आई। बेटा, जिस गली में यह मकान है, उसी में एक क्रिश्चियन अध्यापिका मिस शेरउड को कुछ बदमाशों ने बहुत पीटा था। उस स्त्री-अपमान का बदला चुकाने के लिए जनरल डायर ने फौजी आज्ञा निकाली थी कि जो कोई भी इस गली में घुसे, साँप की तरह पेट के बल रेंगकर जाए। गली के बीचोबीच एक चबूतरा बनवाया गया था, जिस पर 'टिकटी' पर लोगों को कोड़े भी मारे जाते थे।

"सड़क पर आने पर देखा चारों ओर श्मशान सा सन्नाटा था। पहरे पड़ रहे थे। नगरनिवासियों के चेहरे मुश्किल से दिखाई पड़ते थे। दो-चार कदम आगे बढ़ने पर मेरे एक वृद्ध वकील मित्र दिखाई पड़े। उनका चेहरा सूखा हुआ था। मैंने पूछा, 'क्या हाल है, वकील साहब?'

"'हाल क्या, जिंदगी के मजे ले रहा हूँ। स्पेशल कांस्टेबल बना हूँ। कुलियों की तरह दिन-रात अफसरों की कुरसियाँ इधर से उधर और उधर से इधर करनी पड़ती हैं। पग-पग पर गालियाँ और हंटरों की धमकियाँ मिलती हैं।'

"मैंने आश्चर्य से पूछा, 'क्यों?'

"'क्यों क्या? सरकारी राज है भाई, मैं वकील हूँ तो क्या हुआ, गुलामी का पट्टा तो बँधा है। देखो, बातें करने की फुरसत नहीं है, जरूरत भी नहीं है। कोई देख लेगा तो कुत्तों की मौत नसीब होगी। तुम घर छोड़कर कहाँ जा रहे हो?'

"घर की हालत बताकर मैंने कहा, 'डॉक्टर की तलाश में जा रहा हूँ।'

"इस पर वकील साहब ने बतलाया, 'देखो, कोई दिखाई पड़े तो सलाम जरूर करना, हुक्म है। नहीं तो बुरे फँसोगे।'"

## 4

"मैं आगे बढ़ा। थोड़ी दूर जाने पर देखा, सवार आ रहे थे। उनमें जनरल डायर भी था। जब वह मेरे पास आया तो मैंने साधारण ढंग से हाथ उठाकर उसे सलाम किया। इस पर जनरल ने अपने बगल के एक अंग्रेज से कहा, 'इसे सलाम करना नहीं आता। सीखने के लिए भेजो।'

"हुक्म की देर थी कि पकड़ लिया गया। दो सिपाहियों के साथ पास के थाने पर लाया गया। थाने पर शाम तक हवालात में रहने के बाद सात बजे शाम को दूसरे सिपाही के साथ कोतवाली भेजा गया। मैंने हजार मिन्नतें कीं, अपना दु:खड़ा सुनाया, स्त्री की कथा कही, पर किसी को दया न आई। कोई भी न पसीजा। कोतवाली में और भी 'सलाम करना सीखनेवाले' थे। उन सबके साथ मैं रात भर खुले मैदान में बैठा रहा। एक गोरखा हमारे ऊपर निरीक्षक था। घर की अवस्था और तेरी माँ की मुसीबतों को याद कर मैं रात भर नंगी जमीन पर तड़पता रहा।

"दूसरे दिन साढ़े आठ बजे हम सब रामबाग पहुँचाए गए। वहाँ अंग्रेज सार्जेंट ने दो-तीन घंटे धूप में खड़ा कर हमें सलाम करना सिखलाया। इस शिक्षा में मुझे दो बार ठोकरें खानी पड़ीं। गालियों और डाँट-डपटों की तो चर्चा ही व्यर्थ है।

"रामबाग से फुरसत पाते ही मैं सीधे एक दाई के घर पर पहुँचा। भोजन तथा शौचादि कर्म किए पूरे चौबीस घंटे हो गए थे, फिर भी मुझे उनकी चिंता न थी। मैं तेरी माँ की बात सोच रहा था। दाई से मैंने हजार प्रार्थनाएँ कीं, एक बार की फीस पाँच सौ रुपए तक देने को तैयार हुआ, पर वह आने को तैयार न हुई। वह बार-बार यही कहती कि 'तुम्हारी गली में साँप की तरह रेंगकर कौन जाएगा? इस भीषण अपमान का सामना औरत होकर मैं कैसे करूँगी?'

"ढूँढ़ते-ढूँढ़ते दिन के दो बज गए, पर कोई भी डॉक्टर या दाई मेरे यहाँ आने को तैयार नहीं हुई। अंत में लाचार होकर अपने प्रारब्ध को कोसता हुआ मैं घर की ओर झपटा। रास्ते में एक गली के नुक्कड़ पर किसी की चिल्लाहट सुनकर क्षण भर के लिए रुककर उधर देखने लगा। ओह! वहाँ पर कुछ लड़कों के ऊपर बेंत पड़ रहे थे। मुझे अपनी बातें भूल गईं। मैं उन भोले, सुकुमार बालकों की दुर्दशा देखने लगा। अभागों को तीस-तीस बेंतों की आज्ञा मिली थी। वे दो-चार बेंत खाकर ही बेहोश हो जाते थे। पर इससे उनकी जान नहीं बचती थी। पानी डालकर होश में लाए जाते और फिर 'टिकटी' से बाँधकर बेंत के शिकार बनाए जाते थे। सब-के-सब लहू से तर हो गए थे। प्राय: सभी बेहोश थे, फिर भी उन्हें हथकड़ियाँ पहनाई गईं और वे घसीटकर किले की ओर ले जाए गए।"

## ~ 5 ~

"गली के नुक्कड़ पर गोरे रक्षक ने हुक्म दिया, 'पेट से जाना होगा। यू काला आदमी!'

"इतने आदमियों के सामने शरीर में बल रहते हुए भी पेट से चलना। मुझे अपने ऊपर बड़ा क्रोध आया, पर साथ ही तेरी माँ की याद आई। वह क्या सोचती होगी? कैसी होगी? न जाऊँगा तो उसकी क्या दशा होगी? लाचार मैं घुटने और हाथों के सहारे गली की ओर रेंगने लगा।

"'ऐसे नहीं। पेट से—साँप का माफिक, यू कोबरा।' कहकर गोरे ने अपनी बंदूक का कुंदा मेरी पीठ पर जोर से पटक दिया और तब तक पटकता रहा, जब तक मैं पेट के सहारे नहीं हो गया। मारे अपमान के मेरे नेत्रों में आँसू आ गए। उस दिन मुझे ज्ञात हुआ कि गुलामी क्या चीज है! साँप की तरह रेंगकर मुझे अपने दरवाजे पर पहुँचना पड़ा। पर हाय! घर में आकर क्या देखा? तेरी छोटी माँ (मजदूरिन) रो रही थी। तू उसकी गोद में अज्ञानता की हँसी हँस रहा था और तेरी बड़ी माँ···उफ! अब सोओ, बेटा, कहानी खत्म हो गई।"

मैं अपने को सँभाल न सका, रो पड़ा। साथ ही दुर्भाग्यचंद भी सिसकने लगा। मैंने उसकी पीठ पर हाथ फेरते हुए कहा, "इसी से तो तेरा नाम 'दुर्भाग्यचंद' रखा है, अभागे! मेरे लाल! मेरी जीवन-सहचरी के चिह्न! अब सो!"

□

# खुदाराम

हमारे कस्बे के इनायत अली कल तक नौमुसलिम थे। उनका परिवार केवल सात वर्षों से खुदा के आगे घुटने टेक रहा था। इसके पहले उनके सिर पर भी चोटी थी, माथे पर तिलक था और घर में ठाकुरजी थे। हमारे समाज ने उनके निरपराध परिवार को जबरदस्ती मंदिर से ढकेलकर मसजिद में भेज दिया था।

## ~1~

बात यों थी। इनायत अली के बाप उल्फत अली जब हिंदू थे, वे देवनंदन प्रसाद थे, तब उनसे अनजाने में एक अपराध बन पड़ा था। एक दिन एक दुखिया गरीब युवती ने उनके घर आश्रय माँगा। पता-ठिकाना पूछने पर उसने एक गाँव का नाम ले दिया। कहा—

"मैं बिल्कुल अनाथ हूँ। मेरे मालिक को गुजरे छह महीने से ऊपर हो गए। जब तक वे थे, मुझे कोई फिक्र न थी। जमींदार की नौकरी से चार पैसे पैदा करके वही हमारी दुनिया चलाते थे। उनके वक्त गरीब होने पर भी मैं किसी की चाकरी नहीं करती थी। अब उनके बाद उसी गाँव में पेट के लिए परदा छोड़ते मुझे शर्म मालूम होने लगी। इसीलिए उस गाँव को छोड़ इस शहर में नौकरी तलाश रही हूँ। मुझे और कुछ नहीं, चार रोटियाँ और चार गज कपड़े की जरूरत है। आपको भगवान् ने चार पैसे दिए हैं। मेरी हालत पर रहम कीजिए, मुझे अपने घर के एक कोने में रहने और बाकी जिंदगी ईश्वर का नाम लेने में बिताने दीजिए। आपका भला होगा।"

जात पूछने पर उसने अपने को अहीरिन बताया। देवनंदन प्रसादजी सरल हृदय के थे। स्त्री की हालत पर दया आ गई। उनकी पत्नी ने अहीरिन की मदद ही की। कहा, "रख लो न! चौका-बरतन किया करेगी, पानी भरेगी, दो रोटी खाएगी और पड़ी रहेगी।"

अहीरिन रख ली गई। दो महीनों तक वह घर का कामकाज सँभालती रही। इसके बाद एक दिन एकाएक वज्रपात हुआ। न जाने कहाँ से ढूँढ़ता-ढाँढ़ता एक आदमी देवनंदनजी के यहाँ आया और पूछने लगा, "बाबूजी, आपने कोई नई मजदूरिन रखी है?"

"क्यों भाई, तुम्हारे इस सवाल का क्या मतलब है?"

"बाबूजी, दो महीनों से मेरी औरत लापता है। मैं उसी की तलाश में चारों ओर की खाक छान रहा हूँ। जरा सी बात पर लड़कर भाग खड़ी हुई। औरत की जात, अपने हठ के आगे मर्द की इज्जत को कुछ समझती ही नहीं।"

इसी समय हाथ में घड़ा और रस्सी लिये वह अहीरिन घर से बाहर निकली। उसे देखते ही वह पुरुष झपटकर उसके पास पहुँचा।

"अरे, फिरोजी! यह क्या, किसके लिए पानी भरने जा रही है?"

"इधर आओ जी!" जरा कड़े होकर देवनंदनजी ने कहा, "यह कैसा पागलपन है? तुम किसे फिरोजी कह रहे हो? वह हमारी मजदूरिन है। हमारे लिए पानी लेने जा रही है। उसका नाम फिरोजी नहीं रुकमिनिया है। किसी गैर-औरत का इस तरह अपमान करते तुम्हें शर्म नहीं आती?"

जोश में देवनंदनजी इतना कह तो गए, मगर रुकमिनिया के चेहरे पर नजर पड़ते ही उनके चेहरे पर हवाइयाँ उड़ने लगीं। उस पुरुष को देखते ही अहीरिन रुकमिनिया का मुँह काला पड़ गया। वह काठमारी सी जहाँ-की-तहाँ खड़ी रह गई।

रुकमिनिया को फिरोजी कहनेवाले ने देवनंदन की ओर देखकर कहा, "बाबूजी, आपने धोखा खाया। यह हिंदू नहीं, मुसलमान है। रुकमिनिया नहीं, मेरी भागी हुई बीवी फिरोजी है।"

देवनंदन के काटो तो खून नहीं।

## 2

शाम को घर के सरदारों के घूमने-फिरने, मिलने-जुलने के लिए निकल जाने के बाद मुहल्ले की बूढ़ी औरतें और जवान लड़कियाँ अपने-अपने दरवाजों पर बैठकर जोर-जोर से देवनंदन और फिरोजी की चर्चा करने लगीं।

"बाबा रे बाबा!" एक बूढ़ी ने राग अलापा, "औरत का ऐसा दीदा! मर्द को छोड़कर दूसरे देश और दूसरे के घर पर चली आई!"

"मुँहझौंसी थी तो तुर्किन, बन गई अहीरिन। मुसलमान औरतों में लाज नहीं

होती, माँ। वह तो इस तरह अपने मालिक को छोड़कर दूसरों के यहाँ चली आई; मुझे तो घर के भी बाहर जाने से डर मालूम होता है। निगोड़ी औरत क्या थी, पतुरिया थी!" एक विवाहित लड़की ने कहा।

सामने के दरवाजे पर से दूसरी अधेड़ औरत ने कहा, "अब देखो रघुनंदन के बाप का क्या होता है। दो महीनों तक तुर्किन के हाथ का पानी पीकर और उससे चौका-बरतन कराकर उन्होंने अपना धरम खो दिया है। हमारे··तो कह रहे थे कि अब उनके घर से कोई नाता न रखा जाएगा।"

"नाता कैसे रखा जा सकता है?" पहली बूढ़ी ने कहा, "धरम तो कच्चा सूत होता है। जरा सा इधर-उधर होते ही टूट जाता है। फिर हमारा हिंदू का धरम। राम, राम! जिसको छूना मना है, सुबह जिसका मुँह देखना पाप है, उसके हाथ से देवनंदन ने जल ग्रहण किया। डूब गया, देवनंदन का खानदान डूब गया। अब उनसे पान-पानी का नाता रख कौन अपना लोक-परलोक बिगाड़ेगा?"

विवाहिता लड़की बोली, "यह बात शहर भर में फैल गई होगी। दो-चार आदमी जानते होते तो छिपाते भी। सुबह उस तुर्किन का आदमी चोटी पकड़कर धों-धों पीटता हुआ उसे ले जा रहा था। सबने देखा, सब जान गए।"

बस दूसरे दिन मुहल्ले के मुखिया ने देवनंदन को बुलाकर कहा, "देखो भाई, अब तुम अपने लिए किसी दूसरे कुएँ से पानी मँगाया करो।"

"क्यों?"

"तुम अब हिंदू नहीं, मुसलमान हो। दो महीने तक मुसलमानिन से पानी भराने और चौका-बरतन कराने के बाद तुम्हारा हिंदू रहना असंभव है।"

"मैंने कुछ जानबूझकर तो मुसलमानिन के हाथ का पानी पिया नहीं। उसने मुझे धोखा दिया। इसमें मेरा क्या अपराध हो सकता है?"

"भैया मेरे, हम हिंदू हैं। कोई जानबूझकर गौहत्या करने के लिए गाय के गले में रस्सी नहीं बाँधता। फिर भी बँधी हुई गाय के मरने पर बाँधने वाले को अपराध लगता है।"

"यह ठीक है। उसके जाने के बाद ही मैंने तमाम मकान साफ कराया—लिपाया-पुतवाया है। मिट्टी के बरतन बदलवा दिए हैं। धातु के बरतनों को आग से शुद्ध कर लिया है। इस पर भी और जो कुछ प्रायश्चित्त कराना हो, करा लो। मैं कहीं भागा तो नहीं जा रहा हूँ।"

प्रायश्चित्त की चर्चा चलने पर व्यवस्था के लिए पुरोहित और पंडित की

पुकार हुई। बस ब्राह्मणों ने चारों वेद, छहों शास्त्र, छत्तीसों स्मृति और अठारहों पुराण का मत लेकर यह व्यवस्था दी कि 'अब देवनंदन पूरे म्लेच्छ हो गए। यह किसी तरह भी हिंदू नहीं हो सकते।'

उधर देवनंदन की दुर्दशा का हाल सुनकर मुसलमानों ने बड़ी प्रसन्नता से अपनी छाती खोल दी। कस्बे के सभी प्रतिष्ठित और अप्रतिष्ठित मुसलमानों ने देवनंदन को अपनी ओर बड़े प्रेम, बड़े आदर से खींचा।

"चले आओ। हम जात-पाँत नहीं, केवल हक को मानते हैं। इसलाम में मुहब्बत भरी हुई है। खुदा गरीबपरवर है। हिंदुओं की ठोकर खाने से अच्छा है कि हमारी पलकों पर बैठो, मुसलमान हो जाओ।"

लाचार, समाज से अपमानित, परित्यक्त, पतित देवनंदन सपरिवार अल्ला मियाँ की शरण में चले गए। वे और करते ही क्या? मनुष्य स्वभाव से ही समाज चाहता है, सहानुभूति चाहता है, प्रेम चाहता है। हिंदू समाज ने इन सब दरवाजों को देवनंदन के लिए बंद कर दिया। इतना हो जाने पर उनके लिए मुसलमान होने के सिवा दूसरा कोई पथ ही नहीं था। देवनंदन उल्फत अली बन गए और उनका पुत्र रघुनंदन—इनायत अली।

देवनंदन की छाती पर समाज ने ऐसा क्रूर धक्का मारा कि धर्म-परिवर्तन के नौ महीने बाद ही वे इस दुनिया से कूच कर गए।

## 3

जिन दिनों की घटना ऊपर लिखी गई है, उन्हें भूत के गर्भ में गए सात वर्ष हो गए। तब से हमारे कस्बे की हालत अब बहुत कुछ बदल सी गई है। पहले हमारे यहाँ सामाजिक या राजनीतिक जीवन बिल्कुल नहीं था। सभी पेट के धंधे की धुन में व्यस्त थे। उन दिनों हमारी दस हजार की बस्ती में क्लब या सोसाइटी के नाते तहसील का अहाता मात्र था, जहाँ नित्य सायंकाल नगर के दस-पाँच चापलूस धनी तहसीलदार से 'हें-हें' करने के लिए या टेनिस खेलने के लिए एकत्र हुआ करते थे। आर्यसमाज का बदनाम नाम तो घर-घर था, मगर सच्चा आर्यसमाजी एक भी न था। एक सज्जन आगरा के 'आर्यमित्र' के ग्राहक थे। वही स्वामी दयानंद का नाम ले-लेकर कभी-कभी नवयुवकों के विनोद के साधन बना करते थे। वह बनते तो आर्यसमाजी थे, मगर बिल्कुल मौखिक। हमें ठीक से याद है, वे पुराने समाज की सभी प्रथा या कुप्रथाओं को मानते थे। एक बार उनकी पत्नी ने उनसे सत्यनारायण

की कथा सुनने का आग्रह किया और उन्होंने अस्वीकार कर दिया। बस इसी बात पर आर्यसमाजी पति के मुख पर सनातनी चंडी झाड़ू फेरने, कालिख लगाने और चूना करने को तैयार हो गई! तीन दिनों तक मुहल्लेवालों की नींद हराम हो गई। विवश होकर 'महाशयजी' को स्त्री के आगे झुकना पड़ा।

मगर अब कस्बे का वातावरण बिल्कुल परिवर्तित हो गया है। गत असहयोग आंदोलन के प्रसाद से हमारा कस्बा भी बहुत कुछ जीवित हो उठा है। अब हमारे यहाँ बाकायदा आर्यसमाज भवन है और हैं उसके मंत्री-सभापति। एक पुस्तकालय भी है और उसके भी मंत्री-सभापति हैं। हिंदी के अनेक पत्र और अंग्रेजी के दो-तीन दैनिक आते हैं। सैकड़ों बालक, युवक और वृद्ध अखबारजीवी बन गए हैं। ऐसे अखबारजीवियों की संख्या प्रतिदिन बढ़ती ही जा रही है।

उस दिन आर्यसमाज के मंत्री पंडित वासुदेव शर्मा समाज-भवन में बैठे कोई उर्दू अखबार पढ़ रहे थे। भवन के बाहर बरामदे में दो पंजाबी 'महाशय' पाजामा और कमीज पहने सायं-संध्या कर रहे थे। उसी समय एक दुबला-पतला लंबा सा पुरुष भवन में आया। उसकी आहट पाकर शर्माजी ने चश्माच्छादित आँखों से उसकी ओर देखा। पहचान गए—

"कहो मियाँ इनायत अली, आज इधर कैसे?"

"आप ही की सेवा में कुछ निवेदन करने आया हूँ।"

शर्माजी ने चश्मा उतार लिया। उसे कुरते के कोन से साफ करने के बाद पुनः नाक पर चढ़ाते-चढ़ाते बोले, "भाई इनायत, बड़ी शुद्ध हिंदी बोलते हो!"

"जी हाँ शर्माजी, मैं बहुत शुद्ध हिंदी बोल सकता हूँ। इसका कारण यही है कि मेरी नसों में बहुत शुद्ध हिंदू रक्त बह रहा है। समाज ने जबरदस्ती मेरे पिता को मुसलमान होने के लिए विवश किया, नहीं तो आज मैं भी उतना ही हिंदू होता, जितने आप या कोई भी दूसरा हिंदू का अभिमानी। खैर, मुझे आपसे कुछ कहना है।"

"कहिए, क्या आज्ञा है?"

"मैं पुनः हिंदू होना चाहता हूँ।"

"हिंदू होना?" आश्चर्य से मुख विस्फारित कर शर्माजी ने पूछा।

"जी हाँ, अब मुसलमान रहने में लोक-परलोक दोनों का नाश दिखाई पड़ता है। इसलिए नहीं कि उस धर्म में कोई विशेषता नहीं है, बल्कि इसलिए कि मेरा और मेरे परिवार का हृदय मुसलमान धर्म के योग्य नहीं। अनंत काल का हिंदू-हृदय, हिंदू-सभ्यता का पक्षपाती शांत हृदय मुसलमानी रीति-नीति और सभ्यता

का उपयोग करने में बिल्कुल अयोग्य साबित हुआ है। मेरी पत्नी नित्य प्रातःकाल खुदा-खुदा नहीं, राम-राम जपती है। मैं मुसलमान रहकर क्या करूँगा? मेरी माता गंगास्नान और बदरिकाश्रम-यात्रा के लिए तड़पा करती हैं। मेरा हृदय न तो उन्हें मक्का-मदीना का भक्त बनाने की धृष्टता कर सकता है और न वे बन ही सकती हैं। मैं मुसलमान रहकर क्या करूँगा? मैं स्वयं मसजिद में जाकर हृदय के मालिक को नहीं याद कर सकता। मेरा हिंदू-हृदय मसजिद के द्वार पर पहुँचते ही एक विचित्र स्पंदन करने लगता है। उस स्पंदन का अर्थ खुदा या मसजिद वाले के प्रति अनुराग नहीं हो सकता, घृणा भी नहीं हो सकती। वह स्पंदन अनुराग और घृणा के मध्य का निवासी है। इन्हीं सब कारणों से बहुत सोच-समझकर अब मैंने 'शुद्ध' होकर हिंदू होने का निश्चय किया है।"

पंजाबी महाशय भी संध्या समाप्त कर 'ओ३म्-ओ३म्' करते हुए भीतर आ गए। शर्माजी ने इनायत अली उर्फ रघुनंदन का परिचय देते हुए उनके प्रस्ताव पर उन दोनों महाशयों की सम्मति माँगी।

"धन्य हो, महाशयजी!" एक महाशय बोले, "ऋषि दयानंद की कृपा होगी तो हमारे वे सब बिछड़े भाई एक-न-एक दिन फिर अपने आर्यधर्म में चले आएँगे। इन्हें जरूर शुद्ध कीजिए।"

## 4

हिंदू-मुसलिम वैमनस्य का बाजार गरम होने के एक महीना पूर्व एक विचित्र पुरुष हमारे कस्बे में आए। उनकी अवस्था पचास वर्ष से अधिक जान पड़ती थी। वे वस्त्र के नाम पर केवल लँगोटी धारण किया करते थे। वही उनकी सारी गृहस्थी और संपत्ति थी। उनका मुख तो रोबीला नहीं था, पर उस पर विचित्र आकर्षण दिखाई देता था। दाढ़ी फुट भर लंबी थी। सिर के बाल भी बड़े-बड़े थे।

उनमें एक ऐसा चमत्कार था, जिससे कस्बे के छोटे-छोटे लड़के उनपर जान दिया करते थे। हाँ, उनका नाम बताना तो भूल ही गया। वे अपने को 'खुदाराम' कहा करते थे। खुदाराम गली में आए हैं, यह सुनते ही लड़कों की मंडली जान छोड़कर उनकी ओर झपट पड़ती, 'खुदाराम, पैसे दो! खुदाराम, पैसे दो!' की आवाज से गली गूँज उठती थी। पहले तो खुदाराम दो-चार बार लड़कों को मुँह बिगाड़-बिगाड़कर डराने की कोशिश करते, फिर दो-तीन बच्चों को पीठ पर चढ़ाकर, बगल में दबाकर या कंधे पर उठाकर भाग खड़े होते। 'भागा! भागा! हो-

हो-हो-हो! लेना जी!' आदि कहते हुए अन्य लड़के खुदाराम को रोक लेते। अंत में लाचार होकर वे खड़े हो जाते, बच्चों को पीठ या कंधे के नीचे उतार देते और पूछने लगते, "बंदरो! क्या चाहिए?"

"पैसे खुदाराम, पैसे!"

खुदाराम बड़े जोर से हँसते-हँसते खाली मुट्ठी को बंद कर इधर-उधर हाथ चलाने लगते। चारों ओर झन्न-झन्न की आवाज गूँज उठती। लड़के प्रसन्न होकर पैसे लूटने लगते और खुदाराम नौ-दो ग्यारह हो जाते!

खुदाराम को सबसे अधिक इन लड़कों ने मशहूर किया।

इसके बाद एक घटना और हुई, जिससे उनकी शोहरत चौगुनी बढ़ गई। किसी गरीब हरिजन के पाँच वर्ष के पुत्र को हैजा हो गया था। उसके पास वैद्य, हकीम या डॉक्टर बाबू के लिए पैसे नहीं थे। कई जगह जाने पर भी किसी ने उस अभागे की सुध न ली। बेचारा लड़का उपचार के अभाव में मरने लगा।

उसी समय उधर से खुदाराम लड़कों की मंडली के साथ गुजरे। हरिजन की पत्नी को दरवाजे पर बैठकर रोते देख वे उसके सामने जाकर खड़े हो गए। पूछने लगे, "क्यों रो रही है?"

उस महिला ने उत्तर तो कुछ न दिया; हाँ, स्वर को 'पंचम' से 'निपाद' कर दिया।

"क्यों रोती है रे? बोलती क्यों नहीं, तुझे भी पैसे चाहिए?"

"पैसे नहीं," महिला ने इस बार हिचकते-हिचकते उत्तर दिया, "दवा चाहिए। मेरा लाल हैजे से मर रहा है।"

"तेरे बच्चे को हैजा हो गया है? पगली कही की! इतना भोजन क्यों खिला दिया? मुझे तो कभी कुछ खिलाया नहीं। कुछ खिला तो तेरा बच्चा अभी चंगा हो जाए।"

"बाबा, मेरे घर में तुम्हारे खाने लायक है ही क्या? कहो तो चने खिलाऊँ!"

"ला, ला! जो कुछ भी हो, दौड़कर ले आ! तेरा बच्चा अभी अच्छा हो जाएगा।"

वह महिला अपने मकान में गई और एक छोटी सी पोटली में पाव-डेढ़ पाव भुने हुए चने ले आई। खुदाराम ने पोटली लेकर बालक-मंडली को चने दान करना आरंभ किया। देखते-देखते पोटली साफ हो गई। केवल चार-पाँच चने बचे रहे। उन्हें उस महिला के हाथ में देते हुए उन्होंने कहा, "इन चनों को पीसकर बच्चे को

पिला दे। यह उसका हिस्सा है। ले जा!"

दूसरे दिन उसी महिला ने कस्बे भर में यह बात मशहूर कर दी कि खुदाराम पागल नहीं, होशियार हैं। मामूली आदमी नहीं, फकीर हैं, देवता हैं।

फिर तो हिंदू-मुसलमान दोनों जाति के लोगों ने—विशेषत: स्त्रियों ने खुदाराम को न जाने क्या-क्या बना डाला। कितनों के बच्चे उनकी ऊटपटाँग औषधियों से अच्छे हो गए। कितनों को खुदाराम की कृपा से नौकरी मिल गई। कितने मुकदमे जीत गए। कस्बा-का-कस्बा उन्हें पूजने लगा।

मगर खुदाराम ज्यों-के-त्यों रहे। उनका दिन-रात का चारों ओर लड़कों का मंडली के साथ घूमना न रुका। अच्छे-से-अच्छे धनी भी उन्हें कपड़े न पहना सके। किसी के आग्रह करने पर वे कपड़े—धोती, कुरता, टोपी आदि पहन तो लेते, मगर उसके घर के आगे बढ़ते ही टोपी किसी लड़के के मस्तक पर होती, धोती किसी गरीब के झोंपड़े पर और कुरता किसी भिखमंगे के तन पर! किसी-किसी दिन तो दो-दो बजे रात को किसी गली में खुदाराम की कंठ-ध्वनि सुनाई पड़ती—

*तू है मेरा खुदा, मैं हूँ तेरा खुदा,*
*तू खुदा, मैं खुदा, फिर जुदाई कहाँ?*

## 5

सात आदमी आपस में बातें करते हुए समाज-भवन की ओर जा रहे थे। उनमें एक तो समाज मंत्री महाशय थे, दो हमारे परिचित पंजाबी और चार बाहर से आए हुए दूसरे आर्यसमाजी थे। बातें इस प्रकार हो रही थीं—

"मुसलमान लोग भरसक इनायत अली को हिंदू न होने देंगे।"

"क्यों न होने देंगे? अजी, अब वह जमाना लद गया। यहाँ के सभी हिंदू हमारे साथ हैं।"

"लड़ाई हो जाने का भय है।"

"अगर इस बात को लेकर कोई लड़े तो लड़े। बेवकूफी का भार लड़ाई छेड़नेवाले पर होगा।"

"अच्छा, हम लोग इनायत के परिवार को केवल शुद्ध करें—वेद भगवान् की सवारी निकालने से लाभ?"

कई एक साथ बोल उठे, "वाह! वेद भगवान् की सवारी क्यों न निकालें? हम अपने बिछुड़े भाई को पाएँगे। ऐसे मौके पर आनंद-मंगल मनाने से डरें क्यों?"

पहले महाशय ने कहा, "सवारी पर मुसलमानों ने आक्रमण करने का निश्चय कर लिया है। यह मैं सच्ची खबर सुना रहा हूँ।"

"देखो भाई, इस तरह दबने से काम न चलेगा। हम किसी की धार्मिक कृति में बाधा नहीं देते तो कोई हमारे पथ में रोड़े क्यों डालेगा? फिर अगर उन्होंने छेड़ा तो देखा जाएगा। भय के नाम पर धर्म कभी न छोड़ा जाएगा।"

इसी समय बगल की एक गली से लँगोटी लगाए खुदाराम निकले। वे वही गुनगुना रहे थे—

*"तू है मेरा खुदा, मैं हूँ तेरा खुदा,*
*तू खुदा, मैं खुदा, फिर जुदाई कहाँ!"*

मंत्री महाशय ने पुकारा—"खुदाराम!"

"चुप रहो!" खुदाराम ने कहा, "मैं कोई युक्ति सोच रहा हूँ।"

"कैसी युक्ति सोच रहे हो, खुदाराम, हमें भी तो बताओ?"

"सोच रहा हूँ कि क्या उपाय करूँ कि खुदा-खुदा में लड़ाई न हो। तुम लोग लड़ोगे?"

"नहीं, लड़ने का विचार नहीं है, पर सवारी जरूर निकलेगी।"

"भोजन नहीं करूँगा, पर मुँह में कौर जरूर डालूँगा। हा-हा-हा-हा! यही मतलब है न?"

"लाचारी है, खुदाराम!"

"तो धर्म के नाम पर खून की नदी बहेगी? हा-हा-हा-हा! तुम लोग इनसान क्यों हुए? तुम्हें तो भालू होना चाहिए था, शेर होना चाहिए था, भेड़िया होना चाहिए था। वैसी अवस्था में तुम्हारी रक्त-पिपासा मजे में शांत होती। धर्म के नाम पर लड़नेवाले, यानी इनसान क्यों होते हैं?"

अपरिचित आगंतुक आर्यों ने शर्माजी से पूछा, "क्या यह पागल है?"

"हाँ-हाँ," खुदाराम ने कहा, "कुरान नहीं पढ़ा है, इसलिए पागल है, सत्यार्थ प्रकाश नहीं देखा है, इसलिए पागल है, धर्म के नाम पर खूँरेजी नहीं पसंद करता, इसलिए पागल है, खद्दर का कुरता नहीं पहनता, इसलिए पागल है, लैक्चर नहीं दे सकता, इसलिए खुदाराम जरूर पागल है। हा-हा-हा-हा! खुदाराम पागल है। मुसलमान कहते हैं, 'तू पागल है; इस बीच में न पड़!' हिंदू भी यही कहते हैं। अच्छी बात है, लड़ो! अगर होशियारी का नाम लड़ना ही है, तो लड़ो!

*तू भी इनसान है, मैं भी इनसान हूँ,*
*गर सलामत हैं हम, तो खुदाई कहाँ!*
*तू है मेरा खुदा, मैं हूँ तेरा खुदा,*
*तू खुदा, मैं खुदा, फिर जुदाई कहाँ!"*

खुदाराम नाचता-कूदता, हो-हो-हो करता अपने रास्ते लगा।

## 6

कस्बे के हजारों हिंदू मर्द-समाज मंदिर की ओर भगवान् के जुलूस में शामिल होने के लिए चले गए। मुसलमान पुरुष भी पुराने पीर की मसजिद में जुलूस में बाधा डालने के लिए सशस्त्र एकत्र हो गए। हिंदू और मुसलमान दोनों के घरों पर या तो बूढ़े बचे थे या बच्चे और स्त्रियाँ। घर-घर का दरवाजा भीतर से बंद था।

एक मुसलमान के दरवाजे पर किसी ने आवाज दी—"माँ!"

"कौन है ?"

"जरा बाहर आओ, माँ! मैं हूँ, खुदाराम।"

दरवाजा खोलकर बूढ़ी बाहर निकली।

"क्या है, खुदाराम ? भोजन चाहिए ?"

"नहीं माँ! आज एक भीख माँगने आया हूँ, देगी न ?"

"क्या है, फकीर ? तुम्हें क्या कमी है ? माँगो, तुमने मेरी बेटी की जान बचाई है। हम हमेशा तुम्हारे गुलाम रहेंगे। माँगो, क्या लोगे ?"

"पहले कसम खा—देगी न ?"

"कसम पाक परवरदिगार की! खुदाराम, तुम्हारी चीज अगर मेरे घर में होगी तो जरूर दूँगी।"

"तो चलो, मेरे साथ! हम लोग हिंदू-मुसलमानों का झगड़ा रोकें। बच्चों को भी ले लो। मैं मुहल्ले भर की, कस्बे भर की औरतों और बच्चों की पल्टन लेकर दोनों जातियों के पुरुषों पर आक्रमण करूँगा, उन्हें खुदा या धर्म के नाम पर लड़ने से रोकूँगा।"

मुसलमान जननी अवाक् सी खड़ी रह गई! खुदाराम कहता क्या है ?

"चुप क्यों हो गई, माँ ? तूने मुझे भीख देने की कसम खाई है। मैं तेरे हित की बात कहता हूँ। इस रक्तपात में पुरुषों के नहीं, स्त्रियों के कलेजे का खून बहाया जाता है। स्त्रियाँ विधवा होती हैं, माताएँ अपने बच्चे खोती हैं, बहनें अपमानित होती

हैं। पुरुषों की यह ज्यादती तुम्हीं लोगों के रोकने से रुकेगी। चलो! उन पत्थरों के आगे रोओ और उन्हें लड़ने से रोको। उन्हें बताओ कि तुम्हारे शरीर तुम्हारी माताओं की धरोहर है। उनकी इच्छा के विरुद्ध उनका नाश करनेवाले तुम कौन हो? देर न करो, नहीं तो सब चौपट हो जाएगा।"

एक ओर उत्तेजित मुसलमान खुदा के नाम पर ईंट और डंडे चलाने पर उतारू थे, दूसरी ओर हिंदू। वेद भगवान् का जुलूस—शुद्ध (इनायत अली) रघुनंदन प्रसाद के परिवार के साथ और हजारों हिंदुओं के साथ मसजिद के पास डटा था। युद्ध छिड़ने ही वाला था कि गंगा की कलकल धारा की तरह हजारों स्त्रियों की कंठ-ध्वनि मुसलमान-दल के पीछे सुनाई पड़ी। पहले खुदाराम गाते और उनके बाद स्त्रियाँ उसी पद को दुहराती थीं—

*"तू है मेरा खुदा, मैं हूँ तेरा खुदा,*
*तू खुदा, मैं खुदा, फिर जुदाई कहाँ!"*

छोटे-छोटे बच्चों के कंठ की उस कोमलता के आगे, माताओं के कंठ की करुण धारा के आगे उत्तेजित युवकों के हृदय की राक्षसता मुग्ध होकर, पुलकित होकर और नतमस्तक होकर खड़ी हो गई। मुसलमान-दल ने स्त्रियों के इस जुलूस के लिए चुपचाप रास्ता दे दिया। हिंदू-दल वाले आँखें फाड़-फाड़कर खुदाराम और उसकी स्वर्गीय सेना की ओर देखने लगे। उस सेना में हरेक हिंदू और प्रत्येक मुसलमान के घर की माताएँ-बहनें, बेटे और बेटियाँ थीं।

"तुम लोग यहाँ क्यों आईं?" मुसलमानों ने भी पूछा।

"तुम लोग यहाँ क्यों आईं?" हिंदुओं ने भी प्रतिध्वनि की तरह मुसलमानों के प्रश्न को दुहराया।

एक मुसलमान बूढ़ी आगे बढ़ी, "हम आई हैं तुम्हें मरने से बचाने के लिए। तुम हमारे बेटे हो, वे बेटे, जिन्हें हमने रात-रात भर जागकर, भूखों रहकर, दुआएँ माँगकर अपनी आँखों को खुश रखने के लिए, दिल को शांत रखने के लिए इतना बड़ा किया है। तुम्हारे लिए हम खुदा की इबादत करती हैं—तुम्हीं हमारे खुदा हो।"

"यह क्या हो रहा है? धर्म के नाम पर खून बहाने की क्या जरूरत है? तुम्हें यह शरारत किस शैतान ने सिखाई है? बच्चो! तुम्हारी माँएँ तुम्हें खोकर अंधी हो जाएँगी, उनकी जिंदगी खराब हो जाएगी। बहिश्त पाने पर भी तुम्हें चैन न मिल सकेगा। लड़ो मत! खून से पाजी शैतान भले ही खुश हो जाए, पर खुदा कभी नहीं हो सकता। खुदा अगर खून पसंद करता तो हमारे वजू करने के लिए पानी न

बनाकर खून ही बनाता, गंगा, खूनी गंगा होती। समंदर, खून का समंदर होता। खून के फेर में न पड़ो, मेरे कलेजो! खुदा खून नहीं पसंद करता।"

"वेद के पागलो!" खुदाराम ने हिंदुओं को ललकारा, "चलो, ले जाओ अपना जुलूस! माताएँ तुम्हें रास्ता देती हैं।"

मुसलमानों के हाथ के शस्त्र नीचे झुक गए। बाजा बजानेवाले बाजा बजाना भूल गए। माताओं ने रास्ता बनाया और वेद भगवान् की सवारी हजारों मंत्रमुग्ध हिंदुओं के साथ निकल गई।

सावन के बादल की तरह मधुर ध्वनि से खुदाराम पुनः गरजे, माता वसुंधरा की तरह माताओं के हृदय से पुनः प्रतिध्वनि हुई—

*"तूने मंदिर बनाया, तू भगवान् है,*
*मैंने मसजिद उठाई, मैं रहमान हूँ।*
*तू भी भगवान् है, मैं भी भगवान् हूँ,*
*तू खुदा, मैं खुदा, फिर जुदाई कहाँ!"*

इस पवित्र जुलूस के नेता थे खुदाराम; उनके पीछे हिंदू-मुसलमान बच्चे; बच्चों के पीछे दोनों जाति की माताएँ और सबके पीछे मुसलमान पुरुष, जो जुलूस के सशस्त्र रक्षकों की तरह चल रहे थे। प्रकृति पुलकित कलेवरा थी, तारिकाएँ खिलखिला रही थीं, चंद्रमा हँस रहा था। वह दृश्य पृथ्वी का स्वर्ग था!

□

# देशद्रोह

17 नवंबर, 1845 की बात है। मारे सर्दी के निशा-सुंदरी काँप रही थी और काँप रहा था उसी के साथ संपूर्ण पंजाब प्रदेश। चारों ओर अंधकार-ही-अंधकार दिखाई पड़ रहा था। विस्तृत नीलगगन के विशाल वक्ष पर श्वेत नक्षत्र क्रीड़ा कर रहे थे। वह दृश्य, मानो असितांगों पर श्वेतांग के प्रभुत्व का एक चित्र था।

ऐसे समय में लाहौर राज के तत्कालीन मंत्री (महारानी जिंदाँ का कृपापात्र होने के कारण अकालियों का विरोध होने पर भी राजा लालसिंह को मंत्री के अधिकार प्राप्त हुए थे।) अपने लाहौरी मकान के एक बड़े कमरे में पलंग पर, दुशाले से मुँह छिपाए पड़े थे। न जाने लालसिंह क्या विचार कर रहे थे। न जाने किस समस्या ने उनके हृदय में आंदोलन उपस्थित कर रखा था। पर इसमें कोई संदेह नहीं कि वह किसी विकट चिंता में थे।

## ~ 1 ~

उन्होंने एकाएक मुँह खोलकर कुछ बुदबुदाना आरंभ किया, "इसमें हानि क्या है? महाराज दलीपसिंह हमारे कौन? रानी जिंदाँ..."

जिंदाँ का ध्यान आते ही लालसिंह क्षण भर के लिए रुके।

"जिंदाँ! रूप का भंडार, शक्ति की अधिष्ठात्री, धन की राशि, रानी जिंदाँ पर... परंतु असंभव। पर असंभव कैसे? जिंदाँ का तो मुझ पर पूर्ण विश्वास है और मेरे हाथों में है इस समय स्वर्गीय महाराज रणजीतसिंह का संपूर्ण राज्य। फिर असंभव कैसा?

"राज्य! इसके लिए तो संसार सबकुछ करता है। फिर? क्या मैं संसार के बाहर हूँ? राज्य के लिए जहाँगीर ने अपने बाप अकबर के विरुद्ध विद्रोह किया था। उसी राज्य के लिए शाहजहाँ ने भी..."

लालसिंह प्रसन्न हो उठे। उनके चेहरे पर हँसी की एक लकीर खिंच गई।

"ओ हो! शाहजहाँ का उदाहरण तो विचित्र मिला। उसने अपने बड़े भाई को भूखों मार डाला था और जहाँगीर के विरुद्ध शस्त्र धारण किया था! राज्य के लिए वह पराक्रमी मुगल, जिसके नाम से भारतवर्ष ही क्यों, संसार परिचित है, कूटनीति-पटु औरंगजेब ने क्या-क्या नहीं किया? ओ हो! दारा कैसी भयंकरता से मारा गया था! दारा ही क्यों, मुराद और शुजा को क्यों भूल रहा हूँ? शाहजहाँ का बंदी होना भी तो इसी राज्य ही की एक लीला थी।

"आज लाहौर-दरबार ने अंग्रेजों के विरुद्ध युद्ध-घोषणा कर दी है। उस युद्ध में लक्षण ऐसे जान पड़ते हैं कि सिख लोग जी-जान से अंग्रेजों के सर्वनाश की चेष्टा करेंगे। वे नहीं चाहते कि महाराज रणजीतसिंह की राई भर भूमि पर भी किसी विदेशी का अधिकार हो। वे अपने बालक महाराज के राज्य पर किसी विदेशी की लोभ-दृष्टि नहीं देखना चाहते।

"पर इस समय मुझे क्या करना चाहिए? लाहौर-दरबार में फूट का भयंकर राज है। यहाँ का एक-एक कर्मचारी एक-दूसरे से बढ़ने की चेष्टा में है। फिर मैं यह बहुमूल्य अवसर क्यों खोऊँ? इस समय तो मैं सेनापति भी हूँ। एक टुकड़ा कागज, जरा सी स्याही और दो शब्दों में ही ब्रिटिश सेनापति लॉर्ड गफ को अपने वश में कर लूँगा। फिर तो गवर्नर जनरल मेरे ही होंगे।

"ऐ! अंतस्तल के इस कोने में यह क्या गड़बड़ है? क्या देशद्रोह? हट! देशद्रोह कुछ भी नहीं। चारों ओर स्वार्थ, फिर देशद्रोह कैसा? देश किसी के साथ चलता है? सब भ्रम है, माया है, प्रवंचना है, ढोंग है! देशद्रोह कुछ भी नहीं।"

## 2

इसी समय कमरे में किसी के पैरों की आहट सुनाई पड़ी। चौंककर लालसिंह ने देखा—जया सामने खड़ी मुसकरा रही है। जया एक अनाथ बालिका है। इसे लालसिंह ने दया कर अपने आश्रय में रख लिया है। जया जानती भी नहीं कि वह कब से लालसिंह के आश्रय में है। वह तो उन्हें 'पिताजी' और उनकी पत्नी को 'माँ' कहकर पुकारती है। न जाने क्यों लालसिंह जया को बहुत प्रेम करते थे।

जया ने कहा, "पिताजी, अंग्रेजों से लड़ाई होगी?"

लालसिंह—"हाँ।"

जया—"कब से?"

लालसिंह—"बहुत ही शीघ्र।"

जया—"सुना है, इस युद्ध में सिख-सेना के सेनापति आप ही होंगे?"

इतने प्रश्नोत्तरों से लालसिंह खीझ गए। उनके विचार-स्रोत में बाधा पड़ी थी न। उन्होंने मुँह बिगाड़कर कहा, "हाँ, मैं ही सेनापति हूँ। बस या कुछ और पूछना है?"

जया—"यदि और भी कुछ पूछूँ तो इस समय तो आपको फुरसत है? दिन भर तो राज्य-प्रबंध में रहते ही हैं, रात को तो घरवालों की खबर लेनी चाहिए!"

लालसिंह—"आखिर क्या पूछना है, पूछो भी?"

जया—"आप लाहौर कब छोड़ेंगे?"

लालसिंह—"बहुत जल्द।"

जया—"पिताजी, लड़ाई कैसे होती है? फौजों का संचालन कैसे होता है? क्या बहुत से लोग मरते हैं? सुना है, युद्धों में खून की नदियाँ बहा करती हैं। इस बार मैं भी आपके साथ चलूँगी। लिवा चलिएगा, पिताजी?"

लालसिंह आश्चर्य में आकर जया के मुँह की ओर देखने लगे। उन्होंने कहा, "तू कैसे चलेगी? लड़कियाँ लड़ाई में नहीं जातीं।"

जया—"पर मैं तो चलूँगी ही। कहिए, लिवा चलिएगा?"

जया ने लालसिंह का हाथ अपने कोमल करों में ले लिया। लालसिंह क्या उत्तर दें? उन्होंने कहा, "अच्छा, मैं तो लिवा चलने को तैयार हूँ, पर अपनी माँ से पूछ।"

"अच्छा, माँ को यहीं बुलवाती हूँ। रेवती! नानीजी!"

नानीजी आई। वह और कोई नहीं, लालसिंह की एक वृद्धा दासी थी। उसे लड़कपन से ही जया 'नानी' कहकर पुकारा करती थी।

जया ने रेवती से कहा, "नानी, जरा माँ को तो बुला लाओ।"

जया से 'अच्छा' कहकर रेवती ने लालसिंह की ओर देखकर कहा, "सरकार, एक मेरी भी अर्ज है।"

"क्या कहती है?"

"मेरे दो लड़के हैं।"

"मुझे मालूम है।"

"उन्हें मैं आपके सुपुर्द करना चाहती हूँ।"

"वे क्या काम कर सकते हैं?"

"घर का काम नहीं मालिक, बाहर का काम। उन्हें आप अपनी सेना में भरती कर लीजिए।"

"तेरे दो ही लड़के हैं न?"

"जी हाँ।"

"तब दोनों को क्यों लड़ाई में भेजना चाहती है?"

"लड़ने के लिए। गुरु के नाम पर मर-मिटने के लिए। मालिक, गुरु की जिंदगी भी तो लड़ने में ही समाप्त हुई थी। वे भी तो स्वदेश-रक्षा के लिए विजातियों से लड़े थे। उनके भी तो लड़के मारे गए थे। मैं गुरु के नाम पर अपने दयालु महाराज रणजीतसिंह का ऋण अदा करने के लिए अपने दोनों लड़कों को आपके हाथों में सौंपती हूँ।"

आश्चर्यचकित होकर सेनापति लालसिंह ने कहा, "अच्छी बात है। तुम्हारा बड़ा लड़का हमारी सेना में ले लिया जाएगा। छोटे को अपने पास ही रहने दो।"

"छोटा मेरे पास रहकर क्या करेगा? इस समय पंजाब पर, गुरु के पवित्र पंचनद प्रवेश पर विपत्ति है। आप मेरा सर्वस्व ले जाइए। मालिक, इस समय मेरी अवस्था साठ वर्ष से अधिक है। मैंने संसार का खूब अनुभव किया है। बेटा, बेटी, धन, राज्य—सभी भले कामों में लगाना चाहिए। ऐसा ही गुरु का भी वचन है। स्वदेशोद्धार से भला दूसरा कौन सा काम होगा? आप मेरे दोनों पुत्रों को ले जाइए।"

बूढ़ी जया की माँ को पुकारने चली गई। लालसिंह अवाक् होकर बूढ़ी की बातों पर विचार करने लगे।

## 3

वह देखिए, महाराज रणजीतसिंह के 'हाथ-पैर' सतलज पार कर रहे हैं। ये वे ही बहादुर सिख योद्धा हैं, जिनके नाम से बर्बर अफगान भी डरते हैं। ये अंग्रेजों से लोहा लेने जा रहे हैं।

जरा सैनिकों का उत्साह देखिए। अपने ही हाथ से नावों पर असबाब लाद रहे हैं, अपने ही हाथों से तोपें खींच रहे हैं। क्लांति तो उनके पास भी नहीं फटकती। एक सैनिक जमादार ने एक तोप खींचनेवाले कुछ सिख जवानों का भाव जानने के लिए उनसे पूछा, "तुम लोग छोटे-से-छोटा काम अपने हाथ से कर सकते हो, इससे तुम असंतुष्ट तो नहीं हो?"

एक साथ ही सभी ने उत्तर दिया, "हम स्वदेश की रक्षा करने और अपने प्रिय महाराज का गौरव अक्षुण्ण रखने जा रहे हैं। यह हमारी स्वाधीनता की लड़ाई है, इससे हम छोटे-से-छोटा काम करना भी बुरा नहीं समझते।"

सतलज-पार सिखों का पड़ाव पड़ा है। वह सामने सेनापति लालसिंह का खेमा है। उसके भीतर तो देखिए।

खेमे के भीतर लालसिंह और चेतसिंह बैठे बातें कर रहे हैं। चेतसिंह ने कहा, "मुझे आने में कुछ देर तो अवश्य हो गई, पर करता क्या, कल ही से इस विचार में हूँ कि क्या किया जाए? हाँ, एक बात तो बतलाइए। आपके खेमे के रक्षकों में वह नया सैनिक कौन है? शायद उसे मैंने लाहौर में कहीं देखा था।"

लालसिंह—"आपका अंदाज ठीक है। वह हमारे घर की दासी रेवती का बड़ा पुत्र मोहनसिंह है। वह हाल ही में सैनिक रखा गया है।"

चेतसिंह—"जया भी साथ आई है न?"

लालसिंह—"हाँ, उसे आप एक विचित्र प्रकार की ही लड़की समझिए। बचपन से ही उसे युद्ध से प्रेम है। आपके आने से पहले वह मेरे पास ही बैठी प्रार्थना कर रही थी कि उसे भी लड़ने की आज्ञा मिल जाए। हा-हा-हा-हा! विचित्र लड़की है।"

चेतसिंह—"अब मतलब की बातें हों। मैं अंग्रेजों से मिलने के लिए बिल्कुल तैयार हूँ। आपकी क्या राय है?"

लालसिंह—"मैं आपसे बाहर थोड़े ही हूँ।"

चेतसिंह—"अच्छी बात है। अंग्रेज एजेंट मिस्टर निकलसन के पास पत्र लिखिए। अभी मेरे सामने ही लिखिए। अधिक देर की आवश्यकता नहीं।"

पास ही से लालसिंह ने कलम, दवात और कागज लेकर लिखना आरंभ किया—

"आप जानते होंगे कि मैं अंग्रेजों का मित्र हूँ। इस समय मैं विशाल सिख-सेना सहित सतलज-पार उतर आया हूँ। अब कहिए, मुझे क्या करना चाहिए?

—लालसिंह।"

पत्र लिखने के बाद लालसिंह ने चेतसिंह को सुना दिया और बोले, "कुछ और?"

चेतसिंह—"बस, इतना बहुत है। इसे भेजोगे किसके द्वारा? मैं अपने साथ एक विशेष आदमी लाया हूँ। वह बाहर खड़ा है। कहिए तो बुलाऊँ?"

"अभी ठहरिए, सेनापति चेतसिंहजी!" कहती हुई जया ने खेमे में प्रवेश किया। 'जया!' लालसिंह तो स्तब्ध रह गए—'क्या उसने छिपकर पत्र का विषय सुन लिया है?'

जया—"पिताजी, किसे बुलाना है?"

लालसिंह—"तुम भीतर जाओ।"

जया—"क्यों पिताजी, मेरे सम्मुख ही अपने देश के सर्वनाश की भूमिका क्यों नहीं बाँधते? मैं रोकूँगी नहीं और न मुझमें आपको रोकने की शक्ति ही है। पर आखिर आप लोग यह करते क्या हैं?"

चेतसिंह—"इस विषय पर तुम्हें बोलने का कुछ भी अधिकार नहीं, जया! भीतर जाओ।"

जया—"जया, भीतर जाओ! शर्म नहीं आती, महाराज! तुम जानते नहीं कि कितना बड़ा पातक कर रहे हो? छिह! छिह! स्वर्ग-तुल्य पंजाब में विदेशियों को तांडव के लिए निमंत्रित कर रहे हो? यही वीर-धर्म है? तुम्हारे पास हृदय है ही नहीं!"

लालसिंह ने देखा, अब सीधे से काम नहीं चलता। उन्होंने डाँटकर कहा, "जया, भीतर जाओ! बहुत हुआ। यदि तुम स्वयं न जाओगी तो मैं किसी सैनिक द्वारा तुम्हें जबरदस्ती खेमे में भिजवा दूँगा।"

जया गरजकर बोली, "बस, समाप्त हो गया। अब तुम देशद्रोही—मेरे पिता कहलाने योग्य नहीं रह गए। अब मैं एक क्षण भी तुम्हारे आश्रय में नहीं रह सकती। आह, भगवन्! पृथ्वी पर ऐसे नारकीय जीव भी हैं। ये राक्षस सेनापति के रूप में स्वदेश और महाराज की रक्षा करने चले हैं! नीचो! रोओगे!"

जया बाहर जाने को तैयार हो गई। लालसिंह ने देखा, सब भंडा फूटना चाहता है। उसने पुकारा, "मोहन!"

मोहन हाजिर हुआ। लालसिंह की आज्ञा हुई, "इसे गिरफ्तार कर लो!"

"अरे, मोहन! सेनापति की आज्ञा पर काम क्यों नहीं करता?" वह बोला, "क्षमा कीजिएगा, मैं बाहर से सबकुछ सुन रहा था। ओफ, आप लोग बड़े ही भयंकर व्यक्ति हैं। मैं आपकी नौकरी से इस्तीफा देता हूँ। ध्यान रहे, यदि आप मेरे मार्ग में कुछ भी बाधा उपस्थित करेंगे तो मैं आप लोगों को समाप्त करने के बाद गिरफ्तार हो सकूँगा।"

उसने जया से कहा, "चलो, कुमारी! हम भी किसी ओर चलकर इन राक्षसों से स्वदेश की रक्षा करने की चेष्टा करें।"

चेतसिंह और लालसिंह कुछ भी न बोल सके। जया और मोहन सिख शिविर के बाहर हो गए।

## ~ 4 ~

फिरोजपुर से बीस मील की दूरी पर मुदकी के मैदान में आज (18 दिसंबर, 1845) क्या हो रहा है? चारों ओर अग्नि-वृष्टि! चारों ओर मार-काट! एक ओर अंग्रेज सिखों का सर्वस्व नाश करना चाहते हैं, क्योंकि उन्हें धन-धान्यमय वीर-जनक पंजाब प्रदेश चाहिए। दूसरी ओर सिख वीर अंग्रेजों के नाम पर कटिबद्ध हैं, क्योंकि उन्हें दृढ़ निश्चय है कि अंग्रेज उनकी जन्मभूमि को अपनाना चाहते हैं, उनकी माता को बंदिनी बनाना चाहते हैं।

पर अभागे सिखो! तुम्हें परतंत्र होना ही पड़ेगा, क्योंकि तुम्हारी सेना का नायक लॉर्ड गफ का सा स्वदेशभक्त और ड्यूक ऑफ वेलिंग्टन का सा वीर नहीं। वह तो लालसिंह है, जिसने पड्यंत्र करके अपने बालक राजा ध्यानसिंह के प्राण तक लिये हैं! वह तो चेतसिंह है, जिसे वीर धर्माभिमानी नपुंसक छोड़कर और कुछ भी नहीं कह सकते। वह देखो न, अंग्रेज सेनापति अपनी सेना का संचालन कैसी योग्यता से कर रहा है? और लालसिंह? वह नीच कायरों की तरह चुपचाप खड़ा युद्ध का परिणाम देख रहा है और कामना कर रहा है कि तुम जल्द मरकर नष्ट हो जाओ। जानते हो, यह सब क्यों हो रहा है? वह पर-पक्ष से मिल गया है। उसे पूर्ण आशा है कि विजयोपरांत शत्रुओं की ओर से उसे कुछ जूठन मिलेगी। आह! अभागे सिखो!

□

जो हो, सेनापति के अकर्मण्य होने पर भी सिख-सेना ने अंग्रेजों को दिखा दिया कि हम बताशे नहीं। पंजाब की मर्यादा के लिए सिखों ने विपक्षियों पर ऐसा भीषण प्रहार किया कि उनकी सिट्टी गुल हो गई। अंग्रेज आपस में ही गोली चलाने लगे।

अंत में व्याकुल होकर अंग्रेजी सेना संगीन तानकर सिख सेना पर दौड़ी। इस बार सिखों के पैर उखड़ते से दिखाई पड़े। अंग्रेजों की छाती दूनी हो गई। सिख पीछे हटने लगे।

भगवान् भुवन भास्कर! भागते कहाँ हो? जरा ठहर जाओ। क्या तुम सिखों का पतन नहीं देखना चाहते? पर इसमें उन अभागों का क्या दोष है? लालसिंह की ओर देखो। चेतसिंह पर दृष्टि डालो। आह! तुम डूब रहे हो? अच्छा, डूबो।

## ~ 5 ~

चारों ओर मुरदे। चारों ओर आर्तनाद! चारों ओर रक्तस्रोत और बीच में कुछ आदमियों के साथ लालसिंह और चेतसिंह। ये लोग मशाल की रोशनी में मुरदों को उलट-पुलटकर न जाने क्या ढूँढ़ रहे हैं। क्या खो गया है, लालसिंह? विपक्षियों से मिला हुआ कोई कृपा-पात्र तो नहीं?

चेतसिंह—"आपने उसे कहाँ देखा था?"

लालसिंह—"यहीं। भाई साहब, वे दोनों ऐसी वीरता से युद्ध कर रहे थे कि उसके स्मरण-मात्र से मुझे रोमांच हो आता है। ओह! मैं नहीं जानता था कि जया में इतना बल है। ईश्वर जानता है, उसने अकेले शत्रु के बीसों सैनिकों को मारा था।"

लालसिंह की आँखों में आँसू आ गया। वे जया को बहुत प्यार करते थे।

"अब न मिलेगी।" कहकर लालसिंह एक रक्त के गड्ढे के पास खड़े हो गए। उन्होंने जोर से पुकारा, "जया!" काली रात चिल्ला उठी, "जया!" वह श्मशान चिल्ला उठा, "जया!" पास का अरण्य करुण कंठ से कराह उठा, "जया!" पर उत्तर किसी ने न दिया।

लालसिंह पुनः ढूँढ़ने लगे। एक स्थान पर मुरदों का भयंकर स्तूप था। वहाँ से लालसिंह ने सुना, कोई 'पानी-पानी' पुकार रहा है। वे तुरंत पुकारने वाले के पास पहुँचे। वह जया थी। उसके शरीर पर संगीन के सैकड़ों घाव थे, फिर भी अभी उसमें दम था।

लालसिंह ने झपटकर जया को गोद में उठा लिया। आह! जया रो पड़ी। उसने कहा, "मुझे छोड़ दो! मेरी पवित्र मृत्यु को अपने स्पर्श से भ्रष्ट न करो! हाय, प्रभो! मेरा पिता और देशद्रोही!"

चाँदी के पात्र में जल आया, पर जया ने लहू घूँटकर प्राण दे दिए थे।

□

# ऐसी होली खेलो, लाल!

ठाकुर बघेलसिंह को पहले-पहल जब मैंने देखा, उस समय मैं निरा बालक था। उम्र रही होगी लगभग पाँच वर्ष की। मगर हमारा वह प्रथम मिलन ही अंतिम मिलन भी था; क्योंकि मुझसे परिचय होने के दूसरे वर्ष ही यह वीर क्षत्रिय रेल में किसी गोरे से भिड़ पड़ने के कारण जेल भेज दिया गया और वहीं उसने अपनी जीवन-कहानी समाप्त की।

## ~ 1 ~

मगर ठाकुर साहब ने प्रथम दर्शन में ही मेरी छाती पर अपने अद्‌भुत व्यक्तित्व की जो छाप छोड़ दी थी, वह आज अठारह-बीस वर्ष बाद भी ज्यों-की-त्यों बनी हुई है। यही होली का अवसर था। मैं घुटनों के ऊपर तक धोती और आधी बाँह का कुरता पहने, एक हाथ में रंग का पात्र और दूसरे में छोटी सी पिचकारी लिये मुहल्ले के बाल-सखाओं से होली खेल रहा था। मेरे बड़े रेशमी बाल अबीर और उस चमकती हुई चीज की बुकनी, जिसे हम लोग 'बुक्का' कहते हैं, से भरे थे। मैं सिर से पैर तक लाल रंग से भीगा था।

उसी समय घर के नौकर ने आकर मुझे पुकारा, "लालजी, लालजी! दौड़कर चढ़ तो बैठो मेरे कंधे पर; हाँ, इस तरह ठीक है; चलो, तुम्हें बाबूजी बुला रहे हैं। तुम्हें देखने के लिए कोई भले आदमी आए हैं।"

सच्ची बात यह है कि उस वक्त मुझे उस भले आदमी से मिलने का जितना लोभ नहीं था, उससे कहीं अधिक लोभ उस नौकर के कंधे पर बैठकर 'टिक्, टिक्, टिक्!' करते हुए घर आने का था। वहाँ पहुँचकर मैंने देखा कि मेरे पिताजी किसी सफेद बालवाले, लंबे-चौड़े व्यक्ति के साथ बातें कर रहे थे। उनकी दाढ़ी दूध की तरह सफेद और काफी लंबी थी। उन्होंने उसे सिखों की तरह कान के ऊपर चढ़ाकर

बाँध रखा था। उनके पैर में जयपुरी जोड़ा, सिर पर रजपूती पगड़ी और शरीर पर घुटनों से नीचे लटकता हुआ अँगरखा एवं चूड़ीदार पाजामा था। कमर में गुलाबी रंग का दुपट्टा पेटी की तरह बँधा था, जिसमें एक लंबी सी तलवार लटक रही थी।

मुझे हाजिर देख मेरे पिताजी ने कहा, "ठाकुर साहब, यही है मेरा सबसे छोटा बच्चा। इसका नाम है—लालबहादुर सिंह।" उन्होंने मुझसे कहा, "सलाम करो ठाकुर साहब को।"

मैंने आज्ञा पालन की। प्रेम से गद्‌गद होकर ठाकुर साहब ने मुझे गोदी में लेकर कहा, "जीते रहो, बेटा! इधर आओ। अब हमारे साथ खेलो।" बाबूजी से उन्होंने कहा, "अब जाइए, अपना काम देखिए। मैं इस बच्चे से अपना जी बहला लूँगा।"

पिताजी के चले जाने पर ठाकुर साहब मुझे उसी कमरे में इधर-से-उधर घुमाकर अपना परिचय देने लगे।

"तुम मुझे पहचानते हो? नहीं, नहीं न?"

मैंने सिर हिलाकर स्वीकार कर लिया कि हाँ, मैं नहीं पहचानता।

उन्होंने कहा, "इस बार मैं सात-आठ वर्ष बाद आया हूँ तुम्हारे घर। तुम्हारे दूसरे भाई मुझे अच्छी तरह जानते हैं। जब तुम्हारे पिताजी मेवाड़ के पास की एक रियासत में नौकर थे, तभी से मेरी-उनकी मित्रता है। मैं देवपुर का रहनेवाला हूँ, जो मेवाड़ की सीमा पर पड़ता है। चलोगे मेरे घर, लाल? वहाँ दूध है, दही है, चीनी है, मिठाई है।"

मैंने बीच ही में टोककर पूछा, "और कलुआ कुत्ता और भूरी बिल्ली भी है?"

"हाँ, वह भी है।" उन्होंने मुसकराकर तुरंत उत्तर दिया।

"मुझे दोगे उन्हें?" उनकी दाढ़ी में अपना पंजा घुसेड़ते हुए मैंने पूछा।

"अरे हाँ, लाल! दूँगा क्यों नहीं? पहले चलो भी।"

मैंने कहा, "अच्छा तो फिर चलो।"

"अभी?"

"और नहीं तो कब?"

"कल चलेंगे, लाल! आज तो मैं तुम्हें होली गाकर सुनाऊँगा। एक बढ़िया कहानी कहूँगा। सुनोगे?"

"हाँ, गाना सुनूँगा!" मचलकर मैंने कहा, "गाओ।"

"और नाचूँ भी?"

"ओ-हो -हो! तुम क्या नाचना भी जानते हो? मुझे तो नहीं आता, नाचो!"

नाचने और होली गाने के पूर्व ठाकुर साहब ने बगल से अपनी तलवार खींचकर मुझे दिखाते हुए पूछा, "इसे पहचानते हो?"

"हाँ-हाँ, यह तो तलवार है। मैं लूँगा इसे। मुझे दे दो इसे।" मैं मचल पड़ा।

"ठहरो!" उन्होंने कहा, "जरा दूर हटकर खड़े हो। वहाँ, थोड़ा और आगे—बस, अब जरा मेरे इस रजपूती नाच और होली को सुनो, फिर तलवार लेना।"

इसके बाद वृद्ध ठाकुर बघेलसिंह विविध प्रकार से उस तलवार को घुमा-घुमाकर पैंतरे बदलने, नाचने और अपने आप को भूलकर गाने लगे—

*ऐसी होली—*
*ऐसी होली खेलो लाल! ऐसी होली—*
*जन्मभूमि का दुःख हरने को, माता का मंगल करने को।*
*भरने को पीड़ित हृदयों में, मुख के झर-झर-झर झरने को।।*
*लेकर मैं कराल करवाल,*
*ऐसी होली—*
*ऐसी होली खेलो, लाल!*

## ~ 2 ~

गान समाप्त कर ठाकुर साहब ने पूछा, "यह होली तुम्हें अच्छी मालूम पड़ी?"

मैंने कहा, "हाँ, अच्छी मालूम पड़ी। और गाओ, और नाचो! खूब चमकती है तुम्हारी तलवार।"

"इस तलवार की, इस गाने की और मेरी इस अनोखी होली की एक कहानी है बेटा, सुनोगे?"

"हाँ-हाँ!" वृद्ध ठाकुर साहब के गले से लिपटकर मैंने कहा, "कहानी सुनाओ। मुझे कहानियाँ अच्छी मालूम पड़ती हैं। मेरी दादी खूब सुनाती हैं।"

वृद्ध ठाकुर साहब ने कहानी आरंभ की—

"चार सौ वर्ष पहले की बात है। उन दिनों हमारे गाँव देवपुर का वह किला आज की तरह खँड़हर और सियारों के रहने की जगह नहीं था। उसमें गाँव के क्षत्रिय जागीरदार बड़े ठाट-बाट से रहा करते थे। किले के भीतर अनेक छोटे-बड़े मकान, महल और बाग-बगीचे थे।

हेमंत बीत चला था और प्रकृति के पत्ते-पत्ते पर बसंत के आगमन की सूचना छपी सी मालूम पड़ती थी। समय सायंकाल का था। जागीरदार के सुंदर महल के

सामने के उपवन में सुंदरता से सजे हुए फूलों से पेड़ों से घिरे हुए संगमरमर के चबूतरे पर बैठे दो युवक-युवती धीरे-धीरे बातें कर रहे थे—

''तुम्हारी माँ क्या कहती थीं?' युवक ने युवती से पूछा।

''कहती थी,'' युवती ने उत्तर दिया, ''इसी होली के बाद हम लोगों का ब्याह अवश्य हो जाएगा। और तुम्हारी माताजी क्या कहती थीं?''

''उन्होंने तो,'' युवक ने मुसकराते हुए उत्तर दिया, ''मेरे पिताजी से कहा था कि इन दोनों की शादी कैसे हो सकती है? महासिंह तो पद्मा को बचपन से ही बहन कहकर पुकारता है और पद्मा भी उसे भाई कहकर प्रसन्न होती है।''

''फिर?'' युवती ने किंचित् संकोच से नेत्र नीचे कर पूछा।

''मेरे पिताजी ने माँ को जवाब दिया,'' युवक ने कहा, ''ये दोनों एक-दूसरे को भाई-बहन कहते हैं तो क्या, हम गोत्र के भिन्न होने के कारण एक-दूसरे के बेटे-बेटी से ब्याह कर सकते हैं। कोई हर्ज नहीं है।''

''फिर?'' युवती ने इस बार युवक की आँखों से आँखें मिलाकर सवाल किया।

''फिर क्या! अब शीघ्र ही मैं तुम्हारा 'महा भैया' न रहकर कुछ और ही हो जाऊँगा और तुम···'' युवती के माथे से माथा सटाकर युवक ने कहा, ''और तुम मेरी 'पद्मा बहन' न रहकर कुछ और ही हो जाओगी। हमारा यह नाता अधिक सुंदर, दृढ़ और स्थायी होगा।''

''मगर हमारा ब्याह हो कैसे सकेगा?'' युवती ने पूछा, ''सुना है, शीघ्र ही फिर उन भयानक विदेशी और विजातियों की चढ़ाई मेवाड़ पर होने वाली है। ऐसे अवसर पर तुम युद्ध करोगे या ब्याह?''

''तुम्हारी क्या इच्छा है?''

'मैं यदि पुरुष होती तो,'' युवती ने गर्व से उत्तर दिया, ''ऐसे अवसर पर विदेशियों से युद्ध करती और जन्मभूमि मेवाड़ की उद्धार-चिंता में प्राण दे देती।''

''मगर पद्मा, बुरा न मानना,'' युवक ने कहा, ''मैं तो पहले तुम्हें चाहता हूँ, फिर किसी और को। यदि युद्ध हुआ भी तो मैं पहले तुमसे ब्याह करूँगा और फिर रण-प्रस्थान। हमारे माता-पिता की भी यही इच्छा है।''

''क्यों?'' भौंहों पर बल देकर युवती ने पूछा।

''इसलिए कि तुम सी युवती सुंदरियों का पता विदेशी सूँघते फिरते हैं। यदि कहीं उन्हें मालूम हो गया कि इस देवपुर रूपी गुदड़ी में पद्मा रूपी कोई मणि रहती है तो मुश्किल ही समझो!''

''छिह!'' बगल से कटार निकालकर दिखाती हुई पद्‌मा बोली, ''तुम भी कैसी बातें करते हो! जब तक माँ दुर्गा हमारे साथ हैं, तब तक विदेशी हमारी ओर क्या आँखें उठाएँगे! पिछले दो युद्धों में मेरी दो बड़ी विवाहिता बहनें जौहर कर चुकी हैं।''

''और मेरे तीन भाई वीरगति पा चुके हैं।''

''फिर क्या, जब तक हम राजपूत स्त्री-पुरुषों को स्वतंत्रता, स्वधर्म और स्वदेश के लिए प्राण देना आता है, तब तक एक विदेशी तो क्या, लाख विदेशी भी हमारा कुछ नहीं बिगाड़ सकते।''

## ~ 3 ~

''हम लोग घिरे हैं, बाबा!''

''पापी विदेशियों से, अंधी राक्षसी विदेशी सेना से, उनकी कुटिल राजनीति से उनकी पर धन की भूख और पर रक्त की प्यास की इच्छा से! ओह, बेटा! विदेशी विक्रेता, विदेशी शासक और विदेशी सैनिक कितने हृदयहीन और भयानक होते हैं।"

"सारी फसल चौपट हो गई।"

"विदेशियों के कारण!"

"देवपुर को श्मशान बना दिया।"

"इन विदेशियों का नाश हो!" बूढ़े ने इतनी जोर से कहा कि खाँसी आने लगी। क्षण भर खाँसकर वह तनकर खड़ा हो गया और बोला, "कल होली है। अनेक दिनों से घिरे रहने, सेना के हजारों वीर और स्वदेश-भक्त राजपूतों के काम आ जाने, खाद्य-सामग्री समाप्त हो जाने और दुर्ग में चारों ओर हा-हाकार का सिक्का जम जाने के कारण प्राय: सबके उजड़े कलेजे में निराशा का उल्लू बोल रहा है।"

"फिर? अब क्या होगा, बाबा?"

"होगा क्या! हमें दो में से एक को पसंद कर लेना होगा—मृत्यु या परतंत्रता। मुझे मालूम है, मैंने सुना है कि कुछ लोग संधि की चर्चा चलाना चाहते हैं। मगर नहीं होना चाहिए ऐसा; नहीं होगा ऐसा। यदि हमारे राजा ने संधि की तो मैं उससे अलग ही रहूँगा। बल्कि उस चर्चा के चलने के पूर्व ही विदेशियों की सेना में घुसकर तलवार चलाते-चलाते मर जाऊँगा।"

"बाबा, कल होली है। कुछ लोगों का विचार है कि अगर कल हम आत्म-

समर्पण कर दें तो साल का त्योहार तो शांति से बीते।"

उक्त बातें सुनकर वह वृद्ध अपनी बड़ी-बड़ी तेजस्विनी आँखें पसार-पसारकर युवक की ओर देखने लगा, "तू क्षत्री है? किसने कही तुझसे यह बात? ऐसी बात वीर राजपूत के मुख से निकल ही नहीं सकती। ऐसी घृणित और कायरता भरी चर्चा क्षत्रिय सुन ही नहीं सकता। अरे, तूने सुन ली ऐसी बात, तू राजपूत का बालक है? क्या हो गया है तेरे रक्त को, बच्चे? राजपूत का खून तो युद्ध और शत्रु के भय से कभी इतना ठंडा नहीं होता था। राजपूत तो एक बार पुलकित-कलेवर हो—'जय! एकलिंग की जय!' बोलकर रक्त की उष्ण गंगा में बूड़ पड़ता है, प्रलय-तांडव करने लगता है। इस पुण्य देश के रक्षक राजपूतों का गरम रक्त जब ऐसा ठंडा पड़ जाएगा, तब यह हरी-भरी, सुंदरी, प्यारी वसुंधरा परायों के अत्याचार और व्यभिचार-तांडव का क्षेत्र बन जाएगी। न, न, न! हम सपरिवार इस यज्ञ में स्वाहा हो जाएँगे, पर विदेशियों के हाथों अपनी स्वतंत्रता किसी भी दाम पर न बेचेंगे।"

बूढ़ा फूल-फूलकर साँसें लेने लगा। उसकी प्रबल कलाइयों की बूढ़ी नसें, मानो त्वचा चमड़े के बाहर झाँकने लगीं। "कहाँ हैं हमारी शांति के शत्रु? आएँ सामने। इस गई-गुजरी अवस्था में भी उनके सर्वनाश का मुँह भरने के लिए हममें काफी रक्त और शक्ति है।"

## 4

"इस वक्त तुम यहाँ कैसे आए, महा भैया?" महल के एक एकांत भाग में देवपुर के जागीरदार या छोटे-मोटे राजा की युवती कन्या पद्मा ने अपने भावी पति से पूछा, "उफ! कैसी काली रात है! उजला पक्ष (शुक्ल-पक्ष) होने पर भी न जाने कहाँ से इन भयानक काले बादलों ने देवपुर और उसके सामने के विशाल मैदान और पीछे की पहाड़ियों और इस दुर्ग को घेर रखा है। ऐं? बोलो-बोलो! कुछ कहते-कहते रुक क्यों गए, महा भैया?"

"तुमसे अंतिम बार मिलने आया हूँ, पद्मा बहन!" युवक ने सजल भाव से कहा।

"अंतिम बार!" धक्क सी होकर युवती राजकन्या ने दुहराया, "इसका क्या अर्थ है, भैया? किसी से सहायता माँगने के लिए, गुप्त रीति से तुम किले के बाहर भेजे जा रहे हो क्या?"

"नहीं, तुमने शायद अभी तक सब बातें सुनी नहीं। आज ही रात को शत्रु पर धावा करो, कल सवेरे तक हम देवपुर के भाग्य का अंतिम निर्णय कर लेना चाहते हैं।"

"अभी तो कोई कह रहा था कि संधि होने वाली है।"

"नहीं, हमारे शत्रु संधि नहीं, आत्म-समर्पण चाहते हैं। इधर देवपुर दुर्ग का एक-एक राजपूत इस वक्त ठाकुर कृपाणसिंह के आग लगाने से भभक उठा है।"

"कौन कृपाणसिंह? इस दरबार के वही बूढ़े और थके सेनापति?"

"हाँ, उन्होंने आज इस किले में चारों ओर घूम-घूमकर लोगों को मर जाने, लेकिन आत्म-समर्पण न करने के लिए ललकारा है। वह बूढ़ा वीर तलवार घुमा-घुमाकर, नाच-नाचकर और एक उत्तेजक गान गा-गाकर लोगों को शत्रुओं के विरुद्ध उभारता जा रहा है। उसका गाना सुनकर लोग मरने-मारने के लिए पागल हो उठे हैं।"

"कौन सा गाना गाते थे ठाकुर कृपाणसिंह, भैया? जरा मैं भी सुनूँ।"

"पूरा तो मुझे याद नहीं, पर जितना याद है, उतना ही तुम्हारे समझ लेने के लिए यथेष्ट होगा। सुनो—

*"ऐसी होली—*
*ऐसी होली खेलो लाल, ऐसी होली!*
*जन्मभूमि का दुःख हरने को, माता का मंगल करने को।*
*भरने को पीड़ित हृदयों में, सुख के झर-झर झरने को।।*
*ले कर में कराल करवाल।*
*ऐसी होली—*
*ऐसी होली खेलो लाल!*
*तुम स्वतंत्रता के ज्ञाता हो, मुक्त, मुक्ति के निर्माता हो।*
*माता हो आहत पुकारती, उबलो, उठो! देखते क्या हो।।*
*ले कर में कराल करवाल।*
*ऐसी होली—*
*ऐसी होली खेलो लाल!"*

गान गाते-गाते युवक महासिंह के नथुने फड़कने लगे, कपोल और कान सुर्ख हो उठे, साँस जोर से चलने लगी। युवती पद्मा भी उत्तेजित हो उठी।

"अस्तु", युवक ने कहा, "आज रात को पिछले पहर हम धावा करेंगे।"

"हमारी विजय होगी!"

"हो सकती है—होगी ही सही। मगर हममें से शायद ही कोई उस विजय का आनंद लेने के लिए बचे।"

"देवपुर की आनेवाली पीढ़ी हमारी पूजा करेगी। हम पर गर्व करेगी। हम न बचेंगे तो क्या?"

"स्त्रियों को हमारे रण-प्रस्थान के पूर्व ही 'जौहर' करना होगा और बच्चों को किसी प्रकार बचाकर सुरक्षित स्थान में भेजना होगा। इसलिए मैं तुम्हें यह संदेश सुनाने के लिए आया हूँ कि मुसकराती-मुसकराती आग में कूदने को शीघ्र ही प्रस्तुत हो जाओ।"

"मैं?" कुछ सोचती हुई पद्मा गंभीर भाव से बोली, "मैं जौहर नहीं करूँगी।"

"फिर क्या करोगी?"

"होली खेलूँगी!" मुसकराहट के साथ उत्तर मिला।

"विदेशी मुगल सेनापति से, विदेशी दानव से!"

"तुम्हारी बात मेरी समझ में नहीं आ रही है।"

"कल देख लोगे तो समझ में आ जाएगी।"

"तो", युवक ने धीरे से कहा, "बिना तुम्हें 'अपनी' बनाए ही कल मुझे इस लोक से··· ?"

"मत बोलो ऐसी बात!" महासिंह को रोककर पद्मा ने कहा, "हमारा ब्याह तो होगा ही। हमें एक-दूसरे से कौन अलग कर सकता है! हम एक हैं, एक ही रहेंगे।"

युवक कुतूहल से अपनी बालसखी पद्मा का मुँह देखने लगा। यह कहती क्या है? कल तो जीवनंयज्ञ की पूर्णाहुति है, फिर ब्याह होगा कब?

## 5

मुझे ठाकुर बघेलसिंह की उक्त कहानी जितनी अच्छी नहीं लगी, उससे कहीं अधिक अच्छे कभी-कभी उनके मुँह पर नाचने वाले अनेक भाव लगे। उन्हें क्षण भर विश्राम लेते देख मैंने पुन: उनकी धवल दाढ़ी में अपना पंजा घुसेड़ा और पूछा, "फिर क्या हुआ?"

"फिर क्या, बेटा! उसी रात को दुर्ग में कई बड़े-बड़े अग्निकुंड तैयार किए गए। आग भभका दी गई और राजपूत ललनाओं और माताओं ने युद्ध के लिए सजे

तैयार अपने प्रियजनों से अंतिम विदा ले-लेकर मुसकराते हुए उन कुंडों में कूदना आरंभ कर दिया।"

"आग में कूदने लगीं?" ठाकुर साहब की दाढ़ी के बाहर झटके से अपना पंजा निकालकर मैंने आश्चर्य से पूछा, "आग में वे जल न गई होंगी? आग में क्यों कूदीं? भला कोई आग में भी कूदता है?"

"हाँ बेटा, हमारे देश की माताएँ आवश्यकता पड़ने पर मुसकराती हुई भस्म हो जाने में अपना सौभाग्य समझती हैं। खैर, कहानी सुनो। जब प्रायः सभी औरतें अग्निकुंड में कूद पड़ीं और अंगारों के विमान पर बैठकर स्वर्ग की ओर चल पड़ीं, तब राजपूतों की बची-खुची विकट वाहिनी किले के बाहर हुई। उस सेना का प्रत्येक सैनिक केसरिया बाने से सजा था।

"दुर्ग के बाहर सेना दो टुकड़ों में बाँट दी गई। एक भाग की संरक्षता में बच्चे एक सुरक्षित स्थान की ओर भेजे गए और दूसरा भाग असावधान विपक्ष सेना पर 'हर-हर महादेव' पुकारकर टूट पड़ा। मच गया चारों ओर हाहाकार! पड़ गई दसों दिशाओं में मार-मार की पुकार। दोनों ओर की तलवारें नाचने लगीं, भाले चमकने लगे। रुंड-पर-रुंड और मुंड-पर-मुंड गिरने, नाचने, कूदने और पागल होकर 'हो-हो-हो-हो' करने लगे।

"जब जरा प्रभात का प्रकाश फैला तो शत्रु से घोर युद्ध करते हुए महासिंह ने देखा कि उनसे थोड़ी दूरी पर कोई तेजस्वी युवक राजपूत विचित्र स्फूर्ति और पराक्रम से शत्रुओं का संहार कर रहा था। महासिंह ने गद्गद होकर उसे बढ़ावा दिया, 'धन्य वीर! तुम मेवाड़ के गौरव हो!'

"उस युवक योद्धा ने मानो अपने सहयोगी सैनिक की बातें सुन लीं। वह महासिंह की ओर देखकर मुसकराया, 'मैं कोई अपरिचित योद्धा नहीं, तुम्हारी पद्मा हूँ। महा भैया, आज होली है न! मैं होली खेल रही हूँ। विदेशी सेनापति मेरी कृपाण-पिचकारी के प्रहार से यहीं-कहीं रक्ताक्त पड़ा होगा। बड़ा आनंद है, बड़ा सुख है इस अनोखी होली''' आह! यह क्या? आह!'

"महासिंह ने देखा कि एकाएक कई मुगल पद्मा पर प्रबल रूप से झपट पड़े।

"बढ़ो आगे, महा भैया!" एकाएक वह पुकार उठी, "मारो अपनी खमभरी तलवार मेरे माथे पर। डालो सिंदूर, नहीं तो तुम्हारी यह दुलहिन चली—आह! ठीक—बस, चली मैं। मेवाड़ की जय हो!'

"ठीक वक्त पर पद्मा के बीच माथे पर वार कर महासिंह ने उसे रक्त-सिंदूर

पहना दिया। मगर अब वे भी शत्रुओं से बिल्कुल घिर गए थे। देखते-देखते चारों ओर से उन पर तलवारें बरसने लगीं। क्षण भर बाद वे भी अपनी सखी की बगल में समाप्त होकर गिर पड़े।

"ब्याह हो गया। अनोखा वर अपनी प्रेयसी को लेकर अपने देश चला गया।"

□

"फिर क्या हुआ?" इस बार न जाने क्यों काँपकर मैंने उत्तेजित बघेलसिंह से पूछा।

"इसके बाद पूरे दो घंटे तक और बचे-खुचे वीर राजपूत, विदेशियों के खंडित सिरों से अपने प्राणों का मूल्य वसूल करते रहे। आखिर शत्रुओं के पाँव उखड़ ही गए। सेनापति से हीन सब सेना भाग खड़ी हुई।

"उस दिन दोपहर के वक्त देवपुर स्वतंत्र था, मगर सचमुच वहाँ का एक भी प्राणी उस स्वतंत्रता का सुख देखने को नहीं दिखाई पड़ता था। चारों ओर केवल गिद्ध, शृगाल और चील उस रक्त की गंगा में नहा-नहाकर होली का उत्सव मना रहे थे। देवपुर मरघटपुर सा दिखाई पड़ता था।

"मगर उस भयानक सन्नाटे में, उस वीभत्स सन्नाटे में बहुत देर तक किसी घायल वृद्ध सैनिक की क्षीण कंठ-ध्वनि सुनाई पड़ती थी—

*"ऐसी होली—*
*ऐसी होली खेलो, लाल!*
*ले कर में कराल करवाल।।"*

"वह वृद्ध", अंत में पुनः नाचते और गाते हुए बघेलसिंह ने कहा, "मेरे दादा के परदादा थे, भैया! और यह तलवार उन्हीं की जवानी की सखी है, मेरी इष्टदेवी है!"

□

# बलिदान*

"विलायती कपड़े छोड़िए, पवित्र खद्दर को अपनाइए! कांग्रेस की आज्ञा मानिए।"

एक षोडश वर्षीय बालक ने सेठ छैलबिहारी की दुकान के सामने खड़े होकर उपर्युक्त वाक्य कहे। उस समय सेठजी की दुकान पर ग्राहकों की बड़ी भीड़ लगी थी। खरीददारों में अधिकतर ग्रामीण कृषक ही थे। बालक की बात सुनकर सब उसकी ओर देखने लगे। जब उन्होंने लड़के को यह कहते सुना—

"विलायती वस्त्र धारण करना महापाप है!" तब सब-के-सब ग्राहक सेठजी की दुकान से उठकर उस बालक के पास आए और उससे प्रश्नोत्तर करने लगे।

एक ने पूछा, "क भैया, बिल्लायती कपड़ा पहिरै में कौन महापाप है?" दूसरे ने पूछा, "खद्दर त बड़ा महँगा मिलला, अउर एतना चलबो नाहीं करत। फिर हम बिल्लायती काहे न लईं?" तीसरे ने प्रश्न किया, "क बाबू काँगरेस के के कहलन?" इत्यादि।

लड़के ने सबको एक साथ उत्तर दिया, "भाइयो, आप लोग नहीं जानते कि इस विलायती कपड़े से हमारी कितनी बड़ी हानि होती है। पहले हमारे यहाँ घर-घर चरखे चला करते थे और हम लोग अपने जरूरी कपड़े खुद तैयार कर लेते थे। किसी का मुँह नहीं देखना पड़ता था, परंतु जब से हम विलायती कपड़े से प्रेम करने लगे हैं, तब से नितांत आलसी बन गए हैं। इसी कारण हमारे घरों में चरखे के दर्शन नहीं मिलते। अब यदि विलायत वाले कपड़े देना बंद कर दें तो हमें नंगा फिरना पड़े। इस प्रकार हम उनके दास बने हुए हैं। हमें अपने अधीन समझकर वे तिगुने और चौगुने मुनाफे पर कपड़े बेचते हैं और हम लाचार होकर उन्हें खरीदते हैं।

---

* उग्र की पहली प्रकाशित कहानी। प्रकाशन : अगस्त 1922, 'प्रभा पत्रिका' में।

"इस समय दुनिया की प्रत्येक जाति स्वतंत्रता चाहती है। स्वतंत्र होने के लिए लोगों का स्वावलंबी होना अत्यावश्यक है। अस्तु जब तक हम लोग इन विदेशी वस्त्रों का बहिष्कार करके, स्वयं सूत कातकर खद्दर तैयार करने न लग जाएँ, तब तक स्वराज्य पाने की इच्छा करना केवल खिलवाड़ समझा जाएगा। इसीलिए कांग्रेस ने, जो कि देश की हित-चिंतकों द्वारा स्थापित एक सबसे बड़ी संस्था है, यह आज्ञा प्रचारित की है कि विदेशी वस्त्रों का पूर्ण बहिष्कार किया जाए। अस्तु…।"

बालक का भाषण अभी समाप्त होने ही को था कि शहर कोतवाल बीस सिपाहियों के साथ घटनास्थल पर आ धमके। उन्होंने कड़ककर उस बालक से प्रश्न किया, "क्योंजी, क्या मामला है?" बालक उत्तर देने ही वाला था कि सेठ छैलबिहारी दोनों हाथ जोड़कर कोतवाल के सामने भीगी बिल्ली की तरह खड़े हो गए और बोले, "सरकार, इस लड़के से हम परीशान (परेशान) हो गए हैं। यह हर घड़ी मेरी दुकान पर भीड़ लगाए डटा रहता है। सौगंध है परमात्मा की गरीब-परवर! इधर अठवारों से एक गज की भी बिक्री नहीं होती।"

कोतवाल ने लाल-लाल आँखें दिखलाकर लड़के से पूछा, "क्यों बे! सेठजी क्या कहते हैं?"

बालक—"ठीक तो कहते हैं! शहर कांग्रेस कमेटी की आज्ञानुसार मैं अठवारों से इनकी दुकान पर धरना देता हूँ।"

यह सुनकर कोतवाल साहब ने अपने साथ के सिपाहियों से कहा, "दो धौल लगाकर इसे गिरफ्तार कर लो!"

दो के स्थान पर दस धौल लगाकर पाँच-सात सिपाहियों ने उस बालक के हाथ बाँध दिए। बीस पुलिसवालों के बीच में वह वीर बालक कोतवाली की ओर चला।

भीड़ से आवाज आई—

*"भारत माता की जै!*
*महात्मा गांधी की जै!"*

"तेरा नाम क्या है?"

"कैलास।"

"तेरे बाप का क्या नाम है?"

"मेरे पिताजी का नाम है—पं. आनंदीप्रसाद मिश्र।"

"पेशा?"

"उनका पेशा है जेल जाना।"

"वह इस वक्त कहाँ है?"

"जेल में।"

"अच्छा बोल, तुझे माफी माँगना मंजूर है या बेंत खाना? खूब समझकर जवाब देना।"

कैलास—"इसका जवाब मैंने महीनों पहले से सोच रखा है। आप जो चाहें करें। मैं माफी हरगिज नहीं माँगूँगा।"

कोतवाल—"कैलास, मुझे क्रोध न दिला। माफी माँग ले, लड़कपन न कर।"

कैलास—"जनाब, आप अपना समय नष्ट न करें, मैं क्षमा-प्रार्थना कदापि न करूँगा।"

कैलास के इस उत्तर को सुनकर कोतवाल क्रोध से लाल हो गया। उसने दो सिपाहियों को ललकारकर कहा, "इस हरामजादे की लात और घूँसों से खूब खातिर करो!"

कहने की देर थी; दो की जगह चार सिपाही कोमल बालक कैलास पर टूट पड़े। उन्होंने उसे जमीन पर पटक दिया। दो सिपाही उसकी छाती पर चढ़ गए और उसे घूँसों तथा थप्पड़ों से मारने लगे। शेष दो बीच-बीच में मौका पाकर उसपर लात चलाते थे।

प्राय: दस मिनट तक यही व्यापार होता रहा। सैकड़ों घूँसे और पचासों लात खाने पर भी कैलास ने 'उफ!' नहीं किया। हाँ, बीच-बीच में उसके मुख से 'भारत माता की जै' निकलती थी।

कोतवाल ने कहा, "कैलास! अभी कुछ नहीं बिगड़ा है; माफी माँग लो और (पाँच रुपए का नोट दिखलाकर) लो, इसकी मिठाई खाते चले जाओ!"

कैलास—"कोतवाल साहब, किसी गुलाम के लिए इन रुपयों को रख छोड़िए। आपकी दुआ से मुझे इनकी आवश्यकता नहीं है। मैंने एक बार पर्वत की तरह दृढ़ होकर कह दिया है—मैं माफी नहीं माँग सकता।"

इस पर कोतवाल बेहद बिगड़ गया। उसने सिपाहियों से कहा, "इसे ऐसे न मारो। पहले उठाकर इस खंभे से खूब कसकर बाँध दो और फिर (हंटर दिखलाकर) इससे इस बदमाश को तब तक पीटो, जब तक बेहोश न हो जाए या माफी न माँग ले।"

चारों सिपाही कैलास को छोड़कर एक ओर खड़े हो गए और उस साहसी

बालक के मुख की ओर देखने लगे। यह देखकर कोतवाल बिगड़कर बोला, "सुना नहीं, मैंने क्या कहा? रस्सी लाकर इस बदजात को बाँधो! अलीबख्श!"

अलीबख्श—"खुदाबंद!"

कोतवाल—"जाओ, पूरब वाली कोठरी में रस्सी है; जल्दी ले आओ!"

अलीबख्श, "हु···जू···र, अब इसे बख्श दें। इतने छोटे बच्चे को इतनी कड़ी सजा···!"

कोतवाल—"चुप रह बदमाश। तुझे काजी बनने को कौन कहता है? जाओ जी अवधबिहारी! रस्सी लाओ!"

अवधबिहारी—"सरकार, हमने इसे बहुत मारा है। अब इस पर हाथ छोड़ना गऊ पर हाथ छोड़ने के बराबर है!"

कोतवाल—"क्या? तुम्हारी शामत तो नहीं आई है? देखो, मुझे फिजूल गुस्सा न दिलाओ। कोई जाओ! जल्द रस्सी ले आओ!"

इस पर उन चारों सिपाहियों ने अपनी वरदी-पेटी उतारकर कोतवाल के सामने रख दी और बोले, "साहब, हमने इस बेकसूर लड़के पर हाथ चलाकर बहुत बड़ा पाप किया है। यह उसी का प्रायश्चित्त है। हम भी बाल-बच्चेवाले हैं, हमसे यह कसाईपन नहीं हो सकता। हमारा इस्तीफा मंजूर कीजिए।"

कोतवाल साहब अचकचाकर उन सिपाहियों की ओर देखने लगे। उस समय उनकी बुद्धि बिल्कुल बेकार हो गई थी।

यद्यपि कैलास अर्धमृतक बना जमीन पर पड़ा था, फिर भी उन सिपाहियों का साहस देखकर उसके हृदय की प्रसन्नता फूट पड़ी। बोलने की शक्ति न होते हुए भी उसने कहा, "भा··· र··· त··· मा··· ता··· की··· जै!"

□

"मारो! मारो!! खूब मारो!!! मेरी बोटी-बोटी अलग कर दो···मगर···मगर कोतवाल साहब, मैं माफी माँगने वाला नहीं। तु···म··· तुम नहीं जानते, मैं किस माता-पिता की संतान हूँ? मेरे पिताजी, हाँ-हाँ पिताजी, आजकल इसी शहर के कारागार में कड़ी सजा भोग रहे हैं। मेरी स्नेहमयी माता किसी दिन भरपेट भोजन नहीं करती, साफ-सुथरे बिछौने पर नहीं सोती। और···तुम कहते हो, मैं माफी माँग लूँ? चुप रहो! ऐसा फिर न कहना! तुम्हें क्या पड़ी है, जो इतनी हाय-हाय मचाए हो! बस मारो···मा···रो···मुझे मार डालो!"

बेहोश कैलास अपनी माता की गोद में पड़ा हुआ यों ही प्रलाप कर रहा था।

आज से चार दिन पहले उसने कोतवाली पर मार खाई थी। तब से वह लगातार बेहोश है। बीच-बीच में कभी-कभी वह प्रलाप करता था। उसकी माता पार्वती ने चार दिनों से अन्न-जल के दर्शन भी नहीं किए थे। वह दिन-रात अपने लाल को हृदय से लगाए रोया करती थी।

कैलास की प्लीहा के पास की हड्डी किसी सिपाही के घूँसे से टूट गई थी। डॉक्टरों ने जवाब दे दिया था कि अब इसके बचने की कोई आशा नहीं है। जब तक चल जाए, तभी तक बहुत है।

आज कैलास की स्थिति बड़ी भयानक हो गई है। चार बजे शाम को डॉक्टर ने पार्वती की दासी से धीरे से कह दिया था कि अब कुशल नहीं है।

एक पलंग पर कैलास अपनी जननी के अंक में पड़ा है। पूर्णिमा का चंद्रमा एक खिड़की में से पार्वती के उदास मुख चंद्र की ओर देखकर हँस रहा था। मानो कहता था कि 'क्यों पार्वती! यही मुख है न, जिसे दिखा-दिखाकर तुम मेरा अपमान किया करती थी? बोलो! आज तुम्हारी वह मनमोहनी हँसी कहाँ है? मेरे सम्मुख तुम्हारा मुख आज नीचा क्यों है?' तुमने नहीं सुना है—

*"जहाँ बजते हैं नक्कारे—*
*वहाँ मातम भी होता है!"*

चंद्रमा की चापलूसी में चूर अनंत तारिकाएँ भी उसके स्वर में स्वर मिलाकर हँस रही थीं। पार्वती इस समय अपनी ही चिंता में व्यस्त थी। उसका हृदय अपने बालक की रक्षा के लिए भगवान् श्रीकृष्ण का स्मरण कर रहा था। इधर कृष्ण-वेशधारी बादलों को, चंद्रमा की बदला लेने की यह नीति अच्छी न मालूम पड़ी। उन्होंने झपटकर उसका मुख काला कर दिया!

इस समय एकाएक कैलास की आँखें खुल गईं। वह उत्तेजित स्वर में कहने लगा, "रुके क्यों? मारो! मारते चलो!! कोतवाल साहब, स्वदेश के लिए मार खाने में बड़ा आनंद आता है। कर्तव्य के लिए कष्ट उठाने में बड़ा सुख मिलता है।"

पुत्र को हृदय से लगाकर पार्वती ने कहा, "लाल! क्या कहते हो। यहाँ कोतवाल कहाँ है? यह तो मैं हूँ; देखो बेटा, मैं हूँ!"

इस समय कैलास पूर्णत: चैतन्य हो गया था, उसने कहा, "तुम हो, माँ! अच्छा, एक काम तो करो, जरा 'प्रभा' में प्रकाशित 'वंदेमातरम् सीरीज' की पहली तसवीर तो ले आओ। मैं भारतमाता के दर्शन करूँगा।"

तसवीर आई। कैलास ने कहा, "माँ, मुझे तकिया के सहारे बैठाकर तुम मेरे

सामने बैठो और अपने हाथ में लेकर उस तसवीर को मुझे दिखला दो!"

ऐसा ही हुआ। पार्वती ने कैलास को तकिए के सहारे बैठा दिया और स्वतः चौखटे में जड़ी हुई भारतमाता का चित्र लेकर उसके सामने बैठ गई।

कैलास ने कहा, "माँ! तुम्हें याद है न, तुमने कहा था कि बेटा! मैं भारतमाता के लिए तेरा भी बलिदान कर सकती हूँ।"

पार्वती ने कैलास की बातों का कुछ भी मर्म न समझकर उत्तर दिया, "हाँ!"

कैलास ने कहा, "अच्छा माँ! जरा 'वंदेमातरम्' गाओ तो। मैं भी गाऊँगा।"

वीणा-विनिंदक स्वर से पार्वती ने गाना आरंभ किया। कैलास भी हाथ जोड़े हुए माता के स्वर में स्वर मिला रहा था—

*"वंदे मातरम्!*
*सुजलां, सुफलां, मलयज शीतलां शस्य श्यामलां*
*मातरम्! वंदे मातरम्!"*

अभी गान का प्रथम चरण ही गाया गया था कि कैलास मूर्च्छित होकर पलंग के एक ओर लुढ़क गया।

"यह क्या? यह क्या, मेरे लाल?" कहकर पार्वती ने कैलास का मस्तक अपनी गोद में रख लिया। कैलास ने धीरे से नेत्र खोलकर कहा, "बस माँ! प्र¨ णा¨म!"

□

आधी रात का समय है। आज पूर्णिमा है, इसलिए निशा-सुंदरी ने अपना अपूर्व शृंगार किया है। उसका प्रियतम चंद्र उसकी छवि पर फूला नहीं समाता। वह यह सोचकर कि कहीं मेरी सुंदरता मेरी हृदयेश्वरी से कम तो नहीं है, बार-बार अपना रूप देव-सरि के हृदय-मुकुर में देखता है, फिर भी उसे संतोष नहीं!

भागीरथी के तट पर एक चिता 'हो, हो' करके जल रही है। उसके आसपास दस-बीस आदमी बैठे हैं। वहीं एक महिला हाथ में एक लंबा सा लट्ठ लिये खड़ी है। उसके केश मुक्त होकर उसके कटि-प्रदेश पर वायु के झोंकों से खेल रहे हैं, परंतु उसका ध्यान केशों की ओर बिल्कुल नहीं है। सुनिए, वह क्या कह रही है—

"धीरे—अग्नि देव! धीरे-धीरे जलो! मेरा लाल बड़ा सुकुमार है, देखना उसके शरीर में छाले न पड़ जाएँ! पवन! यह नीचता कैसी? तुम इतनी तीव्र गति से क्यों चलने लगे? मैं ऐसा जानती तो अपने प्राण को तुम्हारे हवाले कदापि न करती! राम! राम!! इतनी निर्दयता!!! यह क्या अग्निदेव! तुमने मेरे कुक्षि-रत्न को उदरस्थ क्यों

कर लिया? यह नहीं हो सकता। तुम्हें मालूम है, मैंने कितने स्नेह से अपने लाल का पालन-पोषण किया था? तुम उसकी वैसी सेवा कदापि न कर सकोगे! क्या कहते हो, पवनदेव! मेरे लाल को तुम लोगों ने भगवती-भागीरथी के हवाले कर दिया! चलो, यह अच्छा ही किया! परंतु माँ! तुम्हारा यह 'कलकल' बड़ा कर्कश है! मेरा लाल सो रहा है, वह तुम्हारी 'कलकल' ध्वनि से जाग पड़ेगा! ऐसा न करो, माँ! ओह! इतनी तीव्र गति! जरा धीरे-धीरे चलो, माँ! मेरे लाल को अपनी गोद में लेकर इतनी शीघ्रता से न चलो! वह सो रहा है, जाग पड़ेगा!" क्या कहती हो? "तुझे इस बीच में बोलने का अब कोई अधिकार नहीं है। मैंने अपने लाल को भारतमाता पर बलि चढ़ा दिया है?" (कुछ ठहरकर) "ठीक कहती हो, मुझे कोई हक नहीं है! ले जाओ!"

इतने में कहीं से गाने का स्वर सुनाई पड़ा। कोई विहाग रागिनी में गा रहा था—

*"जननि मेरी है पर-आधीन!*
*सुंदर बाल हाय! बिखरे हैं रूप बना श्रीहीन।*
*जननि मेरी है पर-आधीन!"*

आश्चर्यचकित होकर लोगों ने देखा कि एक योगी उनकी ओर गाता हुआ आ रहा है। लोग श्रद्धा से उठ खड़े हुए। योगी ने पार्वती को संबोधन कर कहा, "देवि! अब भारत के स्वतंत्र होने में देर नहीं है!"

□

# देशभक्त

'उग्र' का संपूर्ण लेखक-व्यक्तित्व एक देशभक्त का व्यक्तित्व है। इसलिए इस प्रतीक-कथा में उन्होंने देशभक्त को विश्व का सर्वश्रेष्ठ व्यक्ति स्वीकार किया है। सच्चा देशभक्त वही है, जो देशद्रोहियों को समाप्त करता है और स्वाधीनता के लिए अपने प्राण देने में तनिक भी नहीं हिचकता। जब हिंदी में स्मानी भाव-कथाएँ लिखी जा रही थीं, उन्हीं दिनों 'उग्र' की यह कहानी 'चिनगारियाँ' संग्रह में प्रकाशित हुई थी।

~1~

"स्वामिन, आज कोई सुंदर सृष्टि करो, किसी ऐसे प्राणी का निर्माण करो, जिसकी रचना पर हमें गौरव हो सके। क्यों?"

"सचमुच? प्रिये, आज तुम्हें क्या सूझा, जो सारा धंधा छोड़कर यहाँ आई हो और मेरी सृष्टि-परीक्षा लेने को तैयार हो?"

"तुम्हारी परीक्षा और मैं लूँगी? हरे, हरे! मुझे व्यर्थ ही काँटों में क्यों घसीट रहे हो, नाथ? यों ही बैठी-बैठी तुम्हारी अद्भुत रचना 'मृत्युलोक' का तमाशा देख रही थी। जब जी ऊब गया तब तुम्हारे पास चली आई हूँ। अब संसार में मौलिकता नहीं दिखाई देती। वही पुरानी गाथा चारों ओर दिखाई-सुनाई पड़ रही है। कोई रोता है, कोई खिलखिलाता है? एक प्यार करता है, दूसरा अत्याचार करता है। राजा धीरे-धीरे भीख माँगने लगता है और भिक्षुक शासन करने। इन बातों में मौलिकता कहाँ, इसीलिए प्रार्थना करती हूँ कि कोई मनोरंजक सृष्टि कीजिए। संसार के अधिकतर प्राणी आपको शाप ही देते हैं। एक बार उनसे आशीर्वाद भी लीजिए।"

"अच्छी बात है। इस समय चित्त भी प्रसन्न है। किसी से मानव-सृष्टि की आवश्यक सामग्रियाँ यही मँगवाओ। आज मैं तुम्हारे सामने ही, तुम्हारी सहायता से सृष्टि करूँगा।"

"मैं, और आपको सहायता दूँगी? तब रहने दीजिए। हो चुकी सृष्टि। सृष्टि करने की योग्यता यदि मुझमें होती, तो क्या मैं आपको कष्ट देने के लिए यहाँ आती?"

"नाराज क्यों होती हो, भद्रे! तुमसे पुतला तैयार करने को कौन कहता है? तुम यहीं बैठी भर रहो। हाँ, कभी-कभी मेरी ओर अपने मधुर कटाक्ष को फेर दिया करना। तुम्हारी इतनी ही सहायता से मेरी सृष्टि में जान आ जाएगी। समझी?"

"समझी! देखती हूँ, तुम्हारी आदत भी कलयुगिए बूढ़ों सी हुई जा रही है। अभी तक आँखों में जवानी का नशा छाया हुआ है।

"और तुम्हारी आदत तो बहुत ही अच्छी हुई जा रही है। बूढ़े मारवाड़ियों की युवती कामनियों की तरह जब होता है, तभी 'खाँव-खाँव' किया करती हो। चलो, जल्दी कहो, सब चीजें मँगाओ।"

## 2

क्षिति, जल, अग्नि, आकाश और पवन के सम्मिश्रण से विधाता ने एक पुतला तैयार किया। इसके बाद उन्होंने सबसे पहले तेज को बुलाकर उस पुतले में प्रवेश करने को कहा। तेज के बाद सौंदर्य, दया, करुणा, प्रेम, विद्या, बुद्धि, बल, संतोष, साहस, उत्साह, धैर्य, गांभीर्य आदि समस्त सद्गुणों से उस पुतले को सजा दिया। अंत में आयु और भाग्य की रेखाएँ बनाने के लिए ज्यों ही विधाता ने लेखनी उठाई, त्यों ही ब्रह्माणी ने रोका, "सुनिए भी, इसके भाग्य में क्या लिखने जा रहे हैं? और आयु कितनी दीजिएगा?"

"क्यों, तुम्हें इन बातों से मतलब? तुम्हें तो तमाशा भर देखना है, वह देख लेना। भौंहें तनने लगी न? अच्छा लो, सुन लो। इसके भाग्य में लिखी जा रही है— भयंकर दरिद्रता, दुःख, चिंता, और इसकी आयु होगी बीस वर्ष की।"

"अरे! यह आप क्या तमाशा कर रहे हैं? बल, साहस, तेज, सौंदर्य, विद्या, बुद्धि आदि गुणों के देने के बाद दरिद्रता, दुःख और चिंता आदि के देने की क्या आवश्यकता है? इस सृष्टि को देखकर लोग आपकी प्रशंसा करेंगे या गालियाँ देंगे? फिर केवल बीस वर्षों की आयु। इन्हीं कारणों से तो मृत्युलोक के कवि आपकी शिकायत करते हैं। क्या फिर किसी से 'नाम चतुरानन पै चूकते चले गए' लिखवाने का विचार है।"

विधाता ने मुसकराकर कहा, "अब तो रचना हो गई। चुपचाप तमाशा भर

देखो। इसकी आयु इसलिए कम रखी है, जिससे हमें तमाशा जल्द दिखाई पड़े।"

ब्रह्माणी ने पूछा, "इसे मृत्युलोक वाले किस नाम से पुकारेंगे?"

प्रजापति ने गर्व भरे स्वर में उत्तर दिया, "देशभक्त!"

## 3

अमरावती से इंद्र ने, कैलाश से शिव ने, बैकुंठ से कमलापति ने संसार के रंगमंच पर देशभक्त का प्रवेश उस समय देखा, जब उसकी अवस्था उन्नीस वर्ष की हो गई थी। इसमें कोई आश्चर्य की बात नहीं। देवमंडली का एक दिन हमारी अनेक शताब्दियों से भी बड़ा होता है। हमारे उन्नीस वर्ष तो उसके कुछ मिनटों से भी कम थे।

देशभक्त के दर्शनों से भगवान् कामारि प्रसन्न होकर नाचने लगे। उन्होंने अपनी प्राणेश्वरी पार्वती का ध्यान देशभक्त की ओर आकर्षित करते हुए कहा, "देखो, यह सृष्टि की अभूतपूर्व रचना है। कोई भी देवता भक्त के रूप में नर-लोक में जाकर अपने को धन्य समझ सकता है। प्रिये, इसे आशीर्वाद दो।"

प्रसन्न-वदना उमा ने कहा, "देशभक्त की जय हो!"

एक दिन देशभक्त के तेजपूर्ण मुखमंडल पर अचानक कमला की दृष्टि पड़ गई। उस समय वह (देशभक्त) हाथ में पिस्तौल लिये किसी देशद्रोही का पीछा कर रहा था। इंदिरा ने घबराकर विष्णु को उसकी ओर आकर्षित करते हुए कहा, "यह कौन है? मुख पर इतना तेज, ऐसी पवित्रता, और करने जा रहा है राक्षसी कर्म—हत्या! यह कैसी लीला है, लीलाधर?" विष्णु ने कहा, "चुपचाप देखो, परित्राणाय साधुनां विनाशाय च दुष्कृताम्, धर्म संस्थापनार्थाय सम्भवामि युगे युगे। यदि यह देशभक्त राक्षसी-कर्म करने जा रहा हैं तो राम, कृष्ण, प्रताप, शिवा, गोविंद, नेवसेलियन सबने राक्षसी कर्म किए हैं। देवि, इसे प्रणाम करो। यह कर्ता की पवित्र कृति है।"

□

हाथ की पिस्तौल देशद्रोही के मस्तक के सामने कर देशभक्त ने कहा, "मूर्ख! पश्चात्ताप कर। देशद्रोह से हाथ खींचकर मातृ-सेवा की प्रतिज्ञा कर; नहीं तो मरने के लिए तैयार हो जा।"

देशद्रोही के मुख पर घृणा एवं अभिमान की मुसकराहट दौड़ गई। उसने शासन के स्वर में उत्तर दिया, "अज्ञान सावधान! हम शासकों के लाड़ले हैं। हमारे माँ-बाप और ईश्वर सर्वशक्तिमान सम्राट् हैं। सम्राट् के सम्मुख देश की बड़ाई।"

"अंतिम बार पुन: कह रहा हूँ, 'माता की जय' बोल; अन्यथा इधर देख।"

देशभक्त की पिस्तौल गरजने के लिए तैयार हो गई।

सिर पर संकट देखकर देशद्रोही ने अपनी जेब से सीटी निकालकर जोर से बजाई।

संभवत: देशद्रोही के अनेक रक्षक गुप्त रूप से उसके साथ थे। देखते-देखते बीस देशद्रोहियों का दल देशभक्त की ओर लपका। फिर क्या था, देशभक्त की पिस्तौल गरज उठी! क्षण भर में देशद्रोहियों का सरदार कबूतर की तरह जमीन पर गिरने लगा। गिरफ्तार होने के पूर्व सफल-प्रसन्न देशभक्त आनंद-विभोर होकर चिल्ला उठा, "माता की जय हो!"

काँपते हुए इंद्रासन ने, पुष्पवृष्टि करते हुए नंदन-कानन ने, तांडव-नृत्य में लीन रुद्र ने, कलकल करती हुई सुरसरिता ने एक स्वर में कहा, "देशभक्त की जय हो!"

विधाता प्रेम में गद्‍गद होकर ब्रह्माणी से बोले, "देखती हो, देशभक्त के चरण-स्पर्श से अभागा कारागार अपने को स्वर्ग समझ रहा है, लोहे की लड़ियों-हथकड़ी के हृदय में प्रसन्नता का समुद्र उमड़ रहा है, वसुंधरा फूली नहीं समाती। यह है मेरी कृति, यह है मेरी विभूति, प्रिये! गाओ, मंगल मनाओ, आज मेरी लेखनी धन्य हुई।"

## ~ 4 ~

जिस दिन देशभक्त की जीवनी का अंतिम पृष्ठ लिखा जाना था, उस दिन स्वर्गलोक में आनंद का अपार पारावार उमड़ रहा था। त्रिंशकोटि देवांगनाओं की थालियों को उदार कल्पवृक्ष ने अपने पुष्पों से भर दिया था। अमरावती ने अपना अपूर्व श्रृंगार किया था। चारों ओर मंगल-गान गाए जा रहे थे।

समय से बहुत पहले ही देवतागण विमान पर आरूढ़ होकर आकाश पर विचरने और देशभक्त के आगमन की प्रतीक्षा करने लगे।

□

सम्राट् के समर्थक भीषण शस्त्रास्त्रों से सुसज्जित होकर एक बड़े मैदान में खड़े थे। देशभक्त पर (सम्राट् के प्रति विद्रोह) का अपराध लगाकर न्याय का नाटक खेला जा चुका था। न्यायाधीश की यह आज्ञा सुनाई जा चुकी थी कि 'या तो देशभक्त अपने कर्मों के लिए पश्चात्ताप प्रकट कर 'सम्राट् की जय' घोषणा करे

या तोप से उड़ा दिया जाए।' देशभक्त पश्चात्ताप क्यों करता? अतः उसे सम्राट् के सैनिकों ने जंजीर से कसकर तोप के सम्मुख खड़ा कर दिया।

सम्राट् के प्रतिनिधि से कहा, "अपराधी! न्याय की रक्षा के लिए अंतिम बार फिर कह रहा हूँ, सम्राट् की जयघोष कर पश्चात्ताप कर ले।"

मुसकराते हुए देशभक्त बंदी ने कहा, "तुम अपना काम करो, मुझसे पश्चात्ताप की आशा व्यर्थ है। तुम मुझसे सम्राट् की जय कहलाने के लिए क्यों मरे जा रहे हो? सच्चा सम्राट् कहाँ है? तुम्हारे कहने से संसार के लुटेरे को मैं कैसे सम्राट् मान लूँ, सम्राट् मनुष्यता का द्रोही हो सकता है? सम्राट् न्याय का गला घोंट सकता है? सम्राट् किसी के सिर पर अपना दंड जबरदस्ती लाद सकता है? सम्राट् रक्त का प्यासा हो सकता है? भाई, तुम जिसे सम्राट् कहते हो, उसे मनुष्यता और मनुष्यता के उपासक 'राक्षस' कहते हैं। फिर सम्राट् की जय-घोषणा कैसी? तुम मुझे तोप से उड़ा दो, इसी में सम्राट् का मंगल है, इसी से उसके पापों का घड़ा फूटेगा और उसे मुक्ति मिलेगी।"

☐

देवमंडली के बीच बैठी हुई माता मनुष्यता की गोद में बैठकर देशभक्त ने और साथ ही त्रिंशकोटि देवताओं ने देखा कि पंचतत्त्व के एक पुतले को अत्याचार के उपासकों ने तोप से उड़ा दिया।

उस पुतले के एक-एक कण को देवताओं ने मणि की तरह लूट लिया। बहुत देर तक देवलोक 'देशभक्त की जय' से मुखरित रहा।

☐

# स्वदेश के लिए

युवक ने पूछा, "स्वर्ग कहाँ है ?"

पादरी ने उत्तर दिया, "स्वदेश-सेवा में ?"

पुनः प्रश्न हुआ, "किस कर्म के करने से अद्वितीय पुण्य की प्राप्ति होती है ?"

उत्तर मिला, "स्वदेश-द्रोहियों का दमन।"

युवक—"सबसे बड़ा सुख किसे मिलेगा ?"

पादरी—"स्वदेश के ऊपर बलि चढ़ जाने से।"

युवक आश्चर्यचकित मुद्रा में पादरी के मुख की ओर देखने लगा। वह बोला, "आप क्या कहते हैं ? अर्थ, धर्म, काम, मोक्ष—सभी इस 'स्वदेश' शब्द के भीतर हैं ? फिर यह बाइबिल व्यर्थ है ?"

जरा मुसकराकर पादरी बोला, "युवक ! मैंने जो कुछ कहा है, वह बाइबिल के बाहर की बात नहीं है। बाइबिल के सर्वस्व ईश्वरपुत्र ईसा की, जो संसार में पूजा होती है, वह किसलिए, जानते हो ? वह इसलिए कि वे स्वदेश के नाम पर बलिवेदी के हृदय से लग फाँसी पर चढ़ गए। संसार में स्वदेश से बढ़कर पवित्र, गौरवमय एवं पूजनीय और कोई भी देवता नहीं है। इस बात पर वैसे ही विश्वास रखना, जैसे दिन के अंत में रात्रि के होने पर।"

पादरी को जल्दी थी, अतः वह आगे बढ़ गया। युवक ने भी प्रणाम कर अपना रास्ता लिया। वेशभूषा और आकृति से वह सैनिक जान पड़ता था।

□

ऊपर जिस युवक की चर्चा की गई है, उसका नाम वसीली लायवफ था। वह सन् 1904 में रूस-जापान युद्ध के समय रूसी 287वीं शेनवालस्की रेजीमेंट का एक खुफिया सैनिक था। सेंट पीटर्सबर्ग के पास ही कस्बे में उसका घर था। पादरी और युवक की उपर्युक्त बातें रूस-जापान-संग्राम की घोषणा के एक मास पूर्व हुई

थीं। अब उक्त संवाद के दस दिन बाद की कथा सुनिए—

रोजी ने अपने नेत्रों से न जाने क्या मंत्र फूँककर वसीली लायवफ से पूछा, "आज तो वायदा पूरा करोगे न?"

"असंभव! असाध्य!"

"क्यों? इस जरा सी बात में कौन ऐसी असंभव बात रखी है? आज उत्तर देना ही होगा!"

"देना ही होगा?"

"हाँ-हाँ-हाँ; पचास बार हाँ। उत्तर दो, तुम किसे बड़ा समझते हो—मुझे या स्वदेश को?"

दो-तीन उँगलियों के सहारे पर अपना चिबुक रखकर लायवफ ने एक बार आकाश की ओर दृष्टि की, फिर रूप की राशि रोजी के चंद्रानन पर और फिर माता वसुंधरा के हृदय पर। वह निश्चय न कर सका कि क्या उत्तर दे? शायद रोजी के प्रश्न का उत्तर कोई अप्रिय सत्य था।

देर होते देख, किंचित् रुक्ष होकर रोजी ने कहा, "बोलो, नहीं तो मैं जाती हूँ।"

लायवफ बोला, "रोजी, मैं तुम्हें भी चाहता हूँ और स्वदेश को भी। दोनों की प्रसन्नता ही मेरे हृदय की शांति है।"

बीच में ही रुककर रोजी कहने लगी, "मैं पूछती हूँ, तुम्हारा प्रेम किस पर अधिक है—मुझपर या स्वदेश पर?"

लायवफ—"सुनो रोजी, तुम मेरी दृष्टि में वसंत ऋतु की पूर्णिमा की हिमकर करोज्वला अर्धरात्रि हो, जिसे देखकर हृदय न जाने किस-किस स्वर्गिक सुख की कल्पना और सुख अनुभव करने लगता है और यह विशाल रूस स्वदेश—शीतल समीर सहचरयुक्त प्रभात है। यह प्रभात अवर्णनीय है, अतुल है, पर-पर…"

रोजी रुष्ट हो गई।

वह बोली, "यह रूपहीन रूस बड़ा है मुझसे, तुम्हारी रोजी से! अच्छी बात है, अब मैं तुमसे विवाह न करूँगी। तुम अब अपने अतुल रूस के रूप पर ही मरो, उसी को गले लगाओ। मैं चली।"

लायवफ अभी कर्तव्य-निश्चय कर रहा था—सोचता था कि इस हृदय-प्रतिमा को कैसे प्रसन्न करूँ? पर रोजी चली गई। लायवफ ने एक ठंडी साँस ली। उसका हृदय चिल्ला उठा—

"रूप! तुम्हारे पीछे अभिमान क्यों लगा रहता है? बर्फ की तरह क्षणभंगुर तुम

किस बिरते पर बड़े-बड़ों से भिड़ पड़ते हो! आह! तुम बड़े ही नादान हो।"

घूमते-घूमते पहाड़ की एक शिला पर दोनों बैठ गए। रोवस्की ने जब देखा कि वसीली लायवफ के मुख की चिंता की रेखा अभी ज्यों-की-त्यों है, तब वह बोला, "भाई लायवफ! तुम छुट्टी क्यों नहीं ले लेते?"

भ्रू-युगल और मस्तक सिकोड़कर लायवफ ने कहा, "क्यों?"

रोवस्की—"रोजी को संतुष्ट करने के लिए।"

लायवफ—"और यह रूस! ऐसी अवस्था में छुट्टी लेना कायरता नहीं होगी? 'सर्वस खाइ भोग कर नाना, समर भूमि या दुर्लभ प्राना!'"

रोवस्की—"तो तुम रोजी को नहीं चाहते, यही बात है न?"

लायवफ—"यही बात है! ऐसी बात नहीं, रोजी मेरे रोम-रोम में रमी हुई है। वही मेरे शरीर का रक्त है, पर यह शरीर तो रूस का है। यदि वह इसकी चिंता और रक्षा न करता तो रोजी का ध्यान अपने लिए स्थान ही कहाँ पाता?"

रोवस्की—"आखिर तुम छुट्टी नहीं लोगे?"

लायवफ—"कभी नहीं।"

रोवस्की—"पर इससे लाभ? ऐसा करने से सिवाय इसके कि वह और भी रुष्ट हो, कोई भलाई की आशा नहीं। इस युद्ध के बाद तुम्हारा जीवन व्यर्थ हो जाएगा।"

लायवफ—"सो नहीं होने का, रोवस्की! इस लड़ाई के बाद तुम लायवफ को जीवित ही नहीं पाओगे। वह इसी कोरिया-युद्ध में ही अपनी जननी—रूस का ऋण परिशोधन कर देगा। देखते नहीं हो, शत्रुओं की फौजें स्वदेश को अपमानित करने की घात में लगी हुई हैं। क्या यह देखकर तुम्हें रोमांच नहीं होता? क्या अपने देश के दुश्मनों के रक्त से अपनी तलवार को धोने की तुम्हारी इच्छा नहीं है? इस समय कर्तव्य रूस के पक्ष में है और मेरी दृष्टि में प्रेम कर्तव्य से बड़ा नहीं। रोजी से मेरा संबंध न हुआ, न सही। लायवफ का जीवन तो प्रियतम, रूस के चरणों पर अर्पित है।"

रोवस्की आश्चर्यचकित होकर वसीली लायवफ के मुख की ओर देखने लगा। लायवफ फिर बोला, "तुम क्या समझते हो, रोजी मुझे भुला देगी? यह असंभव है। जब तक मैं उसे याद करता हूँ, तब तक क्रोध से ही सही, घृणा से ही सही, वह मुझे स्मरण करेगी ही। तुम देखोगे, यदि मैं सौभाग्य से इस लड़ाई में काम आया तो मेरी मृत्यु पर सबसे पहला अश्रुबिंदु रोजी के ही नेत्रों से गिरेगा।"

प्रेम में गद्गद होकर वसीली लायवफ अपनी मातृभाषा में एक गाना गाने लगा। उसका भाव कुछ-कुछ ऐसा ही था—

*"खुद चले आएँगे वे—*
*तुर्बत पै मेरी देखना।*
*मेरे मरने की जरा*
*उनको खबर होने तो दो।"*

□

तीन दिनों बाद।

रूसी सेनापति ने 'लियावयांग' (कोरिया) की पहाड़ी तराई में अपनी सेना के सब गुप्तचरों को एकत्र कर कहा, "हमें शत्रुदल के सब समाचारों को जानना अत्यंत आवश्यक है और यह करना तुम्हीं लोगों के हाथ है। अस्तु तुमसे ऐसा कौन अपनी जन्मभूमि का प्रिय पुत्र है, जो माता के नाम पर अपनी आहुति देने को सबसे पहले तैयार हो? उसे रूप बदलकर जापानी सेना में जाना और लियावयांग की चढ़ाई के बारे में उनकी तैयारियों का पता लगाना होगा।"

सेनापति चुप हो गए। क्षण भर नहीं, प्राय: पाँच मिनटों तक सभा में सन्नाटे का अधिकार रहा। न कोई बोला और न कोई आगे ही बढ़ा।

इसके बाद लोगों ने देखा कि एक जवान सैनिक सेनापति के सम्मुख जाकर, अभिवादन कर खड़ा हुआ। वह वसीली लायवफ था।

"तुम्हारा नाम?"

"वसीली लायवफ।"

"तुम अपनी जन्मभूमि के लिए जापानी सेना में भेदिया बनकर जाने को तैयार हो?"

"जी हाँ।"

"हाथ में शस्त्र लेकर प्रतिज्ञा करो कि 'मैं जीते-जी अपनी सेना का एक भी भेद शत्रु को नहीं दूँगा।'"

लायवफ ने बादलों की तरह गंभीर स्वर में प्रतिज्ञा की। उसे सुनकर लियावयांग के पहाड़ों ने भी भोले लड़कों की तरह दुहरा दिया। लायवफ चीनी और जापानी भाषाओं का भी जानकार था। वह चीनी किसान के रूप में जापानी फौज में जाने-आने लगा। अपने काम में वह इतना दक्ष था कि अपने को बहुत होशियार जतानेवाले जापानी कई दिनों तक अत्यंत प्रखर दृष्टि रखने पर भी लायवफ की असलियत न जान सके।

पर रोज के आने-जाने से लोगों को उस पर संदेह हुआ। आखिरकार एक दिन जापानियों ने उसे गिरफ्तार कर ही लिया। तलाशी में चीनी किसान रूपी वसीली लायवफ के पास एक पॉकेट-बुक और अनेक नक्शे मिले। पॉकेट-बुक से जापानियों ने जाना कि लायवफ ने अब तक अनेक समाचार अपनी सेना में भेजे हैं। वह जापान के सेनापति के सामने पेश किया गया।

□

सेनापति—"अब तो तुम गिरफ्तार हो ही गए। इसलिए सच-सच बता दो, तुम कौन हो?"

लायवफ—"मैं रूसी 287वीं शेनवालस्की रेजीमेंट का एक खुफिया सैनिक हूँ। मेरा नाम वसीली लायवफ है।"

सेनापति—"तुम इस सेना में क्यों आए?"

लायवफ—"भेद लेने के लिए।"

सेनापति—"तुम्हें मालूम नहीं कि भेदियों को पकड़े जाने पर प्राणदंड दिया जाता है?"

लायवफ—"यह मैं एक युग से जानता हूँ।"

सेनापति—"तो तुम फाँसी पर चढ़ने के लिए तैयार हो?"

लायवफ—"मेरे तैयार होने या न होने से क्या होता है? आप अपनी तैयारी पर विचार कीजिए।"

सेनापति—"मैं तुम्हें क्षमा कर सकता हूँ, यदि…"

लायवफ—"यदि क्या?"

सेनापति—"यदि तुम रूसी सेना के भेदों का पता दे सको।"

लायवफ जापानी सेनापति की बातें सुनकर जरा मुसकराया। सेनापति चकित होकर उसका मुख देखने लगा।

"बताओ! तुम ईश्वर को साक्षी रखकर अपनी सेना के भेद बताओगे? यदि ऐसा कर सको तो तुम्हें क्षमा तो मिलेगी ही, यथेष्ट पुरस्कार भी दिया जाएगा।" सेनापति ने पुनः कहा।

लायवफ—"सेनापति, आप इसके लिए मुझे क्षमा करें। मैं अपने तुच्छ प्राणों के लिए अपनी जन्मभूमि का अहित कभी न करूँगा। मैं उसे पशु समझता हूँ, मृतक समझता हूँ, राक्षस समझता हूँ और समझता हूँ पापियों का सरदार, जो अपने तुच्छ स्वार्थों के लिए अपनी मातृभूमि के गले को रेतता है, शत्रुओं से मिल जाता है। ऐसा घृणित और नीच कर्म मुझसे कदापि न होगा।"

□

'कोर्ट मार्शल' ने रूसी-भेदिए वसीली लायवफ को प्राणदंड देने की आज्ञा दी।

30 सितंबर, 1904 की बात है। उस दिन आकाश जलद-पटलाच्छन्न था। सूर्यदेव के दर्शन दुर्लभ थे, पर वृष्टि नहीं हो रही थी।

एक विस्तृत मैदान में फाँसी का चबूतरा बनाया गया। उसको घेरकर जापानी सेना हथियार के साथ खड़ी हो गई।

वसीली लायवफ चबूतरे पर खड़ा किया गया। सेनापति ने उससे पूछा, "युवक! तुम प्राणों को छोड़ किसी ऐसी वस्तु की कामना रखते हो, जिसे कि हम दे सकें?"

लायवफ मुसकराकर बोला, "धन्यवाद! मुझे कुछ नहीं चाहिए।"

सेनापति—"तुम्हारे माता-पिता हैं?"

लायवफ—"जी हाँ!"

सेनापति—"क्या तुम उनके पास कोई संवाद भेजने के इच्छुक हो? यदि ऐसा हो तो बताओ, हम भरसक इसका प्रबंध करेंगे।"

लायवफ—"नहीं, मुझे उनके पास कोई भी समाचार नहीं भेजना है।"

सेनापति—"तुम्हारी पत्नी है! बच्चे हैं?"

इस बार सबने देखा कि लायवफ के नेत्रों में एक अद्‌भुत भाव दौड़ गया। उसने एक ठंडी साँस ली। वह बोला, "बच्चे तो नहीं हैं, पर…"

सेनापति, "पत्नी है?"

"हाँ, है—नहीं…"

लायवफ निश्चित न कर सका कि क्या उत्तर दे। अंत में तीन बार खाँसकर गला साफ कर लेने के बाद उसने कहा, "नहीं, मेरी पत्नी नहीं है।"

सेनापति—"खैर, मैं तुमसे एक बार और पूछता हूँ, तुम्हें किसी चीज की आकांक्षा है?"

लायवफ—"महाशय! अब मुझे किसी चीज की कामना नहीं है। यह सोचकर बड़ा प्रसन्न हूँ कि मेरे प्राण स्वदेश की सेवा में बलि हो रहे हैं। इससे अधिक और कोई क्या कहेगा? अब आप कृपा कर क्षण भर के लिए मेरे बंधन खोल दें, जिससे मैं अपने धर्मानुसार प्रार्थना कर लूँ।"

सेनापति की आज्ञा से लायवफ का बंधन खोला गया। उसने चिह्नों द्वारा महात्मा ईसा की सूली पर चढ़ने के समय की तसवीर बनाई। फिर स्तोत्र-पाठ कर

प्रार्थना करने के बाद आत्म-बलिदान के लिए तैयार हो गया। फाँसी की रस्सी गले में पड़ने के पहले उसने जापानियों को उनके सद्व्यवहार के लिए धन्यवाद भी दिया।

यद्यपि भगवान् भुवन-भास्कर बादलों के व्यूह में बंदी थे, तो भी वे स्वदेश-भक्त लायवफ के फाँसी चढ़ने का दृश्य देखने की अपनी उत्सुकता न रोक सके। यद्यपि प्रकृति ने पवनदेव को ठहरने की आज्ञा दे दी थी, फिर भी वह लायवफ के चरणों को स्पर्श करने के लिए आने से न रुके। यद्यपि अधिक उदारता दिखाने के कारण बादलों के पास कुछ भी पृथ्वी को दान देने के लिए शेष नहीं था, फिर भी लायवफ के मस्तक पर विजय-अभिषेक करने के लिए हजार प्रयत्न कर उन्होंने पवित्र समुद्र का जल इकट्ठा किया ही।

वसीली लायवफ के कंठ में विजयमाल के रूप में फाँसी की रस्सी डाली गई। बस, वनज-बंधु इसके आगे का दृश्य देखने के लिए न ठहर सके। यही दशा पवन देव की भी हुई। उन्होंने मेघों के अभिषेक करने के पूर्व ही वीर लायवफ की चरण-रज अपने मस्तक पर धारण कर अपना रास्ता लिया। विलंब से पहुँचने के कारण अभिषेक करते-करते घनश्याम ने रूसी वीर लायवफ के पवित्र प्राणों को अपनी ही (स्वर्ग की) ओर आते देखा।

हँसता-हँसता वह फाँसी पर चढ़ गया। उसकी वह तसवीर जापानियों के हृदय पर खिंच गई। सबने सहानुभूति प्रकट कर दो आँसू गिराए।

□

# जल्लाद

प्रातः आठ-साढ़े आठ बजे का समय था। रात को किसी पारसी कंपनी का कोई रद्दी तमाशा अपने पैसे वसूल करने के लिए दो बजे तक झख मार-मारकर देखते रहने के कारण सुबह नींद कुछ विलंब से टूटी। इसलिए उस दिन हवाखोरी के लिए निकलने में कुछ देर हो गई थी और लौटने में भी।

मैं वायु-सेवन के लिए अपने घर से कोई चार मील की दूरी तक रोज ही जाया-आया करता था। मेरे घर और उस रास्ते के बीच में हमारे शहर का जिला-जेल भी पड़ता था, जिसकी मटमैला, लंबा-चौड़ा और उदास चहारदीवारियाँ रोज ही मेरी आँखों के आगे पड़तीं तथा मेरे मन में एक प्रकार की अप्रिय एवं भयावनी सिहरन पैदा किया करती थीं।

मगर उस दिन जेल के दक्षिणी कोने पर अनेक घने और विस्तृत वृक्षों की अनुज्ज्वल छाया में मैंने जो कुछ देखा, उसे मैं बहुत दिनों तक चेष्टा करने पर भी शायद न भुला सकूँगा। मैंने देखा—मुश्किल से तेरह-चौदह वर्ष का कोई रूखा, पर सुडौल, दरिद्रता से सूखा, पर सुंदर लड़का एक पेड़ की जड़ के पास अर्ध नग्नावस्था में पड़ा तड़प और हिचक-हिचककर बिलख रहा था। उसी लड़के के सामाने एक अत्यंत भयानक पुरुष क्रूर भाव से खड़ा हुआ, रूखे शब्दों में उससे कुछ पूछताछ कर रहा था। यह सब मैंने उस छोटी सड़क पर से देखा, जो उस स्थान से कोई पच्चीस-तीस गज की दूरी पर थी। यद्यपि दिन की बाढ़ के साथ-साथ तपन की गरमी भी बढ़ रही थी और मैं थका एवं अनमना सा भी था, पर मेरे मन की उत्सुकता उस दयनीय दृश्य का भेद जानने को मचल उठी। मैं धीरे-धीरे उन दोनों की नजर बचाता हुआ उनकी तरफ बढ़ा।

अब मुझे ज्ञात हुआ—ओह! अब मुझे ज्ञात हुआ कि वह लड़का क्यों बिलख रहा था! मैंने देखा कि उसके शरीर के मध्य भाग पर, जो खुला हुआ था, प्रहार के

अनेक काले और भयावने चिह्न थे। उसको बेंत लगाए गए थे। उस कोमल-मति गरीब बालक को अदालत की आज्ञा से बेंत लगाए गए थे। उफ! मेरा कलेजा धक्-से होकर रह गया। न्याय ऐसा अहृदय, ऐसा क्रूर होता है!

अब मैं आड़ में लुककर उस तमाशे को न देख सका। झट से मैं उन दोनों के सामने आ खड़ा हुआ और उस भयानक प्राणी से प्रश्न करने लगा, "क्या इसको बेंत लगाए गए हैं?"

"हाँ!" उत्तर देने से अधिक गुर्राकर उस व्यक्ति ने कहा, "देखते नहीं हैं आप? ससुरे ने जमींदार के बाग से दो कटहल चुराए थे।"

लड़का फिर पीड़ा और अपमान से बिलबिला उठा। इस समय वह छाती के बल पड़ा हुआ था, क्योंकि उसके घाव उसे आराम से बेहोश भी नहीं होने देना चाहते थे। वह एक बार तड़पा और दाहिनी करवट होकर मेरी ओर देखने की कोशिश करने लगा, पर अभागा वैसा कर न सका। लाचार फिर पहले ही सा लेटकर अवरुद्ध कंठ से कहने लगा, "नहीं बाबू, चुरा कहाँ सका! भूख से व्याकुल होकर, लोभ में पड़कर मैं उन्हें चुरा जरूर रहा था, पर जमींदार के रखवालों ने मुझे तुरंत ही गिरफ्तार कर लिया।"

"गिरफ्तार कर लिया तो तेरे घरवाले उस वक्त कहाँ थे?" नीरस और शासन के स्वर में उस भयानक पुरुष ने उससे पूछा, "क्या वे मर गए थे? तुझे बचाने—जमींदार से, पुलिस से, बेंत से क्यों नहीं आए?"

"तुम विश्वास ही नहीं करते!" लड़के ने रोते-रोते उत्तर दिया, "मैंने कहा नहीं, मैं विक्रमपुर गाँव का एक अनाथ भिखमंगा बालक हूँ। मेरे माता-पिता मुझे छोड़कर कब और कहाँ चले गए, मुझे मालूम नहीं। वे थे भी या नहीं, मैं नहीं जानता। छुटपन से अब तक दूसरों की जूठन और फटकारों में पला हूँ। मेरे अगर कोई होता तो मैं उस गाँव के जमींदार का चोर क्यों बनता? मेरी यह दुर्गति क्यों होती? आह, बाप रे बाप!"

वह गरीब फिर अपनी पुकारों से मेरे कलेजे को बेधने लगा। मैं मन-ही-मन सोचने लगा कि किस रूप से मैं इस बेचारे की कोई सहायता करूँ? मगर उसी समय मेरी दृष्टि उस भयानक पुरुष पर पड़ी, जो जरा तेजी से उस लड़के की ओर बढ़ रहा था। उसने हाथ पकड़कर, अपना बल देकर उसको खड़ा किया।

"तू मेरी पीठ पर सवार हो जा।" उसी रूखे स्वर में कहा, "मैं तुझे अपने घर ले चलूँगा।"

"अपने घर ?" मैंने विवश भाव से उस रूखे राक्षस से पूछा, "तुम कौन हो ? कहाँ है तुम्हारा घर ? और इसको अब वहाँ क्यों ले जा रहे हो ?"

"मैं जल्लाद हूँ, बाबू।" लड़के को पीठ पर लादते हुए खूनी आँखों से मेरी ओर देखकर लड़खड़ाती आवाज में उसने कहा, "मैं कुछ रुपयों का सरकारी गुलाम हूँ। मैं सरकार की इच्छानुसार लोगों को बेंत लगाता हूँ, प्रति प्रहार कुछ पैसा पाता हूँ और प्राण ले लेता हूँ तो प्रति प्राण कुछ रुपए।"

"फाँसी की सजा पानेवालों से तो नहीं, पर बेंत खानेवालों से सुविधानुसार मैं रिश्वत भी खाता हूँ। सरकार की तलब से मैंने तो बाबू, यही देखा है कि बहुत कम सरकारी–नौकरों की गुजर हो सकती है। इसी से सभी अपने–अपने इलाकों में ऊपरी कमाई के कर फैलाए रहते हैं। मैं गरीब, छोटा सा गुलाम हूँ। मेरी रिश्वत की चर्चा तो वैसी चमकीली है भी नहीं कि किसी के आगे कहने में मुझे कोई भय हो। मैं तो सबसे कहता हूँ कि मुझे कोई पूजे तो मैं उसके सगे–संबंधियों को 'सच्चे' बेंत न लगाकर 'हलके' लगाऊँ या नहीं···और नहीं तो सड़ासड़! सड़ासड़!"

उसने ऐसी मुद्रा बना ली, मानो वह किसी को बेंत लगा रहा हो। वह भूल गया कि उसकी पीठ पर उसकी 'सड़ासड़' का एक गरीब शिकार काँप रहा है।

"मगर इस अनाथ को धोखे में 'सच्चे' बेंत लगाकर मैंने ठीक नहीं किया। इसने जेल ही में बताया था कि मेरे कोई नहीं है, मगर मैंने विश्वास नहीं किया। मैं अपने जिस शिकार का विश्वास नहीं करता, उसके प्रति भयानक हो उठता हूँ और मेरा भयानक होना कैसा वीभत्स होता है, इसे आप इस लड़के की पीठ पर देखें, मगर इसे 'काट' कर मैंने गलती की है। यही न जाने क्यों मेरा मन कह रहा है!"

"इसलिए बाबू मैं इसे अपने घर ले जा रहा हूँ। वहाँ इसके घाव पर केले का रस लगाऊँगा और इसको थोड़ा आराम देने के लिए 'दारू' पिलाऊँगा। बिना इसको चंगा किए मेरा मन संतुष्ट न होगा, यह मैं खूब जानता हूँ।"

भैंसे की तरह अपनी कठोर और रूखी पीठ पर उस अनाथ अपराधी को लादकर वह एक ओर बढ़ चला, मगर मैंने उसे बाधा दी, "सुनो तो, मुझसे भी वह एक रुपया लेते जाओ। मुझको भी इस बालक की दुर्दशा पर दया आती है।"

"क्या होगा रुपया, बाबू?" भयानकता से मुसकराकर उसने रुपए की ओर देखा और उसको मेरी उँगलियों से छीनकर अपनी उँगलियों में ले लिया।

"इसको दारू पिलाना, पीड़ा कम हो जाएगी। अभी एक ही रुपया जेब में था, मैं शाम को इसके लिए कुछ और देना चाहता हूँ। तुम्हारा घर कहाँ है ? नाम क्या है ?"

मैं शहर के पूरब उस कब्रिस्तान के पास के डोमाने में रहता हूँ। डोमों का चौधरी हूँ। मेरा नाम रामरूप है, पूछ लीजिएगा।"

उस अनाथ का नाम 'अलियार' था। वह मुझे उक्त घटना के सातवें या आठवें दिन मालूम हुआ। ग्रामीणों में 'अलियार' शब्द 'कूड़ा-करकट' के पर्याय रूप में प्रचलित है। उस लड़के ने मुझे बताया कि उसके गाँववालों का कहना है कि उसे पहले-पहल गाँव के एक 'भर' ने उसे 'अलियार' पर पड़ा पाया था। उसी ने कई बरसों तक उसको पाला भी और उसका उक्त नामकरण भी किया।

अलियार के अंग पर के बेंतों के घाव वधिक रामरूप के सफल उपायों से तीन-चार दिनों के भीतर ही सूख चले, मगर वह बालक बड़ा दुर्बल-तन और दुर्बल-हृदय था। संभव है, उसको बारह बेंतों की सजा सुनानेवाले मजिस्ट्रेट ने पुलिस की मायामयी डायरियों पर विश्वास कर उसकी उम्र अठारह या बीस वर्ष की मान ली हो, मगर मेरी नजरों में तो वह बेचारा चौदह-पंद्रह वर्षों से अधिक उम्र का नहीं मालूम पड़ा। उस पर भी उसकी वह रूखी-सूखी काया। आश्चर्य! किसी डॉक्टर ने किस तरह उसको बेंत खाने योग्य घोषित किया होगा! जेल के किसी जिम्मेदार और शरीफ अधिकारी ने किस तरह अपने सामने उस बेचारे को बेंतों से कटवाया होगा!

जब तक अलियार खाट पर पड़ा-पड़ा कराहता रहा, अपने उस बेंत खाने के भयानक अनुभव का स्वप्न देख-देखकर अपनी रक्षा के लिए करुण दुहाइयाँ देता रहा, तब तक मैं बराबर, एक बार रोज, रामरूप की गंदी झोंपड़ी में जाता था और अपनी शक्ति के अनुसार प्रभु के उस असहाय प्राणी की मन और धन से सेवा करता था। मगर मेरे इस अनुराग में एक आकर्षण था और वह था—जल्लाद रामरूप।

न जाने क्यों उसका वह 'अलकतरा' रंग; उसकी वह भयानक नेपालियों सी नाटी काया; उसका वह मोटा, बीभत्स अधर और पतला ओष्ठ, जिस पर घनी काली भयावनी तथा अव्यवस्थित मूँछों का भार अशोभायमान था, जो मुझे कुछ अपूर्व सा मालूम पड़ता था। न जाने क्यों उसकी बड़ी-बड़ी डोरीली, नीरस और रक्तवर्ण आँखें मेरे मन में एक तरह की सिहर सी पैदा कर देती थीं, पर आश्चर्य! इतने पर भी मैं उसे अधिक-से-अधिक देखना और समझना चाहता था।

उसकी मिट्टी की झोंपड़ी में उसके अलावा उसकी प्रौढ़ा पत्नी भी थी। एक दिन जब मैंने रामरूप से उसकी जीवनी पूछी और यह पूछा कि उसके परिवार का कोई और भी कहीं है या नहीं, तो उसने अपनी विचित्र कहानी मुझे सुनाई।

"बाबू", उसने बताया, "पुश्त-दो पुश्त से ही नहीं, मेरे खानदान में तेरह पुश्त से यही जल्लादी का काम होता है। हाँ, उसके पहले मुसलमानी राज में मेरे पुरखे डाका डाला करते थे। मेरे दादा के दादा ऐसे प्रतापी थे कि सन् सत्तावन की गदर में उन्होंने इसी शहर में, उस दक्षिणी मैदान में सरकार बहादुर के हुक्म से पाँच सौ और तीन पच्चीस और दो दस आदमियों को चंद दिनों के भीतर ही फाँसी पर लटका दिया था। उन दिनों वे आठों पहर शराब छाने रहा करते थे। और कैसी शराब, मामूली नहीं, बाबू, गोरों के पीनेवाली, अंग्रेजी।"

मैंने उसे टोका, "रामरूप! क्या अब भी फाँसी देने के पूर्व तुम लोगों को शराब मिलती है?"

"हाँ-हाँ, मिलती क्यों नहीं, बाबू! मगर 'देशी' की एक बोतल का दाम मिलता है, विलायती का नहीं, जिसको छान-छानकर मेरे दादा के दादा गाहियों-के-गाही लोगों को काल के पालने पर झुला देते थे। वही मेरे खानदान में सबसे अधिक धनी और जबरदस्त भी थे। लंबे-चौड़े तो वे ऐसे थे कि बड़े-बड़े पलटनिए साहब उनका मुँह बकर-बकर ताका करते थे, मगर उनमें एक दोष भी बहुत बड़ा था। वे शराब बहुत पीते थे। इसी में वे तबाह हो गए और मरते-मरते गदर की सारी कमाई फूँक-ताप गए। हाँ, मैं भूल कर गया, बाबू! वे मरे नहीं, बल्कि शराब के नशे में एक दिन बढ़ी नदी में कूद पड़े और तब से लापता हो गए। नदी के उस ऊँचे घाट पर हमारे दादा ने उनका 'चौरा' भी बनवाया है, जिसकी सैकड़ों डोम पूजा किया करते हैं और हमारे वंश के तो वे 'वीर' ही हैं।"

अपने 'वीर' परदादा के प्रति श्रद्धा प्रकट करने के लिए उनकी कहानी पूरी करते-करते रामरूप ने धीरे से अपने दोनों कान उमेठे।

"रामरूप!" मैंने कहा, "जाने दो अपने पुरखों की कहानी। वह बड़ी ही भयानक है। अब तुम यह बताओ कि तुम्हारे कोई बच्ची-बच्चा भी है?"

"नहीं, बाबू!" किंचित् गंभीर होकर उसने कहा, "मेरी औरतिया के कोई सात बरस हुए एक लड़का जरूर था, मगर वह दो साल का होकर जाता रहा। बच्चे तो वैसे भी मेरे खानदान में बहुत कम जीते हैं, न जाने क्यों? जहाँ तक मुझे मालूम है, मेरे किसी भी पुरखे का एक से ज्यादा बच्चा नहीं बचा। मुझको तो वह नसीब नहीं। मेरी लुगैया तो अधबूढ़ी हो जाने पर भी अभी बच्चा-बच्चा रिरियाया करती है, मगर यह मेरे वश की बात तो नहीं। मैं तो आप ही चाहता हूँ कि मेरे एक 'वीर' बच्चा हो, जो हमारे इस पुश्तैनी रोजगार को मेरे बाद सँभाले, पर जब दाता देता ही नहीं, तब कोई क्या करे?"

"जब तक तुम्हारे और कोई नहीं है," मैंने उस जल्लाद के हृदय की थाह ली, "तब तक तुम इसी भिखमंगे को क्यों नहीं पालते-पोसते? तुमने कुछ अंदाज लगाया है, कैसा है उसका मिजाज? यह तुम्हारे यहाँ खप जाने लायक है?"

"है तो, और मेरी लुगैया उसको चाहती भी है।" रामरूप ने जरा मुसकराकर कहा, "पर मेरे अंदाज से वह (अलियार) कुछ दब्बू व डरू है और मेरे लड़के को तो ऐसा निडर होना चाहिए कि जरूरत पड़े तो बिना डरे काल की भी खाल खींच ले और जान निकाल ले। यह छोकरा भला मेरे रोजगार को क्या सँभालेगा?"

"कोई दूसरा रोजगार देखो, रामरूप!" मैंने कहा, "छोड़ो इस हत्यारे व्यापार को। इसमें भला तुम्हें कब आनंद मिलता होगा? गजब की है तुम्हारी छाती, जो तुम लोगों को प्रसन्न भाव से बेंत लगाते हो और फाँसी के तख्ते पर चढ़ाकर अपने परदादा के शब्दों में काल के पालने पर झुला देते हो, मगर यह अच्छा नहीं।"

"हा-हा-हा-हा!" रामरूप ठठाया, "आप कहते हैं, यह अच्छा नहीं! नहीं बाबू, हमारे लिए तो यह बहुत अच्छा है। आप जानते ही हैं, मैं आप लोगों की 'नीच जाति' का एक तुच्छ प्राणी हूँ। आप तो नए खयाल के आदमी हैं, इसीलिए न जाने क्या समझकर इस लड़के के प्रेम में मेरी झोंपड़ी तक आए भी हैं, नहीं तो मैं और मेरी जाति इस इज्जत के योग्य कहाँ? मेरे घरवाले यदि जल्लादी न करते तो आप लोगों के मैला साफ करते और कुत्तों को मारते। मगर···हा-हा- हा-हा-कुत्तों को मारने से तो आदमी को मारना कहीं अच्छा है, इसे आप भी मानेंगे, यद्यपि मेरी समझ से कुत्ता मारना और आदमी मारना जल्लाद के लिए एक ही बात है। हमारे लिए वे भी अपरिचित और निरपराध और ये भी। दूसरों के कहने से हम कुत्तों को भी मारते हैं और कुत्तों से ज्यादा समझदारों, आदमियों को भी।"

इसके बाद मुझे एक काम के सिलसिले में मुंबई जाना पड़ा और वहाँ पूरे दो महीने रुकना पड़ा। वहाँ से लौटने पर मैं भूल गया उस जल्लाद को, उसके विचित्र परिचित उस अलियार को। प्रायः दो वर्ष तक मुझे उनकी कोई ख़बर न थी। फुरसत भी, अपनी मानसिक हाय-हायों से इतनी न थी कि उनकी ओर ध्यान देता।

मगर उस दिन अचानक अलियार दिखाई पड़ा तो मैंने नहीं, उसी ने मुझको पहचाना भी। मुझे इस बार वह कुछ अधिक स्वस्थ, प्रसन्न और सुंदर मालूम पड़ा।

"कहाँ रहते हो आजकल, अलियार?" मैंने दरियाफ्त किया, और तुम्हारे वे अद्भुत मित्र कैसे हैं, जिनको तुम शायद सपने में भी न भूल सकते हो?"

"वह मजे में है," उसने उत्तर दिया, "और मैं तभी से उसी के साथ रहता

हूँ। तभी से उसकी वह पत्नी मुझको अपने बेटे की तरह मानती और पालती है।"

"तो क्या अब तुम भी वह व्यापार सीख रहे हो और रामरूप की गद्दी के हकदार बनने के यत्न में हो?"

"मुझे स्वयं तो पसंद नहीं है उसका वह हत्या-व्यापार, मगर उसकी रोटी खाता हूँ तो बातें भी माननी ही पड़ती हैं। वह अब अकसर मुझे फाँसी या बेंत लगाते वक्त अपने साथ जेल में ले जाता है और अपने निर्दय व्यापार को बार-बार मुझे दिखाकर मुझको भी अपना ही-सा बनाना चाहता है।"

"तुम जेल में जा कैसे पाते हो?" मैंने पूछा, "वहाँ तो बिना अफसरों की आज्ञा के कोई भी नहीं जा पाता। फिर खासकर बेंत मारने और फाँसी के वक्त तो और भी बाहरी लोगों को मनाही रहती है।"

"मगर," उसने उत्तर दिया, "अब तो मैं उसे 'मामा' कहकर पुकारता हूँ और वह मुझे अपनी बहन का लड़का और अपना 'गोद लिया हुआ बेटा' कहकर अफसरों के आगे पेश करता है। कहता है, हमारे खानदान के सभी लड़कों ने इसी तरह देख-देखकर इस विद्या का अभ्यास किया था।"

"तो तुम भी अब," मैंने एक लंबी साँस ली, "जल्लाद बनने की धुन में हो?—वही जल्लाद, जिसके अस्तित्व के कारण उस दिन जेल के उस कोने में पड़े तुम तड़प रहे थे और अपने भावी मामा की ओर देख-देखकर उसकी क्रूरता को कोस रहे थे, बाप रे! तुम उस भयानक रामरूप को प्यार करते हो, कर सकते हो?"

मेरे इस प्रश्न पर कुछ देर तक अलियार चुप और गंभीर रहा। फिर बोला, "नहीं बाबूजी, मैं उस पशु को तो कदापि प्यार नहीं करता, बल्कि आपसे सच कहता हूँ, उससे घृणा करता हूँ। जब-जब मेरी नजर उस पर पड़ती है, तब-तब मैं उसी रूप में देखता हूँ, जिस रूप में उस दिन देखा था, जिसकी आप अभी चर्चा कर रहे थे। पर मैं उसकी पत्नी का आदर करता हूँ, जो हत्यारे की पत्नी होने पर भी हत्यारिन नहीं, माँ है। बस उसी के कारण मैं वहाँ रुका हूँ, नहीं तो मेरा वश चले तो मैं उस रामरूप को एक ही दिन में इस पृथ्वी पर से उठा दूँ, जो लोगों की हत्या कर अपनी जीविका चलाता है और आपसे छिपाता नहीं, मैं शीघ्र ही किसी-न-किसी तरह उसको इस व्यापार से अलग करूँगा, इसमें कोई भी संदेह नहीं।"

"वह ऐसा कपड़ा नहीं हैं, अलियार!" मैंने कहा, "जिस पर कोई दूसरा रंग भी चढ़ सके। रामरूप को, जहाँ तक मैंने समझा है, स्वयं भगवान् भी उसके व्यापार से अलग नहीं कर सकते। दूसरे जल्लाद चाहे कुछ कच्चे वधिक हों, मगर तुम्हारा

वह मामा तो जरूर ही सभी जल्लादों का दादा-गुरु है। बचना तुम उससे और उसको उसके पथ से विरत करने से, नहीं तो सावधान! वह ऐसा निर्दय है कि कुछ उलटी-सीधी समझते ही तुम्हारे प्राणों तक को मसल डालेगा।"

"पर बाबू," अलियार ने सच-सच कहा, "अब तो वह भी मुझको प्यार करने लग गया है। मुझे तो कभी-कभी ऐसा ही मालूम पड़ता है। आश्चर्य से चकित होकर कभी-कभी मेरी वह नई 'माँ' भी ऐसा ही कहा और सोचा करती है। वह क्रुद्ध होने पर भी अकसर मेरी माँ को बुरी तरह मारने लगता है, पर मेरी ओर से बड़ा-से-बड़ा अपराध होने पर भी न जाने क्यों, तर्जनी उँगली तक नहीं उठाता। मुझे अपने साथ ही खिलाता भी है और यहाँ-वहाँ जेल में तथा छोटे-मोटे अफसरों के पास ले भी जाता है, मगर इतने पर भी मैं उससे घृणा करता हूँ, उसका अमंगल व सर्वनाश चाहता हूँ।"

"क्यों?" मैंने आश्चर्य से पूछा।

"न जाने क्यों, न जाने क्यों?" उसने उत्तर दिया, "मैं उस पशु को कभी प्यार नहीं कर सकता। अच्छा बाबू, आपको भी देर हो रही है, मुझे भी। यहाँ रहा तो फिर कभी सलाम करने आऊँगा। इस वक्त जाने दीजिए।"

मुझको यह विश्वास नहीं था कि वह दुबला-पतला भिखमंगा बालक अपने निश्चय का ऐसा पक्का निकलेगा कि एक दिन सारे शहर में तहलका मचाकर छोड़ेगा, पर वह विचित्र निकला। एक दिन प्रातःकाल होते ही शहर में जोरों की सनसनी फैली कि आज स्थानीय जिला-जेल से कोई बड़ा मशहूर फाँसी का कैदी भाग निकाला है। यद्यपि उसके भागने के वक्त पहरेदार वार्डरों को कुछ आहट मिल गई थी, पर उससे कोई फायदा नहीं हो सका। भागनेवाला तो भाग ही गया। हाँ, भागनेवालों में से एक नवयुवक पकड़ा गया है।

समाचार तो आकर्षक था, खासकर इसलिए कि फाँसी का कोई कैदी भागा था। मेरे जी में आया कि जरा जेल की ओर टहलता हुआ चलूँ। देखूँ, वहाँ शायद रामरूप या अलियार मिले। उन दोनों में से किसी के भी मिलने से बहुत सी भीतरी बातों का पता चल सकेगा।

कपड़े पहन और टहलने की छड़ी हाथ में लेकर जब मैं जेल के पास पहुँचा तो वहाँ का हंगामा देखकर एक बार आश्चर्य में आ गया। फाटक के बाहर अपने क्वार्टरों के सामने मैदान में ड्यूटी से बचे हुए अनेक वार्डर हताश और उदास खड़े होकर गत रात्रि की घटना पर मनोरंजक ढंग से वाद-विवाद कर रहे थे।

एक ने दरियाफ्त किया, "भीतर बड़े साहब और कलक्टर उसका बयान ले रहे हैं। गजब कर दिया उस लौंडे ने। ऐसे जालिम आदमी को भगा दिया, जिसे अब सरकार पा ही नहीं सकती। मैंने पहले इस छोकरे को ऐसा नहीं समझा था।"

"अरे, उसको छोकरा कहते हो!" दूसरे मुसलमान वार्डर ने कहा, "वह कुत्ता चाहे तो बड़े-बड़ों को चराकर छोड़ दे, मगर उस पाजी की वजह से बेचारा रामरूप पिस जाएगा, क्योंकि अपना-अपना बोझ हलका करने के लिए सभी गरीब रामरूप पर टूटेंगे। उसी की वजह से वह जेल में आने-जाने और उसके भेद पाने लायक हुआ था। अब देखना है, रामरूप की डोंगी किस घाट लगती है।"

"वह भीतर अफसरों के सामने जेलर साहब द्वारा बुलाया गया है। शायद उसको भी बयान देना होगा।"

"नहीं।" किसी गंभीर वार्डर ने कहा, "जेल के कर्मचारियों से जब कोई गलती हो जाती है, तब अपनी सारी ताकत लगाकर वे उसे छिपाने की कोशिश करते हैं। मुझे ठीक-ठीक मालूम है, जेलर ने जेल के प्रत्येक आदमी को समझा दिया है कि उस लड़के के सिलसिले में रामरूप का नाम लिया ही न जाए और यह साबित ही न होने दिया जाए कि वह पहले से यहाँ आता-जाता था। यह बात रामरूप को और उस लौंडे को भी समझा दी गई है।"

"मगर वह पाजी छोकरा, जिसने उस मशहूर डाकू को भगाकर हमारे सिर पर आफत ढा दी है, जेलर की सलाह मानेगा ही क्यों? अगर अपने बयान में वही कुछ कह दे?"

"अजी! कहेगा जरूर ही।" किसी बूढ़े वार्डर ने राय दी, "आखिर इस भगाई में एक खून भी तो हुआ है। माना कि खून लड़के ने नहीं, उस डाकू के किसी साथी ने किया होगा, पर अगर दूसरे न पकड़े गए तो उस वार्डर का खून तो इसी छोकरे के माथे मढ़ा जाएगा। उफ! बड़े जीवट की यह घटना हुई है। मैं तो तीस साल से इस नौकरी में हूँ। इस बीच में मैंने पचासों कैदियों के भागने की बातें सुनीं, मगर उनमें ऐसी घटना एक भी नहीं। फाँसी के कैदी का भाग जाना या भाग जाने का अवसर पाना, कमाल है! अरे, इस मामले में जेल का सारा स्टाफ बदल दिया जाएगा, बड़े साहब से लेकर छोटे जमादार तक। लोग तनज्जुल होंगे, सो अलग।"

इसी समय रामरूप जेल के फाटक के बाहर आता हुआ दिखाई पड़ा। सबकी नजर उस पर पड़ी।

"वह देखो!" एक ने कहा, "वह बाहर आया। ओह! कैसी लाल हैं आज

उसकी आँखें! कैसे उसके होंठ फड़क रहे हैं! जरा बुलाओ तो इधर, पूछा जाए कि भीतर क्या हो रहा है?"

"क्या हो रहा है, रामरूप?" अपनी ओर बुलाकर वार्डरों ने उससे दरियाफ्त की, "क्या कलक्टर के आगे तुम्हारा नाम भी लिया जा रहा है?"

"नहीं बाबू!" उसने दाँत किटकिटाकर कहा, "आप लोगों की दया से मेरा नाम तो नहीं लिया जा रहा है। वह छोकरा भी इस बारे में चुप है। कुछ बोलता ही नहीं सिवाय इसके कि 'हाँ, मैंने ही उस डाकू को भगा दिया है। मैंने ही मारा भी है उस वार्डर को। मेरी सहायता में और लोग भी थे, मगर मैं उन्हें इस बारे में नहीं फँसाना चाहता। मुझे सजा हो, मुझे फाँसी दी जाए। मैं तैयार हूँ।"

"फिर क्या होगा, रामरूप?" एक ने पूछा, "लच्छन कैसे दिखाई पड़ते हैं?"

"क्या होगा, इसे आज ही कौन बता सकता है, जमादार साहब?" उसने नीरस उत्तर दिया, "अभी तो सरकार उस डाकू और उसके साथियों को पकड़ने की कोशिश करेगी। इसके बाद उस कुत्ते भिखमंगे को फाँसी दी जाएगी। इसमें कोई संदेह नहीं, वह पाजी जरूर फाँसी पर लटकाया जाएगा। मैं फाँसी पानेवाले की आँखें पहचान जाता हूँ। एक जमाने से यही काम कर रहा हूँ और सच कहता हूँ, भैरव बाबा की दया से मैं ही उस शैतान के बच्चे को मृत्यु के झूले पर टाँगूँगा।"

न जाने क्या विचार कर रामरूप एकाएक उत्तेजित हो उठा, "इन्हीं हाथों से मैंने अच्छे-अच्छों और बड़े-बड़ों को फाँसी पर टाँग दिया है। सच मानना जमादार साहब! आज तक चार-बीस और सात आदमियों को लटका चुका हूँ। अब यह कुत्त आठवाँ होगा। हाँ-हाँ, आठवाँ होगा! आठवाँ होगा!"

उत्तेजित रामरूप उस भीड़ से दूर एक ओर तेजी से बड़बड़ाता हुआ बढ़ गया। उस समय उससे कुछ पूछने की हिम्मत न हुई।

मगर आश्चर्य की बात तो यह है कि धीरे-धीरे वह क्रूर-हृदय जल्लाद उस अलियार को प्यार करने लग गया था। उस अलियार ने उस दिन बिल्कुल सच कहा था, क्योंकि जब सेशन अदालत से और किसी प्रामाणिक मुजरिम के अभाव में और प्रमाण के आधिक्य से अलियार को फाँसी की सजा सुनाई गई, तब वही रामरूप कुछ ऐसा उत्तेजित हो उठा कि पागल सा हो गया।

"हा-हा-हा-हा!" वह अदालत के बाहर ही निस्संकोच बड़बड़ाने लगा, "अब लूँगा, अब बच्चू से लूँगा बदला! क्यों न लूँ बदला उससे? मैंने सरकारी हुक्म से उसको उस दिन बेंत मारे थे, जिसका उसने मुझसे ऐसा भयानक बदला

लिया है कि मेरी रोजी मारते-मारते बचा। वह तो बचा ही, उस पापी ने मेरी पत्नी को अपने प्रेम में खाट पकड़वा दी है। अब भोगो, बेटे! अब झूलो पालना, बच्चू! हा-हा-हा-हा!"

यद्यपि अलियार की फाँसी की सजा सुनकर जल्लाद रामरूप अट्टहास कर उठा, पर मेरा तो कलेजा धक्-से होकर रह गया। मुझको ऐसी आशा नहीं थी कि जिस कहानी का आरंभ उस दिन जेल के कोने में अलियार और जल्लाद से मेरे परिचित होने से हुआ था, उसका अंत ऐसा बीभत्स होगा। मैंने बड़े दुःख के साथ उस दिन यह निश्चय किया कि अब मैं कभी उस रामरूप के सामने न जाऊँगा।

मगर संयोग को कौन टाल सकता है? जिस दिन अलियार को दुनिया के उस पार फेंक देने का निश्चय हो गया था, उससे एक दिन पूर्व मैंने उसको अंतिम बार पुनः देखा। हाथ में एक हाँड़ी लिये परम उत्तेजित भाव से वह शहर की एक चौमुहानी पर खड़ा था और उसको घेरे हुए लड़कों, युवकों एवं बेकारों की एक भीड़ खड़ी थी। अजीब-अजीब प्रश्न लोग उसपर बरसा रहे थे और वह उनके रोमांचकारी उत्तर दे रहा था। किसी ने पूछा, "तुम कौन हो, भाई?"

"मैं?" वह मुसकराया, "मैं महापुरुष हूँ। आह! आश्चर्य कर रहे हो कि मैं महापुरुष क्योंकर हो सकता हूँ, क्योंकि मैं तो खानदानी जल्लाद रामरूप हूँ। पर अफसोस! तुम नहीं जानते कि प्रत्येक जल्लाद महापुरुष होता है।"

"अच्छा यार," एक ने कहा, "हमने मान लिया कि तुम महापुरुष हो, पर यह तो बताओ कि आज यहाँ इस तरह क्यों खड़े हो? यह तुम्हारे हाथ में जो हाँड़ी है, इसमें क्या है?"

"यह हाँड़ी···" उसने हाँडी का मुँह भीड़ के सामने किया, "इसमें फाँसी की रस्सी है जरूर, पर यह असली नहीं है। असली रस्सी तो दुरुस्त करके आज ही जेल में ऐसे ही एक बरतन में रख आया हूँ। वह रस्सी इससे कहीं सुंदर, कहीं अधिक मजबूत है। इसको तो केवल अभ्यास के लिए अपने साथ लेता आया हूँ। आज रात भर इन उस्ताद हाथों को फाँसी देने का अभ्यास जोर-शोर से कराऊँगा, क्योंकि इस बार मामूली आदमी को नहीं लटकाना है। इस बार उसको लटकाना है, जिसके झूलते ही कोई आश्चर्य नहीं, जो मेरी औरतिया भी इस दुनिया से कूच कर जाए, क्योंकि वह उस पापी को प्यार करती है।"

किसी ने कहा, "जरा अपने गले में इस रस्सी को लगाकर बताओ तो रामरूप कि फाँसी की गाँठ कैसे दी जाती है?"

"हाँ-हाँ," उसने रस्सी को अपने गले के चारों ओर लपेटकर गाँठ देना शुरू किया, "यह देखो, यह गले का कंठा है···और ये हैं मेरी मृत्यु-गाँठें। बस अब केवल चबूतरे पर खड़ा कर झुला देने की कसर है। जहाँ एक झटका दिया कि बच्चू गए जम-धाम। यह देखो! या देखो।"

अपने गले में उस रस्सी को उसी तरह वह उन्मत्त रामरूप हाँड़ी फेंककर, भीड़ को चीरता हुआ एक ओर बेतहाशा भाग गया।

□

दूसरे दिन अलियार को फाँसी देने के लिए जब सशस्त्र पुलिस, मजिस्ट्रेट, जेल-सुपरिंटेंडेंट और अन्य अधिकारी एकत्र हुए, तो पता चला कि जल्लाद रामरूप हाजिर नहीं है।

पुलिस दौड़ी, जेल के वार्डर दौड़े उसको ढूँढ़ने के लिए, मगर वह मिल न सका। न जाने कहाँ गायब हो गया। अलियार को उस दिन फाँसी न हो सकी।

मगर उसी दिन दोपहर को कुछ लोगों ने रामरूप को शहर के बाहर एक बरगद की डाल पर फाँसी पर टँगे देखा! उसकी गरदन में वही रस्सी थी, जिसको कुछ घंटे पूर्व शहर के अनेक लोगों ने उसके हाथ में देखा था। उस समय भी उसकी आँखें खुलीं, भयानक और नीरस थीं। जीभ मुँह से बारह अंगुल बाहर निकल आई थी और उसका दानवी रूप ऐसा रोमांचकारी हो गया था कि बड़े-बड़े हिम्मती तक उसकी ओर देखकर दहल उठते थे।

□

# शाप

*वह संत था—हिंदू या मुसलमान, पता नहीं! उसकी गाय को बचाने एक मुसलमान ही आगे आता है, पर गाय और वह दोनों काट दिए जाते हैं। संत का 'शाप' गाँव पर कहर बनकर टूटता है, 'दंगों' पर 'उग्र' की श्रेष्ठतम कहानी।*

## 1

हमारे गाँव के जमींदार मुसलमान हैं। गाँव न तो बहुत बड़ा है और न छोटा ही। पाँच सौ घर है दो हजार बाशिंदे। गत मुर्दमशुमारी में हिंदुओं की संख्या सात सौ थी और मुसलमानों की तेरह सौ। जमींदार अली अहमद खाँ के घर के सामने बादशाही जमाने की एक पुरानी और पुख्ता मसजिद है। खुदा के बंदे वहीं दुआ माँगा करते थे। मंदिरों की तादाद पचासों से अधिक है, पर उनमें से दो-चार को छोड़ बाकी की हालत बहुत खराब है।

गाँव का इंतजाम दो-तीन साल से अली अहमद खाँ के हाथ में है। इससे पहले उनके बूढ़े, ईमानदार और शरीफ-तबीयत बाप स्वर्गवासी खुदायारखाँ गाँव के शासक थे। खुदायारखाँ के शासनकाल में गाँव में शांति और सुख की तूती बोला करती थी। उन्हें हिंदू और मुसलमान दोनों ही प्रेम और आदर की दृष्टि से देखा करते थे। कारण, उनमें मुसलमानियत से अधिक आदमियत थी। वे धर्मांधता से इनसाफ को अधिक पसंद करते थे। उन्हीं के व्यक्तित्व से गत असहयोग या खिलाफ आंदोलन में हमारा गाँव आदर्श गाँव बना हुआ था। मगर उनकी तबीयत, उनका इनसाफ उन्हीं के साथ कब्र में दफन हो गया। उनके पुत्र अली अहमद खाँ किसी दूसरी धातु से बने हैं। वे उच्छृंखल हैं, कट्टर हैं, मुसलमान हैं। यहाँ 'मुसलमान' का अर्थ उस प्राणी से है, जिसके व्यक्तित्व को अपने को हिंदू कहनेवाले लोग संदेह,

घृणा और भय की दृष्टि से देखते हैं।

अली अहमद के राज में इनसाफ तो दूर, अकसर जुल्म हुआ करते हैं। अब गाँव की बहन-बेटियाँ घर के बाहर निकलने में आनाकानी करती हैं, क्योंकि जमींदार बाबू उन्हें अपनी बहन-बेटियाँ न समझ भोग्य-सामग्री समझते हैं। अब टूटे-फूटे मंदिरों की हालत और भी नाजुक हो गई है, क्योंकि मुसलमानों के छोकरे भगवान् शंकर के सिर पर अकसर पत्थर बरसा जाते हैं। कोई सुननेवाला नहीं। कोई हिंदुओं का पुर्सान-ए-हाल नहीं। अगर कोई जमींदार के यहाँ अपनी समस्या कर जाता है तो न्याय की जगह गालियाँ और फटकार पाता है। यही कारण है, जो अनेक हिंदू गाँवों में जा बसे और अनेक जाने की तैयारी कर रहे हैं।"

## ~ 2 ~

गाँव से आधे कोस के फासले पर छोटा सा जुगल है। हम लोग उसे 'पलाश वन' कहा करते हैं। उसमें आम, जामुन और नीम के दस-बीस वृक्षों को छोड़ बाकी पलाश वन भी अली अहमद खाँ की संपत्ति है।

उसी वन में उनकी एक फूस की छोटी सी झोंपड़ी है, जिन्हें गाँववाले 'परमहंस बाबा' कहते हैं। परमहंसजी की अवस्था क्या है, वह कोई नहीं जानता। गाँव का बूढ़े-से-बूढ़ा आदमी अपने लड़कपन से ही उनको एक ही रूप और अवस्था में देख रहा है। अधिकतर हिंदू और कुछ पुराने मुसलमान भी उनको पहुँचा हुआ सिद्ध मानते हैं। कितने हिंदू और मुसलमानों के असाध्य रोग उनके आशीर्वाद या एक चुटकी धूल के प्रसाद से अच्छे हो चुके हैं। परमहंस बाबा गोरे रंग, गठीले बदन और लंबे कद के हैं। आसपास के दस बीस गाँवों में उनके बराबर कोई दूसरा लंबा पुरुष नहीं दिखाई पड़ता। उनकी लंबी-दाढ़ी और सिर के बड़े-बड़े बाल बर्फ की तरह धवल और चेहरे पर खून बरसा करता है।

परमहंसजी पूरे परमहंस हैं। जात-पाँत बिल्कुल नहीं मानते। दिन-रात में एक बार भोजन करते हैं। आसपास के पाँच-सात गाँवों में से किसी एक गाँव में जाकर पाँच घरों से 'मधुकरी' माँगते हैं। रूखा-सूखा, भला-बुरा, खाद्य-अखाद्य, जो भी मिल जाता है, उसे लेकर वन के निकट बहनेवाली सावित्री नदी में पहले दबा देते हैं और फिर वहीं भगवान् का स्मरण कर उसे ग्रहण करते हैं।

एक बार हमारे गाँव के कुछ मुसलमानों और हिंदुओं में परमहंसजी के मांस खाने, न खाने की बात को लेकर बहस हो गई। मुसलमानों का कहना था कि वे

मांस खाते हैं और हिंदू कहते थे कि कदापि नहीं खाते। यह विवाद एक मुसलमान के दरवाजे पर हो रहा था। संयोग से उसी वक्त परमहंस मधुकरी माँगने के लिए वहीं आए। जिस मुसलमान का घर था, उसने हिंदुओं से कहा कि तुम लोग चुपचाप देखो, हम परमहंस को गोश्त देते हैं। परमहंस ने मुसलमान गृहस्थ के दरवाजे पर 'नारायण' की आवाज दी। वह मुसलमान घर में से तश्तरी में कुछ पके चावल और गोश्त के टुकड़े ले आया और उन्हें परमहंसजी की झोली में डाल दिया। परमहंसजी आगे बड़े और चार घरों में कुछ और सामग्री माँगकर आश्रम की ओर चले। कुछ देर तक तो हिंदू लोग अवाक् से खड़े रहे, फिर परमहंसजी को मधुकरी में मांस की सूचना देने के लिए जल्दी-जल्दी उनके आश्रम की ओर बढ़े। जब तक वे वहाँ पहुँचे, तब तक परमहंसजी नदी के तट पर पहुँच गए थे।

अभी वे मधुकरजी को जल में डुबोकर पवित्र कर ही रहे थे कि हिंदुओं ने आवाज दी, "महाराज, उस सामग्री को ग्रहण न कीजिएगा।"

"क्यों भाई, इसमें क्या है?"

"उस म्लेच्छ ने इसमें न जाने किस जीव का मांस दे दिया है। स्वामिन्! आप मुसलमानों के दरवाजे पर मधुकरी माँगने क्यों जाते हैं? वे विधर्मी आपका अपमान करते हैं।"

हँसते-हँसते परमहंसजी ने उत्तर दिया, "हमारे लिए हिंदू-मुसलमान दो नहीं हो सकते। मान-अपमान दोनों मेरे लिए बराबर तुम्हारा यह कथन कि मधुकरी में कोई अपवित्र पदार्थ भी है, केवल भ्रम है। परमहंस की मधुकरी के पास अपवित्रता आ ही नहीं सकती।"

इसके बाद परमहंस ने प्रभु का स्मरण कर झोली का आवरण हटाया। उस समय लोगों ने साश्चर्य देखा कि मधुकरी में चावल, दाल और रोटियों को छोड़ गोश्त का एक टुकड़ा भी न था। इस घटना से परमहंसजी पर हिंदुओं की श्रद्धा और बढ़ गई।

परमहंसजी को अली अहमदा खाँ के पिता भी बहुत मानते थे। उन्होंने उनसे कई बार यह कहा था कि "अगर आपकी इजाजत हो तो मैं एक छोटी सी पत्थर की कुटी आपके लिए इस पलाश वन में बनवा दूँ।" मगर परमहंसजी खुदायारखाँ की बातों को हँसी में टाल देते थे, "खुदायार, हम लोग बादशाह हैं। हमारे लिए दो ही स्थान हो सकते हैं—महल या झोंपड़ी। हमारी बादशाही में खलल न डालो।"

## ~ 3 ~

पहले परमहंसजी चातुर्मास व्यतीत करने के लिए हर साल विंध्याचल पर चले जाते थे, मगर इधर दो वर्षों से उन्होंने वैसा करना बंद कर दिया है। इसका एक बड़ा ही सुंदर कारण है। गत वर्ष कार्तिक मास के आरंभ में जब वे पहाड़ के नीचे आश्रम पर आए, तब अपने साथ एक श्यामा और सुंदरी गऊ भी लेते आए थे। उन्होंने हम लोगों को उस गाय का विचित्र इतिहास सुनाया। उनका खयाल था कि वह किसी पर्वतीय ग्राम के गृहस्थ की गऊ थी। चरवाहे की असावधानी से पहाड़ों में भटकी-भटकी फिर रही थी। एक दिन परमहंसजी गुफा में बैठे प्रभु-चिंतन कर रहे थे कि उसी गऊ की चिल्लाहट सुनाई पड़ी। वे आवाज की ओर बढ़े। कुछ दूर जाने पर उन्होंने देखा कि एक भयानक चीता भय-कातर गऊ को अपनी पीठ पर लादे लिये जा रहा था और वह प्राण छोड़कर चिल्ला रही थी। उसकी चिल्लाहट से पर्वतराज के अंग पर रोम-राजि से खड़े वृक्ष-समूह काँप रहे थे। स्वयं पर्वतराज विंध्य भी, अपनी पूर्ण शक्ति से प्रतिध्वनि कर गो-गुहार चारों ओर फैला रहे थे। परमहंसजी अभागिनी गऊ की भयावनी अवस्था देख विचलित हो उठे और अपने को न सँभाल सके। तुरंत एक शिलाखंड उठाकर उन्होंने चीते के पैरों को ताककर मारा। निशाना सच्चा बैठा। इस अचानक और भयानक आक्रमण से वह व्यग्र हो उठा और गऊ को जहाँ-तहाँ छोड़ भाग खड़ा हुआ।

परमहंसजी ने देखा कि गऊ के अनेक अंग चीते के आघात से रक्त-रंजित हो गए थे। वह मृतप्राय पड़ी थी। परमहंसजी वन की औषधियों के पूर्ण ज्ञाता थे। तुरंत कई प्रकार की जड़ी-बूटी लाकर उन्होंने उसके क्षत पर लगाया, वह बच गई। बच जाने के बाद फिर उस गऊ ने परमहंसजी का साथ न छोड़ा। वह उनके पीछे-पीछे ही पालतू कुत्ते की तरह घूमा करती और सायं-प्रातः चुपचाप अपना 'थन' उनके सामने कर खड़ी हो जाती। चीते के हाथ से उस गऊ को पाकर वे उतने ही प्रसन्न हुए जितने ब्रह्मर्षि वसिष्ठ अपनी नंदिनी को राजा विश्वामित्र के हाथ से पाकर हुए थे। परमहंसजी उसे नंदिनी-कामधेनु समझते थे। उसका दूध—हमने स्वयं एक दिन परमहंसजी से प्रसादस्वरूप प्राप्त कर चखा था। वह बहुत गाढ़ा और मीठा होता था। उसके इसी गुण पर मुग्ध होकर दयालु परमहंसजी ने उसका नाम रखा था—'सुधा।'

भाई भाई को, मित्र मित्र को, पिता पुत्र को जितना प्यार नहीं कर सकता, उतना हमारे परमहंसजी सुधा को प्यार करते थे। नित्य प्रातःकाल उसे सावित्री में खूब मल-मलकर नहलाते थे, स्वयं उसके चारे का प्रबंध करते और उसका मुँह ताका

करते थे। सुधा भी परमहंसजी पर वैसे ही मुग्ध थी, जैसे माँ अपने बच्चे पर हुआ करती है। वह परमहंसजी के इशारों को, उनकी भाषा को मनुष्यों की तरह समझ लेती। वह कहते, "सुधे! वृक्ष के नीचे बैठकर आश्रम देखो, मैं मधुकरी माँगकर आता हूँ।" सुधा चुपचाप, सिर नीचे किए आम के पेड़ की छाया में जा बैठती। जाने के पूर्व गऊ की ओर देख परमहंसजी कहते, "सुधे! जाता हूँ।" सुधा गरदन ऊँची कर कोमल हुंकार करने लगती, मानो कहती, "अच्छा जाओ।" उसकी बड़ी-बड़ी, काली-काली, करुण आँखें कहतीं, "मगर जल्द आना, मैं तुम्हारी राह देख रही हूँ।"

जब से सुधा से भेंट हुई, संसार-विरागी हो गए। उनके सदा के निश्चिंत हृदय में सुधा के हृदय को, चारे की ओर सुखों की चिंता बसने लगी। उनके हृदय का वह प्रेम, जो अब संसार और केवल संसार की संपत्ति था, अब पहले सुधा की, और फिर संसार की संपत्ति हो गया।

परमहंसजी के चातुर्मास में विंध्याचल पर न जाने का 'सुंदर-कारण' था—सुधा।

## 4

गत वर्ष वसंत ऋतु के आरंभ में सुधा को एक बच्चा हुआ। बड़ा हृष्ट-पुष्ट, बड़ा सुंदर, लाल रंग का बछड़ा था। बच्चे की प्राप्ति से माता-सुधा की प्रसन्नता देख परमहंसजी का हृदय प्रेम से गद्‌गद हो उठा। अब परमहंसजी की सेवा ग्रहण करने के लिए दो सुंदर जीव हो गए—सुधा और उसका बच्चा। सुधा के प्रेम के भी दो हकदार हो गए—परमहंस और बछड़ा। प्रातःकाल जब परमहंसजी घुटने तक जल में खड़े हो बछड़े को नहलाते, उस समय सुधा अपनी जीभ से अपनी कृपालु रक्षक की पीठ साफ करती।

मगर यह सुख अधिक स्थायी न रह सका। एक दिन मधुकरी माँगकर लौटने पर परमहंसजी ने देखा कि सुधा रो रही थी। उन्होंने उसकी ओर जिज्ञासा भरी दृष्टि से देखते हुए पूछा, "क्या है, सुधे! तुम्हारी आँखों में आँसू क्यों हैं?" गऊ जोर से हुंकार करती हुए आम के पेड़ की ओर देखने लगी। परमहंस ने देखा—वृक्ष के नीचे सुधा का बच्चा बेहोश पड़ा था। वे दौड़े हुए उसके पास गए, मगर व्यर्थ। वहाँ सारा खेल खत्म हो चुका था। ध्यान से देखने पर पता चला कि बछड़े की जीभ में किसी विषैले जानवर ने काट लिया था, जिसके कारण उसके प्राण-पखेरू उड़ गए थे। लाचार गऊ की पीठ पर हाथ फेरते-फेरते परमहंसजी ने कहा, "अब बहुत देर हो गई, सुधे! बात हमारे हाथ से बाहर हो गई।"

परमहंसजी ने बछड़े को जंगल के एक कोने में, सरिता सावित्री के तट पर

गाड़ दिया। जिस समय बछड़ा गाड़ा जा रहा था, सुधा पास ही खड़ी थी। उसकी आँखों के सामने ही उसके रक्षक ने उसके बच्चे को माता वसुंधरा के सूखे अंचल में ढक दिया। यह सब वत्स-विरह-विदग्धा गऊ माता की समझ में कुछ भी न आया। जब परमहंसजी चलने लगे तो वह अड़ गई। वह पृथ्वी की ओर देखकर चिल्लाने और आँसू बहाने लगी। माता के कोमल हृदय का वह करुण क्रंदन सुनकर परमहंसजी का हृदय टूक-टूक होने लगा।

दो दिनों तक गऊ ने एक तृण भी न छुआ। परमहंसजी भी भूखे ही रहे। तीसरे दिन सावित्री-स्नान से लौटने पर सुधा ने कुछ खाया। उसको खिला-पिलाकर परमहंसजी मधुकरी माँगने के लिए हमारे गाँव से पूर्व एक-दूसरे गाँव की ओर गए। सुधा उसी रसाल वृक्ष के नीचे बैठकर पागुर करने लगी।

पागुर करते-करते न जाने क्या सोचकर गऊ उठ खड़ी हुई और इधर-उधर चारों ओर ताक-ताककर 'बें-बें' चिल्लाने लगी, मानो उसे अपने बछड़े की याद आ गई और वह उसके लिए विकल होकर पुकारने लगी। कई बार हुंकारने और 'बें-बें' करने पर भी जब कहीं से कोई उत्तर न मिला, तब वह उसी प्रकार चिल्लाती आश्रम से हमारे गाँव की ओर बढ़ी।

गोधूलि के समय पूँछ उठाकर उछलती-कूदती, आँखों से आँसू बहाती और 'बें-बें' करती सुधा हमारे गाँव में घुसी।

□

"सुबह के गए-गए अब लौट रहे हो? इतनी देर तक जमींदार साहब के घर पर क्या कर रहे थे? नहाने-खाने की फिक्र भी न की?"

"मैं क्या करता? लाचारी थी। गाँव में बहुत बड़ा झगड़ा हो सकता है।"

"किससे झगड़ा हो सकता है? क्यों हो सकता है?"

"हिंदू-मुसलमानों में, बाजे के सवाल पर। आज रात में ठाकुर करनसिंह की लड़की की शादी है। साढ़े चार बजे बरात आएगी। जमींदार ने उनके यहाँ कहला दिया था कि बरात में शाम को मसजिद के सामने बाजा न बजे। मगर ठाकुर साहब इसे मानने को तैयार नहीं। दोनों ओर से अड़ा-अड़ी हो गई है।"

"वाह री दुनिया!" माथा पीटते हुए इसहाक की बीवी ने कहा, "ऐसा तो नवाबी में भी नहीं हुआ था। धरम के नाम पर किसी की ब्याह-शादी रोक दी जाएगी? आज से पहले भी हमेशा और हर वक्त मसजिद के सामने बाजे बजे हैं। यह तो झगड़ा खरीदना है।"

"यही बातें मैंने भी आज मुसलमानों की पंचायत में कही थीं, जिस पर यहाँ के

बहुत से मुसलमान मेरे ऊपर बुरी तरह नाराज हो गए। खुद अली अहमदखाँ उबल पड़े थे। कहने लगे कि जान पड़ता है, तुम दीन से बढ़कर काफिरों को समझते हो! जो मुसलमान मजहब के नाम पर मरने से डरे, वह मुसलमान नहीं, कुछ और है।"

"किसी को कमजोर समझकर उससे लड़ाई मोल लेना मजहबपरस्ती नहीं, शैतानपरस्ती है। खुदापरस्ती नहीं, खुदपरस्ती है। तो क्या सचमुच आज लड़ाई होकर ही रहेगी?"

"मालूम तो ऐसा ही पड़ता है।"

"तब तुम अभी जाकर परमहंसजी की गाय उनके सुपुर्द कर आओ। उन्होंने हमारे बच्चे हामिद को मरने से बचाकर हमें हमेशा के लिए कर्जदार और गुलाम बना लिया है। इस गाय पर उनकी मुहब्बत है। यहाँ के झगड़े से अगर परमहंसजी की गाय का कोई नुकसान हुआ तो हम लोग खुदा को क्या मुँह दिखाएँगे?"

"ठीक कहती हो। मैं अभी आता हूँ। आज उसने कुछ खाया है या कल शाम की तरह भूखी ही बँधी है।"

"घास, भुस, दाने—सब उसके आगे डालकर थक गई, कुछ खाती ही नहीं। बड़ी हठीली गाय है। परमहंसजी हिंदू होकर भी हमारे घर की पकी रोटियाँ तक खा लेते हैं, मगर यह जानवर उनसे भी बढ़ी हुई है।"

## 5

सुधा को बाँधकर, रस्सी हाथ में लिये मुहम्मद इसहाक घर से बाहर निकला। उस समय संध्या के पाँच बजे का वक्त रहा होगा। अभी वह थोड़ी ही दूर गया होगा कि डंडे, भाले और तलवारों से सजा मुसलमानों का एक दल मिला। यह उस मसजिद की ओर जा रहा था, जो इसहाक के रास्ते में पड़ती थी।

"आदाब-अर्ज है, मिया इसहाक! तुम्हारी यह सूझ दाद देने लायक है। इसे मसजिद में कुरबान करने के लिए चल रहे हो न? बड़ा अच्छा इरादा है। साले काफिर इन्हीं तरकीबों से मानते हैं।" तीन-चार मुसलमानों ने एक साथ ही इसहाक से उपर्युक्त बातें कह गाय की रस्सी पकड़ ली।

"ठहरो!" डाँटकर इसहाक ने कहा, "हर वक्त मजाक ठीक नहीं। राह छोड़ो! शाम हो रही है, मुझे दूर जाना है।"

"हा-हा-हा-हा!" अट्टहास करता हुआ एक हट्टा-कट्टा मुसलमान बोला, "दूर कहाँ जाना है? हम लोग तो तुम्हें मुफ्त में सबब दिला रहे हैं और तुम लाल-पीली आँखें दिखाते हो। चलो, जल्दी करो और लोग मसजिद में जुट गए होंगे! अभी

दीन के लिए काफिरों से लड़ना है।"

"तो जाओ न, तुम लोग दीन की इज्जत बढ़ाओ, अगर यही दीन है। मैं इस गाय को परमहंसजी के आश्रम पर पहुँचाने जाता हूँ।"

"यह उस ढोंगी परमहंस की गाय है, तब तो इसकी कुरबानी से दूना सबाब हासिल होगा। पागलों की तरह बातें न करो। इसे मसजिद में ले चलो।"

"ऐसा हरगिज नहीं हो सकता। मैं परमहंसजी के एहसानों का कर्जदार हूँ, मुझसे ऐसा नापाक काम कभी नहीं होने का।"

"दीन के लिए भी नहीं?"

"मैंने हजार बार कहा है, यह दीनदारी नहीं, बदमाशी है।"

"खुदा के लिए भी नहीं।"

"चुप रहो! पाक परवरदिगार का नाम ऐसे वक्त पर न लो। अपने दिलों का बुखार निकालना है तो निकाल लो। खुदा को क्यों बदनाम करते हो?"

"हम तुमसे बहस नहीं करना चाहते। इस गाय की कुरबानी आज जरूर और जरूर होगी।"

"बातें न बढ़ाओ!"

"अरे, चलो! बड़े हिंदुओं के हिमायती बने हो!" इतना कहकर मुसलमान ने गाय की पीठ पर कसकर एक घूँसा जमाया। वह घबराकर चमक उठी। इसहाक की आँखों में खून उतर आया। एक हाथ से गाय की रस्सी मजबूती से पकड़, दूसरे हाथ से सुधा पर प्रहार करनेवाले मुसलमान को धकेलते हुए उसने कहा, "खबरदार! जबरदस्ती करने पर न उतारू होना। मेरे जीते-जी तुम इसका बाल भी बाँका नहीं कर सकते। ऐसे वक्त पर मैं तुम्हारे खुदा, दीन और इसलाम को भूलकर जान पर खेल जाऊँगा।"

छाती ऊँची किए, गाय को आगे कर इसहाक आगे बढ़ा। उसके पीछे शस्त्र-सुसज्जित मुसलमानों का दल था। ऐसा मालूम पड़ता था कि उस समय की भीषण परिस्थिति का कुछ-कुछ अनुभव सुधा भी कर रही थी। वह रह-रहकर इसहाक और मुसलमानों के दल की ओर देख-देखकर भड़क उठती थी।

## ~ 6 ~

मधुकरी माँगकर लौटने पर परमहंस की अभ्यस्त दृष्टि पहले रसाल वृक्ष के नीचे गई, पर वहाँ वह चीज नहीं थी, जिसे उनकी आँखें खोज रही थीं। उन्होंने आवाज दी—

"सुधे!"

आज तक ऐसा कभी नहीं हुआ था। परमहंसजी की आहट पाते ही सुधा पूँछ उठाकर, हुंकार करती हुई उनके पास दौड़ी आती थी। वह है कहाँ? कुटी के द्वार की ओर जाते-जाते परमहंसजी ने पुनः पुकारा, "सुधे! कहाँ हो, मैं आ गया!"

कुटी के भीतर-बाहर, इधर-उधर सुधा की आहट न पा परमहंसजी का सहज-दयालु हृदय विचलित हो उठा। दो दिनों के भूखे, विरागी ने मधुकरी को कुटी के एक कोने में रख सुधा को ढूँढ़ना आरंभ कर दिया। जंगल का कोना-कोना परमहंसजी के व्यथित कंठ के 'सुधे! सुधे!' से मुखरित हो उठा। पर सुधा की सजल आँखों और करुणामूर्ति का पता न चला। पलाश-वन भयानक शांति की गोद में सोने की तैयारी करने लगा। सावित्री की कलकल-रागिनी अधिक स्पष्ट होकर वनस्थली और विंध्याचल के अंचल में गूँजने लगी। पर परमहंस को उसकी ओर ध्यान देने का अवकाश नहीं, वे अपनी सुधा को खोज रहे थे।

रात्रि के नौ बजे के करीब सावित्री के तट पर उनके मन में यह विचार उठा कि हो न हो, सुधा नदी पार कर पर्वत की ओर चली गई हो। पर्वत की ओर—वहीं, जहाँ एक दिन उसके प्राण जाते-जाते बचे थे। अभागिनी सुधा! अभागिनी सुधा!···

ऊपर से हँसते हुए चंद्रदेव ने देखा, नीचे कल-कलमयी सावित्री ने अनुभव किया, व्यथित हृदय नदी पार कर रहे थे। पार कर रहे थे उस चंद्र-धवल रजनी में युगों से दंडायमान विंध्या के अंजल में सुधा को खोने के लिए।

रात्रि भर और दूसरे दिन की दोपहर तक जब उसका पता न चला, तब उदास-मुख, व्यथित-हृदय, श्रांत-कलेवर परमहंस-आश्रम की ओर लौटे। उनका काषाय वस्त्र कँटीले-वृक्षों से उलझ-उलझकर छिन्न-भिन्न हो गया था। उनके कोमल चरण छालों से भरे और रक्तरंजित थे।

उन्होंने दूर ही से देखा, आश्रम पर तीन-चार ग्रामवासी उसकी राह देख रहे थे। पास पहुँचने पर उन्होंने कहा, "महाराज, जल्दी कीजिए! आपकी गऊ हमारे गाँव के मुसलमानों के हाथों में पड़ गई है। गाँव में दंगा होने ही वाला है। वे मुसलमान सुधा की कुरबानी···।"

कौन पूरी बात सुनता है? सुधा के प्राण संकट में हैं, यह सुनते ही परमहंस अपनी पूरी शक्ति से गाय की ओर दौड़े। पैर असावधानी से पड़ने के कारण वे एक स्थान पर बड़े जोर से गिरे। घुटने फूट गए, मगर उधर उनका ध्यान था ही नहीं। उनकी सुधा संकट में थी।

## ~ 7 ~

बरात मसजिद की उस ओर खड़ी थी, बाजे बज रहे थे। मुसलमानों से घिरी सुधा बीच में मसजिद के सामने थी, अभी तक उसकी रस्सी इसहाक ही के हाथ में थी।

अली अहमद ने ललकारकर कहा, "बाजा बंद करो, नहीं तो हम लोग गाय की कुरबानी करेंगे।"

बरात के नेता ने उत्तर दिया, "यह धमकी फिजूल है, हम बाजा किसी तरह बंद करने पर राजी नहीं। अगर हमारा दिल दुखाने के लिए तुम लोग गौ-माता पर हाथ छोड़ोगे तो खून हो जाएगा।"

इसहाक ने गरजकर कहा, "जब तक मुझे न मार लोगे, गाय को भी न मार सकोगे।"

"तुम इस बीच में न पड़ो, इसहाक! हम लोग उसे जरूर मारेंगे।"

"मैं कहता हूँ कि यह गैर-मुमकिन है। पहले मुझे और फिर गाय को मारना होगा।"

अली अहमद ने तमककर अपने साथियों से कहा, "इस बेईमान मुसलमान को यहाँ से दूर हटाओ! गाय की रस्सी अपने हाथ में लो।"

कई मुसलमान गाय और इसहाक पर टूटे। देखते-देखते उसके हाथ से रस्सी छीन ली गई, मगर हाथ से रस्सी छिनते ही इसहाक पागल हो गया। झपटकर पास के एक मुसलमान के हाथ से तलवार छीन, उसे जोरों से घुमाता हुआ वह गाय की ओर बढ़ा।

अली अहमद ने फिर आवाज दी, "इसहाक! आगे न बढ़ना, नहीं तो फौरन इस गाय की गरदन काट दी जाएगी। खबरदार!"

मगर इसहाक न रुका। एक मुसलमान के विरुद्ध सैकड़ों मुसलमानों की तलवारें और डंडे उठ गए। प्राण छोड़कर गाय इसहाक की ओर बढ़ी और प्राण छोड़कर इसहाक गाय की ओर बढ़ा। तलवारें झनझना उठीं। दूसरे क्षण में बरात के हिंदुओं ने देखा—गाय और इसहाक दो-दो टुकड़े होकर तड़प रहे थे। मसजिद के सामने की जमीन खून से नहा उठी थी।

बरात के नेता ने आज्ञा दी, "दूल्हे की सवारी लौटा लें। जाओ, गौ-हत्या हो गई, अब युद्ध होगा। बदला लिया जाएगा।"

मुसलमानों ने बरात पर ईंट-पत्थर बरसाने शुरू कर दिए। हिंदू भी टूट पड़े,

मगर सब नहीं। बहुत से चालाक जीव दूल्हे की सवारी के साथ पीछे लौट गए।

अभी युद्ध का आरंभ ही था कि हिंदुओं का दल चीरता हुआ एक गोरा, वृद्ध और असाधारण लंबा पुरुष दोनों दलों के बीच में आकर खड़ा हो गया। उसने दोनों दलों को ललकारा, "ठहरो! ठहरो!"

अली अहमद और उसके साथ ही उसके दल के अनेक मुसलमानों ने परमहंसजी को पहचाना। उनमें से एक नहीं, अनेक उनके उपकारों के ऋणी भी थे। फिर उस समय उनकी आँखों में कुछ ऐसी ज्योति थी, जिसका सामना दानवता नहीं कर सकती थी। क्षणभर के लिए दोनों दल शांत हो गए।

उसी समय परमहंस की चंचल दृष्टि मृत गऊ और इसहाक पर पड़ी। उस समय भी सुधा का रुंडमुंड तड़प रहा था, इसहाक के देह के टुकड़े नाच रहे थे। परमहंस ने झपटकर गऊ का मस्तक अपने हाथ में उठा लिया। सुधा की करुणामयी आँखें खुली थीं, उसके मुख पर आँसुओं की धारा की भीगी रेखा अभी ताजी थी। सुधा की यह दुर्दशा देख उनकी आँखें अँगारे बरसाने लगीं।

"दुष्टो! यह तुमने क्या किया? यह कैसा धर्म-प्रेम है? अनबोलते पशु और ईश्वर की पवित्र थाती, मनुष्य की हत्या से प्रसन्न होने वाले राक्षस! तुम्हीं नरक के अधिकारी हो, तुम्हीं शैतान हो, तुम्हीं विश्व-प्रेम के पथ के कंटक हो।

"याद रखो, मैं तुम्हें बददुआ देता हूँ, शाप देता हूँ। यदि ईश्वर या खुदा सच्चा है तो तुम्हारा नाश हो जाएगा और जल्दी ही तुम्हारे इस नकली मजहब का लोप हो जाएगा। तुम नहीं देख सकते, अंधे हो। मैं देख रहा हूँ। यह देखो, खून का तूफान आ रहा है। उसी में पाप को पुण्य, अधर्म को धर्म समझनेवाले राक्षसों—हिंदुओं और मुसलमानों—का अस्तित्व डूब जाएगा। मैं जाता हूँ। तुम लोग नाचो, कूदो और खून की होली खेलो।"

ईश्वर की इच्छा, उसी रात को हमारे गाँव में भयानक आँधी आई और अपने साथ आग की एक चिनगारी भी लाई, देखते-देखते सारा-का-सारा गाँव जलकर खाक हो गया। निरपराध और अपराधी दोनों ही गृहहीन, अन्नहीन और वस्त्र-हीन हो गए। जौ के साथ घुन भी पिस गए।

□□□